놀이지도

PLAY IN EARLY CHILDHOOD EDUCATION

머리말

모형 자동차를 굴리다가 바닥에 있는 스카프 밑으로 들어간 자동차가 스카프에 가려지는 장면을 보고 웃으면서 자동차를 꺼내고 다시 스카프 밑으로 굴려 넣고 또 꺼내며 까꿍 놀이를 즐기는 1세, 자동차 바퀴에 물감을 묻혀서 종이 위로 굴리며 종이에 그려진 바퀴자국을 흥미롭게 관찰하는 2세, 다양한 크기와 모양의 자동차들을 늘어놓고 어떤 것이 더 멀리 갈지 시합하는 유아들! 영유아는 똑같은 모형 자동차 놀잇감이지만 각각 다른 방법으로 놀이에 몰입한다. 각자의 흥미에 따라 스스로 생각해 내고 자발적으로 놀이한다. 성인이 놀이 방법을 알려 주거나 지시하지 않아도 스스로 계획하고 주도적으로 놀이에 집중하며 몰입하는 아이들의 모습은 항상 행복하고 신나 보인다.

스스로 몰입하는 놀이는 아이들의 건강한 성장과 능력을 발달시키는 원동력이 되기 때문에 교사는 아이들이 자유롭게 놀이하며 놀이에 몰입할 수 있도록 지원해야 한다. 아이가 원하는 놀이가 이루어질 수 있도록, 아이가 생각한 방법으로 놀이가 진행될 수 있도록, 안전한 환경에서 아이의 새로운 도전이 얼마든지 이루어질 수 있도록 지원한다면 아이의 놀이는 점점 더 풍부해지고 그 풍부한 놀이 경험을 통해 건강하게 성장할 것이다. 이런 지원을 하기 위해서는 놀이에 대한 전문적인 지식과 실제적인 내용에 대한 전문 능력을 갖추어야만 한다.

이 책은 예비 교사나 아이의 놀이에 대한 지식과 정보가 필요한 성인들을 위해 놀이에 대한 이론과 실제를 연계성 있게 다루었는데, 저자들의 강의 및 연구 경력뿐만 아니라 실제적인 영유아 교육 현장 경험을 최대한 포함시켜 집필하였다. 특히, 영아와 유아는 발달적으로 다른 특성을 가지고 있으므로 각 발달적 특성에 따른 놀이 특성, 놀잇감, 환경 구성, 놀이 방법, 그리고 놀이를 지원하는 교사의 역할에 대해서 각각 다루었다. 또한 영아 및 유아의 놀이를 중심으로 놀이를 지원하기 위한 교사의 자율성에 초점을 둔 2019 개정 누리과정과 제4차 표준보육과정 개정의 내용을 토대로 영아 놀이와 유아 놀이 사례를 제시하였다.

이 책이 대학교에서 영유아 놀이와 관련된 전공을 하는 학생들에 유용한 지침서로 활용되기를 바라며 앞으로 부족한 부분을 보완해 나갈 것을 약속드린다. 마지막으로 기꺼이 출판을 맞아주신 파워북의 노고에 진심으로 감사드린다.

2025년 2월

저자 일동

차 례

CHAPTER 6

놀이 환경

CHAPTER 7

놀잇감

CHAPTER 8

놀이 관찰과 놀이 지원

CHAPTER 9

영아 놀이 : 신체 운동 놀이, 감각 탐색 놀이

CHAPTER 10

영아 놀이 : 말 놀이, 역할 · 쌓기 놀이

CHAPTER

1

놀이의 이해

놀이(play), 매우 익숙한 단어이지만 한마디로 정의하라고 하면 쉽게 정의되지 않은 것이 놀이이다. 놀이를 이해하기 위해 정의에 집중하기보다 놀이가 가지고 있는 고유한 특성을 살펴보는 것으로 놀이에 대한 이해를 도모하고자 한다. 또한 놀이와 비슷하게 많이 사용되는 '탐색'과 '활동' 간의 차이점을 알아보고 '일'과의 비교를 통해 놀이의 정확한 관점을 정리해 본다.

1. 놀이의 특성

놀이의 특성에 대한 여러 연구자들의 공통된 의견을 종합하여 놀이의 본질적인 특징을 정리하면 다음과 같다(Garvey, 1993; Krasner & Pepler, 1980).

첫째, 놀이는 놀이에 참여하는 영유아에게 즐거움과 기쁨이라는 긍정적인 정서를 수반한다. 영유아는 자기가 좋아서 혹은 관심 있어서 선택한 놀이에 즐겁게 참여함으로써 무한한 기쁨을 얻으며, 자신이 느끼는 긍정의 정서를 다양한 얼굴 표정, 언어, 움직임 등을 통해 드러내는 특성을 지닌다. 물론, 영유아의 놀이가 늘 즐겁고 기분 좋은 긍정적 감정만을 나타내는 것은 아니고 때로 또래 간 갈등 상황에서 부정적인 정서로 표현되기도 한다. 그럼에도 불구하고 호기심에서 출발하여 즐거움 경험으로 이어지는 영유아의 자발적인 놀이에는 긍정적 정서가 우세하게 나타난다.

둘째, 놀이는 영유아의 자발성에 의해 수행된다. 놀이는 외적인 동기보다 영유아 내부의 자발적인 동기에 의해 추구되는 것으로, 놀이 그 자체가 목적이다. 즉, 놀이는 영유아 스스로가 하고 싶어서 하게 되는 내적 동기화로 인해 놀이 그 자체로 만족감을 얻는 특성을 지닌다.

셋째, 놀이는 영유아의 주도성에 의해 이루어진다. 이는 교사가 주도성을 가지고 진행하는 활동에 참여하는 것이 아니고 영유아가 주체가 되어 놀이의 시작과 마무리를 스스로 결정하는 것을 의미한다.

넷째, 놀이는 놀이에 참여하는 영유아가 자유롭게 선택한다. 블록 쌓기를 영유아가 스스로 자유롭게 선택했다면 그것은 놀이이지만, 같은 블록 쌓기라도 영유아의 자유로운 선택이 아니고 교사의 계획과 의지에 따라 시작한 활동이라면, 그것은 온전히 놀이라 말하기 어렵다.

다섯째, 놀이는 참여하는 과정이 중심이고 중요하다. 무엇인가를 만들어 내야 하는 결과 위주의 행동이 아니고 목표 달성의 부담감 없이 놀이 과정 자체에 초점을 둔다. 따라서 영유아들은 놀이는 결과에 대한 부담이 없기 때문에 다양한 변화나 탐색을 시도하고 실패에도 좌절하지 않으며 놀이 그 자체를 즐긴다.

여섯째, 놀이는 외부에서 주어진 규칙으로부터 매우 자유롭고 융통적인 면을 가진다. 영유아는 자신이 선택한 놀이를 진행하기 위해 그에 필요한 장소나 소품, 인원 수를 조정할 수 있고, 흥미에 의해서 놀이의 방향과 내용을 재구성할 수도 있다. 규칙 또한 내부자 간의 합의에 의해 여러 번 바꿀 수 있으므로 처음에 정한 규칙을 반드시 고수해야 하는 것이 아니다. 따라서 영유아는 흥미와 놀이자 간의 즉흥적인 결정에 의해 공간을 옮기거나 주어진 역할을 바꾸어 가며 놀이를 진행한다.

일곱째, 놀이는 비실제적인 가작화 요소를 포함한다. 비실제성은 내적 현실이 외적 현실에 대해 우선권을 갖는 것으로 사물, 행동, 상황 등이 일상적인 의미가 아닌 새로운 의미로 대체되는 것을 의미한다(Johnson, Christie, & Yawkey, 1999). 놀이가 지닌 가작화의 요소(as if elements)는 실제의 사람, 사물, 공간이 아닌 '—인 척'하는 행동을 유발하며 자신이 희망하는 가상의 세계를 자연스럽게 재현해 내고 이를 즐기도록 한다. 이는 영유아로 하여금 놀이 과정에서 다양한 사물들에 지극히 주관적인 의미를 부여하도록 하여 자기 만족감을 높이고 창조성을 발휘하도록 하는 특성을 지닌다. 특히, 전 조작기에 나타나는 상징 놀이에서 이러한 특성이 발견된다(그림 1—1).

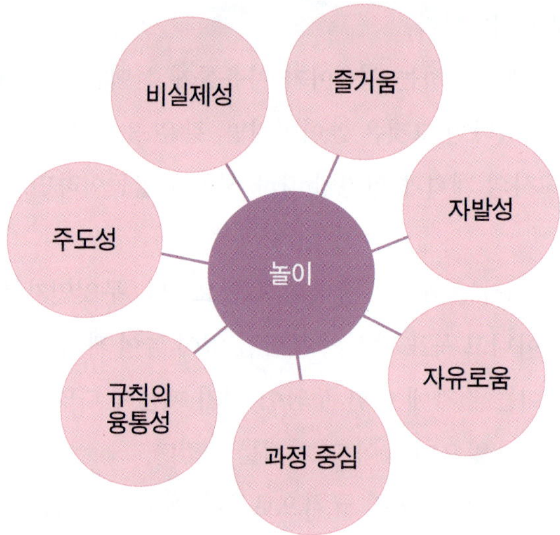

그림 1-1 놀이의 특성

2. 놀이와 탐색

놀이와 유사한 개념으로 사용되는 용어에 탐색(exploration)이 있다. 탐색의 사전적 의미는 드러나지 않은 사물이나 현상 따위를 찾아내거나 밝히기 위하여 살피어 찾는 것이다(네이버 국어사전). 영유아 눈앞에 어떤 사물이나 장난감이 있는데, 그 용도와 속성을 알지 못하면 그것을 알기 위해 다양한 접근을 하게 되고, 특히 영아의 경우 궁금한 사물을 살피는 과정에서 일반적으로 오감각을 사용하게 된다. 다시 말해, 탐색은 '이게 뭐지?'에 대한 의문점을 해결해 나가는 과정이라고 할 수 있다. 이는 어떤 외적 목표를 성취하기 위한 것이 아니라 내적 동기화에 의한 행동이라는 측면에서 놀이와 공통점을 지닌다. 반면 탐색과 놀이에는 차이점이 있는데, 탐색이 '이것은 무엇일까?'에 집중하는 것이라면, 놀이는 '이것을 가지고 무엇을 할 수 있을까?'라는 의문과 좀 더 밀접한 관계가 있다(Hughes & Hutt, 1979).

놀이와 탐색을 비교한 볼빌(Wohlwill, 1984)은 전형성(stereotype), 주의 집중

(attention), 정서(affect)와 같은 세 가지 기준으로 놀이와 탐색을 구분하였다.

첫째, 전형성 측면에서 탐색 행동은 상황이나 대상에 따라 거의 변하지 않고 시각 및 촉각적 탐색과 같은 전형적인 행동으로 표출되는 반면에 놀이는 새로운 방법을 사용하여 매우 다양한 행동으로 표출되는 차이를 보인다.

둘째, 주의 집중의 경우 탐색 시에는 진지하고 신중하며 집중 정도가 매우 높은 데 비해 놀이는 상대적으로 그렇지 않다.

셋째, 정서적 측면을 비교할 때 탐색 과정에는 모든 감각 기관이 대상물에 더 집중하는 특징이 있고, 놀이할 때는 이완되어 미소, 웃음 등의 긍정적 정서가 주로 표현되는 경향이 있다.

이와 같은 탐색과 놀이의 차이는 두 가지 개념이 서로 관련이 없음을 의미하는 것은 아니다. 탐색은 보통 놀이에 선행되는 행동으로 볼 수 있다. 영유아의 발달 단계에 따라 두 가지 행동을 비교해 보면 유아에 비해 새로운 사물을 훨씬 더 많이 접하게 될 영아들은 오감을 통해 먼저 사물을 탐색하고, 그 사물을 이용하여 놀이를 시작하게 된다. 따라서 어린 영아기는 놀이에 비해 탐색이 우세하게 나타나고, 점차 놀이와 탐색의 빈도가

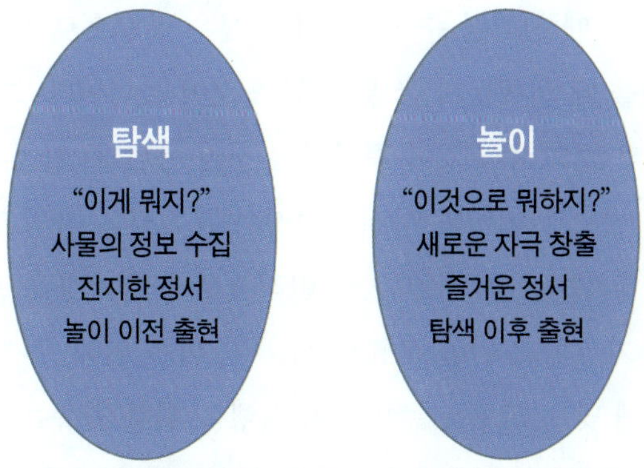

그림 1-2 탐색과 놀이 비교

비슷하며, 유아기와 학령 전기 동안에는 탐색보다 놀이 행동이 더욱 우세하게 나타나는 경향을 보인다(Pellegrini & Boyd, 1993).

3. 놀이와 활동

탐색 이외에 놀이와 개념적으로 혼용되어 많이 사용되는 용어 중 하나는 활동이다. 놀이와 활동은 참여 주체와 행위의 시작점이 전혀 다르기 때문에 상황이나 문맥에 따라 구분되어 사용되어야 할 용어이다. 그럼에도 불구하고 많은 놀이 관련 교재나 현장에서 놀이와 활동의 용어가 혼재되어 사용되고 있으며 때론 '놀이 활동'이라는 일상적인 표현으로 사용하기도 한다. 그러나 놀이와 활동은 전혀 다른 측면의 특성을 가지고 있기 때문에 2개의 용어를 분별하여 사용할 필요가 있다. 놀이를 명확하게 이해하기 위해 놀이와 활동의 내용을 살펴보면 다음과 같다.

놀이는 앞 부분에서 살펴보았듯이 영유아가 관심과 호기심을 가지고 스스로 선택하는 자발성과 자신이 하고 싶는 방향으로 놀이를 끌고 가는 주도성, 그리고 그 과정에 자연스럽게 발생하는 즐거움이라는 주요 요인을 특징으로 가진다. 이는 놀이라는 행위의 시작과 진행 과정, 그리고 마무리가 온전히 영유아에게 있음을 의미하는 것이다. 즉, 영유아 자신이 하고 싶을 때 시작할 수 있고, 하고 싶은 방향으로 융통성 있게 진행할 수 있으며, 그만하고 싶을 때 언제든지 끝낼 수 있는 것이 놀이이다. 그러나 활동은 전적으로 영유아에게 시작과 끝의 주도성이 주어지는 것이 아니다. 활동은 어떤 일에 성과를 거두기 위해 힘쓰는 것으로(네이버 사전), 일정의 목적성을 가지고 있으며, 이를 위해 누군가 계획하여 실행하는 것을 말한다. 일반적으로 교육과정을 운영하는 데 있어 교수자는 학습자를 잘 가르치기 위한 목표를 세운다. 이를 위해 주제를 중심으로 가르칠 내용을 계획하고 그에 맞는 교구를 준비하여 실행을 위한 활동을 구성한다. 따라서 활동의 시작은 교수자, 즉 현장의 교사이고 진행상의 주도권 역시 교사가 가지는 경우가

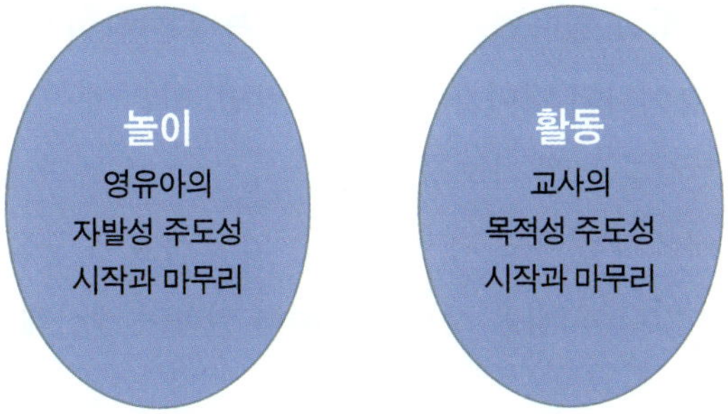

그림 1-3 놀이와 활동 비교

대부분이다. 이런 관점에서 활동은 영유아의 흥미와 관심으로부터 시작되는 놀이와는 다른 개념으로 이해해야 한다.

놀이는 영유아로부터 시작된다는 측면에서 교사가 놀이를 계획한다는 말 자체가 정확하지 않은 부분이 있고, 교사가 계획하는 것은 활동이라고 표현하는 것이 개념적으로 더 적절하다. 놀이와 활동의 관계에 대해 2019 개정 누리과정에서는 사전 계획의 최소화라는 말로 기존의 주제를 중심으로 교사가 주도성을 가지고 활동을 계획하던 것을 점차 지양하고, 영유아가 자율적으로 선택한 놀이를 지원하기 위한 활동을 계획하여 영유아의 배움을 지원할 것을 강조하고 있다(교육부 · 보건복지부, 2019).

4. 놀이와 일

놀이에 대한 이해는 놀이와 대조되는 개념으로 놀이가 아닌 일의 특성과의 비교를 통해서도 이루어질 수 있다.

프로스트와 크레인(Frost & Klein, 1979)은 놀이와 일은 각기 다른 특성을 가지고 있으나 이분화되기보다는 연속선상에 있음을 강조하며, 놀이와 놀이가 아닌 행동인 일의 특성을 대비시킴으로써 놀이의 본질을 규명하였다. 놀이가 참여자의 능동적이고 자발적인 참여를 기본으로 하고 있다면, 일의 가장 큰 특징은 참여자의 수동성과 강요적인 부분에 있다. 놀이가 참여자의 재미를 추구하는 반면, 일은 재미도 있지만 반복되는 업무로 단조롭고 고된 정서를 느낄 가능성이 크다. 특히, 목표 측면에서 놀이는 특별한 목표를 달성하기 위해 애쓰지 않아도 되지만, 일은 외적 목표에 구속되는 특성을 가진다. 일은 생산과 관련되어 있다. 사람은 생산하기 위해 일하며 생산해 낸 대상물을 통해 그 일에 명목을 부여한다.

또한 일은 수많은 사람, 제도, 전통, 규범이 이루는 복잡한 산물이 일정한 사회적 시스템에 의해서 외부에서 강요되는 규칙과 조건의 범위 안에서 일어난다. 하지만 놀이는 놀이에 참여하는 내부자 간에 합의에 의해 기존 규칙을 준수하기도 하고 새로운 규칙을 창조해 내기도 한다. 영유아는 놀이의 결과가 다른 사람들에게 유리해질 것 같으면 규칙을 수정하고 항의하거나 더 이상 같이 놀지 않겠다고 말하기도 한다. 즉, 일을 지배하는 규칙과 놀이를 지배하는 규칙 사이의 중요한 차이는 놀이를 위한 규칙이 자발적으로 생성된다는 점이다.

놀이는 현실을 따르지 않고 상상의 요소를 포함하는 반면, 일은 철저히 현실에 기반을 둔다. 놀이에서 유아는 아이스크림 가게 주인이 되어 먹고 싶은 아이스크림을 마음

표 1-1 놀이와 일의 연속성 및 차이점

놀이		일
능동적	←------→	수동적
자발적	←------→	강요적
재미있음	←------→	단조롭고 고됨
목표 없음	←------→	외적 목표에 구속
스스로 시작함	←------→	타인에 의해 착수됨
진지함	←------→	무사안일함

출처 : Frost & Klein(1979)

대로 먹을 수 있지만, 일에서는 일어날 수 없은 현실이다.

5. 놀이의 중요성

놀이에 대한 관점은 시대적 상황에 따라 변화해 왔는데, 우리나라는 2019 개정 누리과정과 제4차 어린이집 표준보육과정에서 놀이를 중심으로 한 교육과정으로 방향성을 확정함으로써 놀이의 중요성을 더욱 부각하였다. 이에 본 절에서는 놀이의 중요성을 배움, 교육, 평가 및 치료의 네 가지 측면에서 살펴보고자 한다.

1) 놀이와 배움

영유아를 대상으로 한 우리나라의 교육과 보육과정에서 놀이의 중요성이 강조되는 이유는 놀이가 영유아의 생활일 뿐만 아니라 학습, 즉 배움의 기본이기 때문이다. 영유아는 놀면서 배운다. 놀이를 통해 자연스런 방식으로 감각 운동적 능력을 기르고 지식을 습득하게 된다. 또한 놀이를 하면서 사회적 기술이나 규칙에 익숙해지고 풍부한 상상력과 창의력을 표현하며 기를 수 있다. 즉, 놀이를 통해 영유아의 신체, 인지, 사회, 정서, 창의적 발달 측면에서 다양한 배움의 기회를 얻을 수 있다.

놀이와 배움은 영유아가 주변 세계를 경험하고 의미를 창출하도록 도와주는 역할을 하기 때문에 서로 분리할 수 없는 관계이고(Samuelsson & Johansson, 2006), 놀이가 영유아의 배움을 촉진할 뿐 아니라 배움을 위한 최적의 조건을 갖춘 놀이를 분별하는 것 또한 중요하다(Singer, Golinkoff, & Hirsh−Pasek, 2006).

놀이와 배움의 관계를 통한 놀이의 중요성을 다음과 같이 정리할 수 있다.

첫째, 효과적인 배움은 학습자의 자발적 동기를 전제로 한다. 이런 측면에서 놀이는 영유아 자신의 자발적 욕구에서 시작하고 몰입하는 행동이기 때문에 놀이에는 이미 효과적인 배움의 기본 조건이 갖춰져 있다고 할 수 있다.

둘째, 학습자의 적극적인 행동은 배움의 효과를 높이는 데 필수적이다. 영유아는 놀이의 주체로서 호기심을 가지고 탐색하고, 원하는 것을 스스로 선택하며 주변의 인적, 물적 환경과 다양하게 상호 작용하면서 즐겁고 의미 있는 배움의 기회를 가진다.

셋째, 영유아는 구체적인 경험을 통해 배우는데, 놀이는 다양한 구체적 경험으로 이루어진다. 영유아가 놀이 자료와 놀잇감을 직접 관찰하고, 오감으로 탐색하며, 조작하는 과정은 영유아에게 직접 경험을 할 수 있는 매우 좋은 기회를 제공한다.

넷째, 놀이의 자유롭고 자기 선택적인 특성은 영유아에게 '즐거운 학습(learning as joy)'을 가능하게 한다. 또한 영유아는 개별적인 흥미와 수준에 적합한 놀이에 참여하면서 의미 있는 개별 학습을 효율적으로 이루어 나간다.

마지막으로 놀이는 사건이나 행동의 반복을 통해 경험을 심화하고 확대함으로써 배움의 효과를 증진시킬 수 있다는 점에서 놀이의 중요성을 찾아볼 수 있다.

2) 놀이와 교육

우리나라는 2019 개정 누리과정과 제4차 표준보육과정의 부분 개정을 통해 전국의 유치원과 어린이집에 있는 영유아들을 위한 교수・학습 방법이 놀이 중심으로 이루어져야 함을 명시함으로써 놀이를 통한 영유아교육의 중요성을 명백히 밝히고 있다(교육부・보건복지부, 2019, 교육부, 2024).

한편, 놀이가 영유아의 생활 자체이며 교육적 가치를 갖는다고 해도 모든 놀이 경험이 영유아의 성장에 긍정적으로 작용한다고 단정할 수는 없다. 어떤 놀잇감은 영유아의 위생과 안전을 위협하기도 하고, 놀이 중 친구의 부정적인 언행이 다른 영유아에게 나쁜 영향을 줄 수도 있다. 따라서 놀이가 교육적으로 가치를 부여받기 위해서는 정비된 놀이 환경을 제공하고 효율적으로 놀이를 지원하는 것이 필요하다(이숙재, 2019).

놀이와 교육의 관계를 논하는 데 있어 간과하지 말아야 할 것은, 놀이의 교육적 기능을 너무 강조하다 영유아가 정말 즐겁고 기쁘게 경험하는 자연스러운 놀이가 아니고,

놀이를 빙자한 재미없고 강요된 활동이 되어 버리지 않아야 한다는 점이다. 즉, 놀이가 영유아의 학습이나 인지발달을 촉진시키기 위한 교육 활동으로 전락해서는 안 된다. 따라서 성인들은 영유아가 자유롭고 재미있게 놀이에 몰입하는 경험을 통해 다양한 의미 있는 교육이 자연스럽게 이루어질 수 있는 환경을 제공하는 것이 중요하다.

3) 놀이와 평가

놀이의 중요성 가운데 하나는 영유아의 성장과 교육과정을 평가하는 데 있어 놀이를 활용한다는 점이다(교육부 · 보건복지부, 2019). 영유아는 놀이를 통해 자신의 모든 것을 표현한다. 즉, 신체, 정서, 인지, 사회, 창의성 발달 등이 놀이에 자연스럽게 표출되기 때문에 영유아 기관이나 상담 기관에서는 놀이를 통해 영유아를 평가하는 진단 자료 수집하는 일을 오래전부터 실시해 오고 있다. 무엇보다 놀이는 영유아의 자발성을 기초로 시작한다는 점에서 인위적인 조사 방법에 비해 있는 그대로를 관찰할 수 있다. 그리고 놀이에 기초한 평가는 한두 번의 평가로 끝나는 일반 검사와 다르게 다양한 놀이 상황에서 여러 번 반복하여 관찰이 이루어지기 때문에 신뢰도가 높다는 장점을 가진다(Van Hoom, Nourot, Scales, & Alward, 2003).

놀이를 통하여 평가할 수 있는 내용은 다음과 같다.

첫째, 영유아의 전반적인 발달 수준을 알 수 있다. 놀이 관찰을 통해 대소근육의 조절 능력 및 눈과 손의 협응력 수준을 파악할 수 있고, 놀이에서 나타나는 언어 표현이나 인지 반응을 기초로 언어 능력과 지적 능력도 알아볼 수 있다. 또한 또래와 어떻게 상호작용하는가를 보면서 영유아의 사회성 발달 수준을, 놀이 시 관찰되는 정서 표현을 통해 영유아의 현재 정서적인 상태나 과거로부터의 변화를 파악한다.

둘째, 영유아의 놀이를 관찰해 보면 정상적인 발달뿐 아니라 발달상의 문제점을 진단할 수 있다. 놀이를 통해 밝혀진 신체적, 사회적, 정서적, 지적 장애 등은 필요한 경우 전문 상담가나 치료자에게 처치를 의뢰할 수 있는 자료로 활용한다.

셋째, 놀이 행동 자체가 평가의 대상이 될 수 있다. 영유아가 흥미롭게 참여하는 놀이 종류, 주로 사용하는 놀잇감, 놀이 집단의 구성(성별, 연령, 집단의 크기 등), 놀이 지속 시간, 또래 간의 상호 작용 등을 평가하여 효율적인 놀이 지원을 위한 참고 자료로 활용한다. 특히, 2019 개정 누리과정과 제4차 어린이집 표준보육과정에서 강조하는 평가의 관점은 기존의 발달 중심의 평가가 아닌 놀이 행동 자체의 평가를 통한 영유아의 변화와 교육과정 운영의 평가를 강조하고 있다(교육부 · 보건복지부, 2019).

4) 놀이와 치료

놀이의 치료적 가치는 주로 놀이의 정화 효과를 강조한 정신분석학적 이론에서 강조하는 것으로, 다양한 일상적 상황에서 영유아의 내적 욕구와 역량을 능동적으로 발휘하고 정화시킬 수 있도록 돕기 위한 효과적인 중재에서 찾을 수 있다.

놀이가 영유아의 치료에 유용하게 사용될 수 있는 이유는, 첫째 놀이가 영유아의 욕구를 만족시켜 주는 매체 역할을 한다는 것이고, 둘째 놀이에서 얻는 만족은 놀이 결과에 의한 것이 아니라 놀이 과정 중에 자연스럽게 얻어진다는 것이다. 그리고 셋째, 영유아에게 인상 깊었던 사건이나 경험이 놀이 속에 반복적으로 재현되면서 그 상황에 숙달되거나 동화되어 부정적인 정서가 해결된다는 점 등이다(Guerney, 1984).

놀이를 통한 치료적 효과는 특정 어려움을 가진 영유아뿐 아니라 건강한 영유아에게도 동일하게 적용되며(Maia, Riberio, Boraba, & Regina, 2011), 이는 인위적인 상황이 아닌 자연스러운 일상에서 치료적 효과를 기대할 수 있다는 점에서 의미가 있다.

놀이 치료는 관점에 따라 지시적 방법과 비지시적 방법으로 나눌 수 있다.

첫째, 지시적 방법은 치료자가 영유아와 일정 자료나 놀잇감을 가지고 놀이하는 동안 영유아 행동에 대한 해석에 책임을 지고 진행하는 것이고, 둘째 비지시적 방법은 치료자가 함께하지만 놀이의 선택과 책임을 영유아 스스로 담당하도록 하는 것이다. 이때 영유아 행동에 대한 해석을 간헐적으로 영유아에게 알려 주기도 하지만 더 이상의 개입은 하지 않는다. 실제로 영유아 기관에서는 주로 비지시적 방법으로 놀이 치료를 하는 경우가 많다(OConner Ammen, 2009).

놀이의 치료적 측면을 고려할 때 무엇보다 중요한 것은 영유아가 놀이 속에서 부드럽고 따듯한 신체적 접촉을 통해 안정적인 애착을 형성하고 자기가 타인에게 기꺼이 수용되고 있다는 메시지를 느끼는 것이다(방은영, 2016). 따라서 영유아에게 자연스러운 신체적 접촉을 유발하는 놀이의 기회를 제공하는 것이 필요하다.

CHAPTER

2

놀이 이론

놀이는 시대에 따라 다양한 관점으로 해석되어 왔고, 20세기를 기준으로 크게 고전적 놀이 이론과 현재적 놀이 이론으로 나누어 정리할 수 있다. 19세기와 20세기 초에 등장한 고전적 놀이 이론은 아동의 놀이에 대한 실제적인 연구에 기반을 두었다기보다 철학적인 사고에 기초하였다(Johnson et al., 1999). 그러나 이와 같이 '인간이 왜, 무엇 때문에 놀이를 즐기는가'를 분석하는 데 초점을 맞춘(Huizinga, 1981) 고전적 놀이 이론은 20세기 중반 이후 등장한 현대적 놀이 이론의 기초를 제공해 준다는 점에서 의의를 찾을 수 있다.

1. 고전적 놀이 이론

고전적 놀이 이론은 잉여 에너지 이론, 휴식 이론, 반복 이론, 연습 이론 등으로 구성된다 (Sluss, 2005). 위의 이론들이 '놀이는 왜 하며, 어떻게 하는가?'를 설명하는 데 중점을 두고, 관념적이고 사색적으로 놀이의 관점을 조망했다는 점에서 앨리스(Ellis, 1973)는 '안락의자 이론'이라고도 표현하였다. 각 이론의 내용은 다음과 같다.

1) 잉여 에너지 이론

잉여 에너지 이론(surplus energy theory)은 놀이가 일상생활을 하고 남은 에너지를 발산하는 것이라는 관점으로부터 시작한다.

이는 19세기 영국의 심리학자인 실러(Shiller)와 스펜서(Spencer)에 의해 주장되었다. 인간은 기본적인 욕구를 충족시키기 위해서 일을 하지만, 의식주 등의 기본 욕구가 충족되고 나면 남은 에너지를 특별한 목적 없이 소비하는 일에 사용한다. 즉, 인간은 생존을 위해 일정량의 에너지를 소모하며 남은 잉여 에너지를 놀이와 같은 활동을 통하여 소모한다는 것이다(Johnson et al., 1999). 이와 같은 관점에서 볼 때 특히 영유아는 기본적인 욕구 충족을 위해 일해야 하는 존재가 아니기 때문에 성인에 비해 잉여 에너지가 더 많고, 그래서 그 많은 잉여 에너지를 놀이에 사용하게 되므로 끊임없이 놀이하게 된다고 설명한다.

이러한 잉여 에너지 이론은 고등 동물이 하등 동물보다 생존을 위해 효율적인 방법으로 욕구를 충족시키기 때문에 남은 잉여 에너지를 소모시키기 위해 놀이에 더 많이 참여할 수 있다는 것을 잘 설명할 수 있다. 그러나 영유아 경우, 에너지가 모두 고갈된 피로한 상태에서도 놀이를 즐기며 지속적으로 놀이에 참여하고자 하는 경향이 있고, 새롭고 흥미로운 놀이 기회가 주어지면 피로감을 잊고 놀이에 참여하려는 행동을 보인다. 이와 같은 현상은 잉여 에너지 이론을 설명하는 데 있어 모순적인 면으로 지적된다.

2) 휴식 이론

휴식 이론(relaxation theory)은 인간이 일을 하거나 정신의 작용을 통해 소모된 에너지의 재충전하기 위해 휴식을 즐기는데, 이 과정에서 나타나는 것이 놀이라는 것이다. 독일의 시인 라자루스(Lazarus)는 일과 상반된 개념으로부터 놀이에 대한 이론을 시작하였고 일을 통해 소모한 에너지를 다시 재생산하여 저장하는 것을 놀이의 목적으로 보았다. 인간은 일에 고도로 집중하면서 생긴 스트레스나, 다양한 신체적 움직임을 통해 느끼는 피로감을 풀기 위해 스포츠나 레크리에이션 등의 놀이를 즐긴다는 것이다.

패트릭(Pattrick) 또한 인간은 정신적인 피로감을 풀고 쉬고 싶을 때 놀이를 한다고 주장하였다. 이러한 휴식 이론은 다양한 스트레스 속에 살아가는 현대인들에게 많은 위로를 주어 설득력 있게 인식된다. 그러나 소모된 에너지를 재생산하기 위한 동기로 놀이를 한다면 평소 생존을 위한 일에 몰두하지 않는 영유아가 놀이에 집중하는 이유를 설명하는 데는 한계가 있다(Frost & Klein, 1979).

3) 반복 이론

반복 이론(recapitulation theory)은 인간이 하등 동물로부터 진화되었다고 주장하는 다윈(Darwin)의 진화론에 기초를 두고 미국의 심리학자이며 교육학자인 홀(Hall)에 의해 제시된 이론이다. 영유아 연구 분야에서 과학적이고 객관적 관찰과 분석 기법을 도입하고 실천한 홀은 인류란 종족의 진화적 단계를 반영한다고 주장하여 원생동물류로부터 인간에 이르기까지 인류의 진화 과정이 반복적으로 재현되고 있고, 또한 개체 발생은 계통 발생을 반복하거나 재연한다는 반복 이론을 통해 놀이를 설명하고 있다(Frost, Worthaim, & Refel, 2005). 예를 들어, 영유아가 바닥에서 네발로 기어다니며 노는 것은 네발로 걸어다녔던 진화 시기의 모습을 나타내는 것이고, 원시 시대에 쫓고 쫓기며 진행된 사냥과 채집을 반영하는 것으로는 유아들에게 관찰되는 경찰과 도둑 놀이를 생각할 수 있다.

글릭(Gulick) 역시 놀이에서 개체 발생은 계통 발생을 반복하거나 재연하는 것으로 현재 이루어지는 게임 형태의 놀이는 원시인의 행동을 재현하는 것이라 주장하였다. 예를 들어, 운동 경기에서 공을 정확히 다루거나 던지는 등의 행위는 원시인의 사냥의 모습을 나타내는 것이다.

하지만 이러한 반복 이론에 대한 비판적 관점으로 현대의 영유아들이 가지고 노는 다양한 장난감과 교구, 특히 게임을 통한 놀이의 사회적 학습 측면에 대하여 반복 이론은 설득력을 지니지 못한다(Frost & Klein, 1979). 즉, 반복 이론은 진화 과정에 따른 순서대로의 놀이 과정이 영유아의 놀이에서 반드시 동일하게 재현되지 않고 변화되거나 퇴화되는 것을 설명하기 어렵다(유호순 · 김희태, 2016)

4) 연습 이론

그루스(Groose)에 의해 주장된 연습 이론은 동물과 다르게 미성숙한 존재로 태어난 인간은 독립적인 성인 역할을 수행하기까지 많은 훈련 기간이 필요하다. 따라서 놀이는 성인이 되었을 때 필수적인 기술을 연습하고 이를 정교화시키는 목적으로 실행되는 것으로 간주한다(Frost et al., 2005). 연습 이론(practice theory)에 의하면, 고등 동물일수록 불완전한 능력을 가지고 태어나기 때문에 이러한 미숙한 능력을 발달시키기 위해서 놀이를 통해 연습해야 하고, 성인 역할을 수행하기까지 필수적인 기술을 정교화시키기 위한 많은 훈련 기간이 필요하다. 즉, 인간이 고등 동물로서 놀이를 즐기는 기간이 긴 이유는 성인기의 생존에 필요한 기본적인 기술을 연습하여 강화하기 위한 것이다.

그루스는 연습 이론과 맥을 맞추어 연습 기능이 있는 두 가지의 놀이를 제안하였다.

첫째는 실험 놀이(experimental play)로 감각·운동적 연습을 포함하는 사물의 조작, 구성 놀이 및 규칙이 있는 게임과 같은 놀이로 성인기에 필요한 자기 조절을 연습할 수 있다.

둘째는 극적 놀이(dramatic play)로 영유아가 성인이 되었을 때 수행해야 하는 다양한 역할을 놀이를 통해서 미리 연습해 보는 것이다(Frost et al., 2005). 예를 들어, 영유아가 엄마가 하는 행동을 흉내 내면서 소꿉놀이를 반복하는 것은 나중에 성인이 되었을 때 엄마의 역할을 잘 수행하기 위한 목적에서 비롯된다는 것이다.

한편, 연습 이론에 의하면 놀이는 미성숙한 인간의 본능적 행동에 대한 연습일 뿐 아니라 이런 행동들이 지속적으로 정교해져서 인지적 행동을 수반하는 단계로까지 발전되어 인간발달에 긍정적으로 작용할 수 있음을 강조한다. 이와 같은 관점은 오늘날 인간발달 과정에서 놀이의 중요성을 지지하는 중요한 근거를 제공한다.

연습 이론은 놀이에서 연습의 역할을 강조하고, 놀이의 계통 발생 이론과 인지적인 행동 간의 관계를 정교하게 설명하고 있지만, 그럼에도 불구하고 현대의 발전된 테크놀로지를 이용한 자동차나 우주선과 같은 놀잇감을 가지고 노는 것에 대해서는 설명하기 어렵다는 제한점이 있다(Hughes, 2010). 이상에서 언급한 고전적 놀이 이론의 핵심을 정리하면 표 2-1과 같다.

표 2-1 고전적 놀이 이론

이론명	대표 학자	주요 내용	적용의 한계
잉여 에너지 이론	실러, 스펜서	일상생활을 하고 남은 에너지의 발산하는 것	영유아가 지치고 피곤해도 놀이 하는 것
휴식 이론	라자루스, 패트릭	일이나 정신의 작용을 통해 소모된 에너지의 재충전하기 위해 나타나는 것	생존을 위해 일하지 않은 영유아의 놀이를 설명하기 힘든 것
반복 이론	홀, 글릭	인류의 진화 과정에서 계통 발생적 현상을 반복하거나 재연하는 것	진화에 따른 놀이 과정이 영유아 놀이에서 동일하게 재현되지 않는 것
연습 이론	그루스	성인이 되었을 때 필수적인 기술을 연습하기 위해 실행되는 것	현대의 발전된 기술을 이용한 놀이감을 활용한 놀이를 설명하기 힘든 것

2. 현대적 놀이 이론

놀이 이론은 20세기에 들어서면서 현대 심리학의 영향을 받으며 보다 더 체계적으로 발전되었다. 놀이를 설명하는 현대적 놀이 이론은 정신분석 이론, 인지발달 이론, 각성 조절 이론, 상위 의사소통 이론, 각본 이론 등으로 이루어지고 각 내용은 다음과 같다.

1) 정신분석 이론

정신분석 이론에서는 프로이트와 에릭슨에 대해 살펴보기로 한다.

(1) 프로이트

프로이트(Freud)는 정신분석 이론의 창시자로서 인간의 심리적 발달과정을 원초아

프로이트

(id), 자아(ego), 초자아(superago)의 세 가지 관점으로 분류하였다. 인간발달 단계 중 신생아기는 본능적 충동인 원초아에 의해서 주로 행동하고, 점차 여러 가지 다양한 경험을 통해 자아와 초자아가 발달하는데, 이러한 과정에서 놀이 경험은 매우 중요한 요인이 된다. 특히, 현실을 초월하여 상상 속에서 이루어지는 놀이의 특성은 영유아의 자아가 본능적 충동과 초자아를 조절하도록 도우며 그 결과로 자아를 성숙하도록 돕는 기능을 한다.

프로이트는 놀이의 동기를 쾌락의 원리로 설명하면서 영유아는 놀이를 통해 성취감과 기쁨을 경험하게 된다고 하였다. 즉, 놀이를 통해 실제 나약한 존재인 자신을 막강한 힘을 가진 성인으로 가작화함으로써 자신의 욕구를 충족하게 된다는 것이다.

한편 프로이트는 놀이가 지닌 정화 능력을 매우 강조하였다. 영유아가 실제 생활에서 느꼈던 부정적인 경험, 예를 들어, 병원에서 주사를 맞으며 느꼈던 불안, 공포, 분노 등을 주사 놓는 놀이를 통해 정화시켜 나간다는 입장이다. 특히, 놀이를 반복적으로 수행하는 것은 영유아가 경험한 부정적인 정서를 정화하는 기제로 본다(Hughes, 2010). 즉, 영유아는 반복적인 놀이를 통하여 자신이 지닌 정서적인 관심이나 문제를 상징적인 형태로 전환하여 해소할 수 있다는 것이다. 영유아가 가지는 본능적인 불안감은 분노, 공포, 공격성으로 표현되는데, 이러한 행동들은 현실 세계에서는 수용되지 않으며 표현되었을 때 제한을 받는 경우가 있지만 영유아는 상상 놀이를 통해 부정적인 정서를 자유롭게 표현한다. 영유아는 상상 놀이를 통해 두려움, 불안, 사랑 또는 무기력, 위험과 같은 정서적인 경험을 상징적으로 전환함으로써 영유아 자신과 주변 세계에 대한 정보를 재조직하려고 시도한다. 특히, 또래와의 사회적 상상 놀이를 통해 유아기에 공통적으로 경험하는 두려움이 놀이 주제로 표현되기도 한다(Goncu, 1993).

이와 같은 관점은 부정적인 정서의 정화 작용을 하도록 돕는 놀이의 치료적 기능을 새롭게 드러냈다.

(2) 에릭슨

에릭슨

프로이트의 이론을 계승한 에릭슨(Erikson)은 영유아가 놀이를 하면서 자아가 강화되고 자아 정체성이 발달되어 신체 및 사회적 기술을 발달시키며 주변 세계를 숙달하게 된다고 하였다(Hughes, 2010). 다음은 에릭슨이 주장하는 놀이 발달의 3단계이다.

첫째, 자기 세계 놀이(autocosmic play)이다.

출생 후 첫 1년인 1세 영아는 자기 몸의 오감각적 지각과 근육 운동 및 발성을 반복하여 시도하는 놀이를 즐긴다. 이러한 자기 세계의 놀이 단계를 통해 자신과 타인이 비슷한 면도 있지만 서로 다른 존재임을 이해하게 된다.

둘째, 미시 영역 놀이(micro-sphere play)이다.

2세 영아는 놀잇감이나 사물을 활용한 놀이를 즐기게 되는데, 놀이를 위한 관심 영역이 자기 몸으로부터 벗어나 주변 세계에 대한 관심으로 확장되면서 긍정적인 자아 정체감을 형성시켜나 간다.

셋째, 거시 영역 놀이(macro-sphere play)이다.

3세 이후 유아는 자신의 몸과 사물에서 벗어나 다른 사람과 놀이하면서 놀이의 영역을 확장해 나가고 주변의 또래와 사회적인 상호 작용을 하면서 사회적으로 유능함을 발휘하는 가운데 사회적 역할을 이해하고 수행하게 된다(표 2-2).

표 2-2 에릭슨의 놀이 단계

구분	시기	주요 내용
자기 세계 놀이	출생 후 1년	자기 몸 탐색을 기초로 타인과 구별되는 자기 발견
미시 영역 놀이	2세경	주변 세계인 놀잇감, 사물에 숙달을 기초로 자아 형성
거시 영역 놀이	3세 이후	주변 또래와 사회적인 상호 작용을 기초로 사회적 역할 이해

2) 인지발달 이론

인지발달 이론에서는 피아제, 비고츠키에 대해 살펴보기로 한다.

(1) 피아제

피아제

피아제(Piaget)는 인간의 인지발달이 동화(assimilation)와 조절(accommodation) 간의 평형(equilibrium)을 통해 이루어진다고 보았다(Hughes, 2010). 동화가 주변의 대상물을 영유아 자신의 인지 체계에 맞추어서 수용하는 과정을 의미한다면, 조절이란 자신의 기존의 도식이 새로운 대상을 받아들이는 데 적합하지 않을 때 새로운 대상에 맞도록 이미 가진 도식을 바꾸는 인지 과정을 의미한다.

피아제는 영유아의 놀이에서는 조절보다 동화가 더 우세하게 나타난다고 하였고, 모방의 경우 조절 행동으로 설명하였다. 예를 들면, 베개를 가지고 놀던 아이가 베개를 '아기'라고 간주하고 아기를 보살피듯 안아 주는 놀이를 한다면 이것은 자신의 생각에 상황을 일치시키는 것으로 이해할 수 있다. 이처럼 놀이는 영유아의 객관적 사고의 산물이라기보다 주관적으로 이루어지는 일종의 상징적 전환(symbolic transposition)으로 볼 수 있다.

또한 피아제는 영유아의 놀이를 인간발달의 지표로 보고 인지발달 단계에 따라 나타나는 놀이 유형을 다음과 같이 정리하였다.

첫째, 2세 미만의 감각 운동기 단계(sensorimotor stage)에 주로 나타나는 것으로 연습 놀이(practice play) 유형이다. 이 시기의 영아는 단순한 신체의 움직임을 반복하는 행동을 많이 보이고, 특히 자신의 신체나 사물을 움직이며 탐색하다가 재미있는 반응이 나타났을 때 이를 반복하는 기능 놀이를 즐긴다. 예를 들어, 우연히 오뚜기를 쳐서 넘어뜨렸는데 벌떡 일어나는 반응이 재미있게 느껴져서 지속적으로 오뚜기를 쳐서 넘어뜨리는 행동을 반복하는 경우이다.

둘째, 2세에서 7세에 해당되는 전 조작기 단계(preoperational stage)로 상징적인 전환(symbolic transformation)이 수반되는 상징 놀이(symbolic play) 유형이다. 유아반에서 많은 아이들이 자신의 생각과 경험을 상상 놀이 속 역할을 통해 실제로 재현하거나 구성 놀이를 통해 상징적으로 나타내는 것을 말한다.

셋째, 7세 이후 구체적 조작기 단계(concrete operational stage)로, 규칙이 있는 게임(games with rules) 유형이다. 이는 2명 이상의 유아기 후반 아이들이 일정한 지시 사항을 준수하여 이미 정해진 방법으로 행동하거나, 혹은 기존 규칙을 바꾸어 자기들끼리 새로운 규칙을 만들어 놀이하는 유형을 말한다(표 2-3).

표 2-3 피아제의 인지발달 단계에 따른 놀이 유형

구분	시기	주요 내용
감각 운동기	2세 미만	연습 놀이, 기능 놀이 : 반복적인 신체 움직임을 즐김
전 조작기	2~7세경	상징 놀이 : 눈에 보이지 않는 대상을 표상하거나 실제와 다른 상황으로 변형시켜 의미를 부여함 상상 놀이 : 상징 놀이가 발전된 형태로, 유아가 가작화 요소를 포함하여 주로 언어적 상호작용을 통해 다양한 사회적 역할을 표현함 구성 놀이 : 다양한 사물이나 자료를 이용하여 구성과 해체를 반복하면서 놀이를 즐김
구체적 조작기	7세 이후	규칙이 있는 게임 : 2명 이상의 유아가 규칙을 가지고 진행하는 것으로 또래와의 경쟁을 즐김

(2) 비고츠키

비고츠키(Vygotsky)는 피아제가 놀이를 인지적 측면에 국한해 개념화한 것과는 달리, 놀이의 사회 문화적 맥락을 강조하였다. 비고츠키에 의하면 인간의 모든 고등 정신 활동은 사회 문화적 상황에서 시작되고 구성원들에 의해 공유되는 것으로, 영유아의

비고츠키

놀이도 이런 사회적 활동에 속한다. 이와 관련하여 영유아가 스스로 문제를 해결할 수 있는 실제적 발달 수준과 성인이나 유능한 또래의 도움을 받아 문제를 해결할 수 있는 수준 사이의 차이를 의미하는 근접 발달 지대(zone of proximal development) 이론이 있다. 이는 영유아의 놀이에서 사회문화적 맥락을 고려한 것으로, 유능한 성인이나 또래 역할의 중요성을 강조하는 것이다. 이 과정에서 제시되는 또 하나의 주요 개념으로 비계(scaffold) 설정을 들 수 있는데, 이는 영유아의 실제 수준에서 향후 기대되는 잠재 수준으로 끌어올리기 위해 제공되는 모든 지원 체계를 의미한다. 예를 들어, 2세 영아가 퍼즐 조각을 맞추는데 혼자 하기에는 힘들지만 교사의 도움을 받아서 완성할 수 있거나, 5세 유아가 쌓기 놀이에서 더 유능한 다른 유아와 함께 더 복잡하고 높은 수준의 블록 구성을 하게 되는 경우를 말한다. 이와 같이 비고츠키는 놀이를 통해 영유아의 잠재적인 능력이 드러날 수 있다고 보았다. 즉, 놀이의 기능은 영유아가 더 높은 수준의 기능을 획득하도록 근접 발달 지대 내에서 비계를 제공함으로써 발달을 촉진시키는 것이다(Hughes, 2010).

또한 비고츠키는 놀이가 영유아의 사고력 발달에 매우 큰 영향을 미친다고 하였고, 특히 상상 놀이가 영유아의 추상적 사고 발달에 영향을 미친다고 보았다. 영유아는 자신이 하고 싶은 상상 놀이에 필요한 대상을 나타내기 위해 다른 사물을 사용하기도 하는데, 이때 사용하는 사물의 원래 용도에 해당하는 구체적인 사고로부터 놀이 속에서 부여된 용도에 따른 추상적인 사고로 의미가 분리되는 과정을 거친다. 예를 들어, 엄마 놀이를 하고 싶은 영아가 베개를 아기로 생각하여 업거나 안고 우유를 먹이는 놀이 행동은 베개라는 사물에 대해, 침구류라는 구체적 사고로부터 아기라는 추상적 사고로의 전환을 통해 의미를 분리시킴으로써 해당 영유아의 사고력을 발달시켜 나간다. 즉, 놀이는 가상적 상황에서 사물의 원래 기능과 분리된 사고를 융통성 있게 할 수 있을 뿐 아니라 사물보다 사고에 근거한 행동을 촉진하게 된다는 것이다.

그림 2-1 놀이를 통한 사고력 발달의 이해

3) 각성 조절 이론

각성 조절 이론은 인간이 유지하려고 하는 중추 신경 조직의 욕구를 만족시키기 위한 각성 수준으로 놀이를 설명한다. 이는 버라인(Berlyne)에 의해 시작되었고, 엘리스(Ellis), 페인(Fein)에 의해 발전되어 왔다. 이들은 인간이 추구하는 이상적인 환경은 자극이 지나치게 많거나 또는 너무 적지 않은 최적 상태의 각성을 유지하는 환경이라고 보았다.

버라인(1960)의 경우, 자극이 충분하지 못한 상황에서는 각성이 낮은 수준으로 감소하기 때문에 자신이 하던 행위에 대해 싫증을 내거나 지루함을 느끼게 된다고 하였고, 이와 관련하여 인간의 각성을 적정 수준으로 높여 줄 수 있는 자극 추구 활동이 인간에게 필요하고 그것의 표현이 놀이로 나타난다(Ellis, 1973). 이를 지지한 페인(1981)도, 놀이는 유기체가 필요로 하는 다양한 자극으로 작용하여 신기한 사물이나 상황을 처음 접한 영유아의 불확실성을 감소시키는 효과를 가져온다고 말했다.

즉, 영유아들은 적정 수준으로 각성 상태를 유지시키기 위하여 놀이를 한다. 놀이는 영유아에게 자극이 결핍되었을 때 다양한 자극을 제공해 줌으로써 최적의 각성 수준으로 끌어올리는 자극 추구 행위인 것이다(Johnson et al., 1999).

그림 2-2 혼자 미끄럼 타는 여아

그림 2-3 친구와 그네 타는 유아

이와 같은 관점에서 본다면 영유아들이 실외에서 미끄럼을 타거나 그네를 탈 때 처음에는 아주 쉬운 단계에서 시작하지만 점차 더 강한 자극을 느끼기 위해 강도를 높여서 놀이 기구를 이용하는 예를 생각할 수 있다. 이외에 어른들이 걱정하는 위험한 놀이를 즐겨 하는 이유도 다른 활동에서는 얻을 수 없는 자극을 얻을 수 있기 때문으로 해석할 수 있다.

4) 상위 의사소통 이론

놀이에서의 상위 의사소통(meta-communication)이란 영유아가 사회적 놀이에 참여할 때 놀이의 여러 상황, 행동, 사물 등을 함께 놀이하는 상대방에게 이해시키고 설명해 줌으로써 원활하게 놀이가 진행될 수 있도록 해주는 효과적인 의사소통 방법을 의미한다(Garvey, 1993).

베이트슨(Bateson)은 실생활에서 심각하게 여겨지는 영유아의 싸우는 행동이 "지금부터 싸우는 놀이를 하자"라는 가상의 상황에서는 심각성을 갖지 않는다는 점에 착안하여 상위 의사소통 이론을 제시하였다. 놀이의 참가자들이 자신의 의도를 상대방에게 전달하기 위해 언어 및 비언어적인 신호를 발달시키는데, 이는 'This is play'라는 메시지를 전달하는 상위 의사소통을 할 수 있을 때 발생한다(Frost et al., 2005).

영유아가 놀이를 시작하고 협상 확장하며 종결시키기 위하여 어떤 메시지를 사용하는지 연구한 가비(Garvey)의 연구 결과, 영유아는 가상 놀이에 참여하는 동안 그들이 맡은 역할과 실제의 자신 사이를 계속해서 넘나든다. 즉, 영유아들은 가상 세계에서의 역할과 현실에서의 자신의 실제를 구분하여 두 가지 역할을 원활하게 수행하게 된다는 것이다. 영유아는 상상 놀이에서 갈등이나 문제가 발생할 경우, 놀이의 틀을 벗어나 현실로 돌아와 이를 조절하고 다시 상상의 세계에 참여하는 방법으로 의사소통한다.

반면, 상위 의사소통 이론은 언어를 많이 사용하지 않는 비언어적 놀이나 게임과 같은 유형의 놀이를 설명하는 데는 한계가 있다. 연구 결과, 여아들에 비해 남아들은 언어적인 상호 작용의 빈도가 상대적으로 낮으며(Scales & Cook-Gumperz, 1993), 남아들이 주로 즐겁게 참여하는 영웅 놀이(hero play) 등은 언어적 상호 작용보다 비언어와 신호를 많이 사용하는데, 이에 대해서 설명할 근거가 충분하지 않다(Frost et al., 2005).

5) 각본 이론

각본(script)이란 기억에 의해 활성화되는 지식 구조를 의미한다(Johnson et al., 1999). 영유아는 발달함에 따라 자신의 경험에 근거해서 사건을 구성하고 경험에 대한 자신의 해석을 놀이의 각본으로 표현하게 된다. 즉, 사전 경험에 대한 영유아의 해석이 놀이 내용으로 구성되어 나타난다는 것이다.

울프와 그롤만(Wolf & Grollman, 1982)은 영유아의 사회극 놀이 과정에서 나타나는 이야기 구성(narrative organization) 수준을 분석함으로써 각본이 전개되는 세부 과정을 설명하였다. 놀이에서의 이야기 조직은 도식 수준, 사건 수준, 에피소드 수준의 세 가지로 구분하여 구성하였다.

첫째, 도식 수준(scheme level)은 영유아가 한 가지 사건에 관련되는 한두 가지의 단순한 행위에 참여하는 것으로, 예를 들어, 영아가 인형을 안고 있는 것이다.

둘째, 사건 수준(event level)은 두 가지 이상의 도식이 함께 나타나는 것으로, 인형을 안고 있다가 포대기를 이용해 등에 업는 행동에 해당된다. 이 두 번째 수준에서는 같은 목적하에 네 가지 이상의 다른 도식을 포함하기도 한다. 예를 들면, 식사를 위한 밥상을 차리기 위해 그릇에 빵 모형 담기, 과일 모형 담기, 숟가락 놓기, 물컵 놓기 등 네 가지 이상의 도식으로 구성하기이다.

셋째, 에피소드 수준(episode level)은 한 가지 목적하에 두 가지 이상의 사건으로 구성된다. 예를 들어, 색반죽으로 음식을 만들어 친구에게 대접하는 놀이가 이에 해당되고, 또한 이 에피소드는 두 가지 이상의 개략적인 사건들로 구성될 수도 있다. 예를 들면, 색반죽으로 다양한 음식을 만들고 친구들을 초대하여 대접한 후 설거지하는 놀이로 연결하는 경우이다(표 2-4).

표 2-4 놀이에서 이야기 조직 수준

수준	주요 내용	예시
도식 수준	한 가지 사건에 관련되는 단순한 행위를 나타냄	인형 아기 안아 주기
사건 수준	단순 사건 : 두 가지 이상의 도식이 함께 나타나는 것	인형 아기 안고 있다, 포대기로 업기
	연결 사건 : 목적 달성을 위해 네 가지 이상의 다른 도식을 포함	밥상 차릴 목적으로 그릇에 빵 모형 담기, 과일 모형 담기, 숟가락 놓기, 물컵 놓기
에피소드 수준	단순한 에피소드 : 목적 달성을 위해 두 가지 이상의 사건으로 구성	친구와 밥 먹을 목적으로 색반죽으로 음식을 만들어 친구에게 대접하는 놀이
	연결된 에피소드 : 목적 달성을 위해 두 가지 이상의 연결된 사건 포함	색반죽으로 다양한 음식을 만들고 친구들을 초대하여 대접한 후 설거지하고 정리하는 놀이

이 장에서 언급한 현대적 놀이 이론의 핵심을 정리하면 표 2-5와 같다.

표 2-5 현대적 놀이 이론

이론명	대표 학자	주요 내용
정신분석 이론	프로이트	반복적인 놀이를 통한 부정적 경험의 정화 작용
	에릭슨	놀이를 통한 자아 정체성 발달
인지발달 이론	피아제	새로 습득한 기술의 연습과 강화
	비고츠키	사물로부터 의미를 분리시켜 추상적 사고력 발달
각성 조절 이론	엘리스	자극 증가로 인한 최적의 각성 상태 유지
상위 의사소통 이론	베이트슨	의미의 다각적인 이해 능력 발달
	가비	가상과 실제의 역동적인 관계 이해
각본 이론	울프, 그롤만	개인적 경험의 이해 발달

Play in Early Childhood Education

CHAPTER

3

놀이와 발달

영유아의 발달과 놀이는 매우 밀접한 관계가 있다. 놀이를 통해 습득해야 하는 지식이나 기술을 학습할 뿐만 아니라 놀이를 통해 영유아의 발달을 지원할 수도 있기 때문이다. '놀이는 영유아의 발달 수준을 반영하고', '놀이는 영유아의 발달을 강화하고', '놀이는 발달적 변화의 도구로 사용된다'(Johnsons, Chrisie, & Wardle, 2006).

- 놀이는 단순히 발달을 반영한다 : 영유아의 놀이 행동을 통해 발달 상태를 알 수 있다. 즉, 영유아의 놀이 통해 각 발달 영역의 발달 정도를 알 수 있다.
- 놀이는 발달을 강화한다 : 영유아는 놀이하면서 새로운 개념이나 지식을 학습하거나 새로운 기술 등을 연습함으로써 발달이 강화된다.
- 놀이는 발달적 변화의 도구로 기능한다 : 영유아는 유사한 놀이를 반복하면서 각 기능이나 인지적 구조 등의 질적인 수준을 향상시킬 수 있다.

영유아의 놀이와 발달의 관계에 대해서 구체적으로 알아보기 위해 각 발달 영역별로 놀이가 어떠한 도움을 주는지, 어떤 관계가 있는지 살펴본다.

1. 놀이와 신체 운동 발달

놀이를 하기 위해서는 신체를 움직일 수밖에 없으므로 최초의 신체 놀이에는 운동 능력이 필요하다. 어린 영아가 눈앞에서 흔들거리는 모빌을 만지는 놀이를 하느라 팔을 들어 모빌을 향해 손을 뻗치고, 재미있는 자극에 시선을 맞추느라 머리를 들고 머리를 돌리는 운동 능력을 사용한다. 연령이 증가하면서 신체 놀이는 더 많은 운동 기술, 신체 기술을 사용하며 운동 능력을 발달시킨다. 걸음마기 영아가 계단을 오르내리는 놀이, 유아가 공을 던지고 잡는 놀이를 하면서 뛰고 공을 받는 동작, 복합 놀이대나 평균대 놀이를 하면서 한 발로 서거나 발끝으로 서기 등을 하면서 자신의 신체를 통제하는 능력 등을 급속히 발달시킨다. 4~5세가 되면 더 많은 운동 기술을 습득하게 되어 스키핑, 두 발로 뛰기 등이 가능하고 자신의 신체를 보다 정교하게 조절할 수 있게 되어서 줄넘기, 자전거 타기 등 게임과 여러 종류의 운동 활동을 즐긴다. 또한 달리기의 속도를 조절할 수 있게 되어 잡기 놀이를 즐긴다.

생후 1년 동안 손으로 쥐기와 조작을 할 수 있는 소근육 발달이 이루어지면서부터 사물을 가지고 하는 놀이를 즐긴다. 두 손으로 물건을 잡다가 한 손으로 물건을 각각 잡을 수 있게 되고 책장을 넘길 수 있을 정도로 물건을 조작하는 능력이 발달하여 구슬 꿰기나 퍼즐 맞추기, 블록으로 구성하기 등의 놀이를 즐기게 된다. 또한 선 긋기, 그리기, 붙이기 등이 가능해져서 영유아가 자신의 생각대로 만들기, 미술 놀이도 즐기게 된다. 작은 사물을 사용하기 위한 소근육을 발달이 이루어졌기 때문이다.

이와 같이 영유아의 대근육 발달과 소근육 발달이 이루어지고 이 능력을 놀이를 통해 연습하고 새로운 능력을 시도하고 경험해 보면서 점점 더 운동과 신체 기술이 더 정교해지므로 신체 운동 발달과 놀이는 상호 간의 영향을 주고받으며 발달한다(그림 3-1).

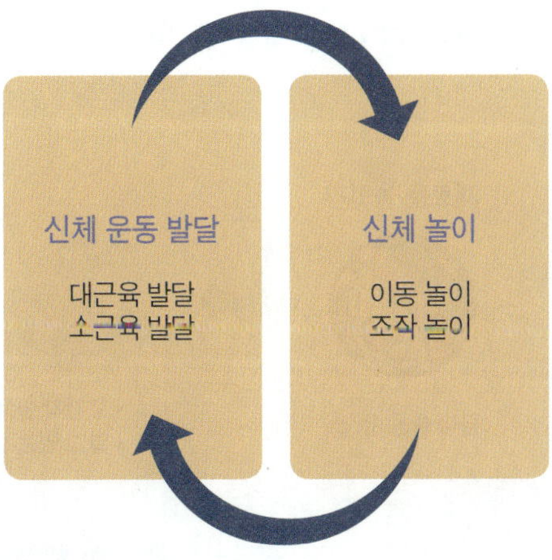

그림 3-1 신체 운동 발달과 신체 놀이의 관계

2. 놀이와 인지발달

앞에서 살펴본 바와 같이 사물을 조작하는 놀이는 소근육 발달과 밀접한 관계가 있지만 영유아의 인지발달과도 밀접한 관계가 있다. 모든 영유아는 흥미로운 사물을 보면 ① 이것은 무엇일까? 무엇하는 물건일까? 하는 호기심을 가지고 탐색한다. 사물을 이리저리 만져 보고 조작해 보면서 그 물건의 특성을 알아보는 '탐색'을 한다. 물건의 속성에 대해 영유아 나름대로 파악이 되었다면, ② 이것으로 무엇을 할 수 있을까? 를 생각하며 '알고 있는 여러 가지 방법'으로 놀이한다. 영유아는 그 사물을 자기만의 방법으로 '놀이'하면서 알고 있는 개념이나 기술을 반복하면서 알고 있던 것을 확고히 하고 더 나아가 새로운 개념이나 기술을 시도해 보면서 새로운 것을 알게 되기도 한다.

예를 들어, 딸랑이를 손으로 쳐서 소리 내는 놀이를 즐기던 영아는 딸랑이를 발견하면 손으로 치며 놀이한다. 때로는 힘껏 딸랑이를 쳐서 멀리 보내기도 하고 살짝 쳐서 조금만 굴러가는 딸랑이를 보며 즐거워한다. 이 영아가 소리 나는 공을 보자 손으로 만져 보고, 흔들어 보고, 입에 넣어 보는 등 자신이 아는 방법으로 탐색한 다음 딸랑이 놀이 방법 그대로 손으로 공을 쳐서 소리 나는 것을 즐긴다. 공을 힘껏 치기도 하고 약하게

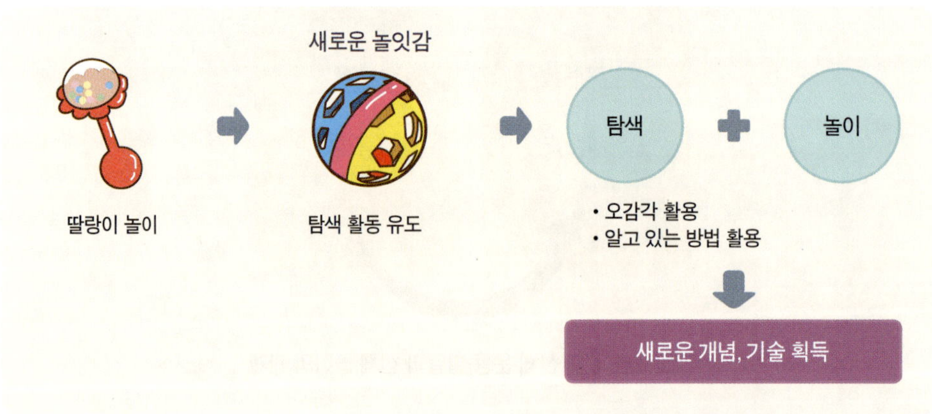

그림 3-2 알고 있는 놀이 방법을 사용하여 새로운 개념 경험하기

치면서 놀이하던 영아는 공을 치는 힘의 세기와 공이 굴러가는 거리와의 관계에 대해 새롭게 경험하게 되는 것이다(그림 3-2).

이와 같이 흥미로운 사물을 탐색하면서, 그리고 자신이 알고 있던 방법으로 놀이하면서 개념과 기술을 반복하기도 하고 새로운 시도를 통해 새로운 것을 알게 되는 이 놀이 과정을 피아제는 인지발달의 '동화'와 '조절'로 설명하였다. 영유아는 놀이를 통해 과거의 경험을 조합하여 새로운 도식을 구성할 수 있다. 영유아는 연령이 높아질수록 보다 체계적이고 순서적이며 계획적으로 사물을 사용하므로(Power, 2000), 연령 증가에 따라 논리적, 수학적 지식을 활용하는 놀이를 즐긴다. 또한 그미트로바와 그미트로프(Gmitrova & Gmitrov)는 교사가 소집단 유아들에게 자연스럽게 놀이를 안내하면 유아의 인지적 행동이 상위 개념 발달 수준에 도달한다고 보고하였다(신유림 외, 2007, 재인용). 따라서 영유아가 즐겁게 놀이를 즐기고 교사의 적절한 안내가 지원된다면 놀이를 통해 영유아의 인지발달은 보다 증진될 수 있다.

한편, 추상적인 사고를 하기 위해서는 상징을 이해하고 상징을 활용할 수 있어야 하는데, 역할 놀이를 통해 영유아는 상징, 추상적인 사고, 추리 능력 등이 발달될 수 있다. 즉, 작은 상자를 컵이라고 하며 음료수 마시는 흉내를 내고, 작은 막대기를 주사기라고 하며 주사 놓는 흉내를 내면서 실제 사물이 없어도 자신이 표현하고자 하는 사물의 의미를 부여하는 상징을 능숙하게 사용한다. 가짜로 불이 난 상황에서 자신을 소방관이라고 가작화하여 그 상황에 적절한 역할을 재현한다. 즉, 실제로는 소방관이 아닌데 놀이 속에서 소방관 역할을 하면서 탈중심화를 실행해 보고, 소방관 놀이를 하다가 질문이 생기면 본래 유아 자신으로 돌아와 또래나 교사에게 질문을 함으로써 소방관 역할에서 유아 자신으로 언제든지 돌아올 수 있다는 것을 아는 가역성도 경험하게 된다. 이 과정에서 사고의 융통성을 발달시킬 수 있다. 또한, 상상 놀이에서 가상의 문제 상황을 적극적으로 해결하기 위해서 다양한 행동을 해보면서 문제 해결 능력도 증진할 수 있다.

연령이 높은 유아는 규칙 있는 게임을 즐긴다. 규칙과 게임을 이해하고 게임에서 이기기 위해서 전략을 세우되 규칙을 준수하는 방법을 생각한다. 겉으로 보기에는 유아가 즐겁게 게임 놀이를 즐기고 있지만 그 과정에서 유아는 다양한 인지적 전략을 사용하고 있는 것이다. 이와 같이 놀이는 특수하고도 고차원적인 인지 과정이 뒤따르기 때문에 고차원적인 인지 능력의 출현이나 획득을 반영하는 것이다(이영 외, 2015).

3. 놀이와 언어발달

대체로 6개월경이면 옹알이를 하면서 자기가 낸 소리를 듣고 즐거워하는 발성 놀이를 즐긴다. 옹알이마다 음속의 강세와 높낮이가 다른데, 영아가 모국어의 억양과 강세를 상당히 유사하게 모방하고 있다고 보고된다(이영 외, 2015 재인용). 이는 영아가 주변의 말소리를 듣고 따라 하면서, 즉 발성 놀이를 하면서 언어를 배운다는 것을 의미한다. 특히, 양육자가 영아의 옹알이에 반응하면 양육자의 반응과 유사한 소리 내기를 즐긴다(Berk, 2013). 걸음마기 영아는 주변에서 알려 주는 사물의 명칭, 언어적 표현을 듣고 흉내 내는 놀이를 하면서 한 단어, 두 단어로 말하기 능력이 발달되고, 유아기부터는 말 놀이를 즐긴다. 동일한 문장 구조에서 한 단어만 바꾸어서 말하는 놀이를 반복하면서 어휘, 문법, 발음 등을 숙달시킬 수 있다. 성인의 언어 수준과 비슷하게 발달한 유아는 수수께끼, 책 보기, 책 만들기 등 언어를 활용한 놀이를 즐기면서 자연스럽게 점차 언어 능력이 더 세련되게 발달시킨다.

신생아 때부터 영아는 양육자와 상호 작용하면서 상대방이 소리를 내면 자신은 소리를 멈추고 귀 기울이고, 상대방의 소리 내기가 끝난 후 자신이 소리를 내면서 말의 주고받기 리듬을 놀이처럼 즐긴다. 이런 놀이를 즐기면서 화자와 청자의 순서가 있다는 의사소통 기술의 기초를 발달시키게 되며, 이 능력은 놀이에서 중요한 역할을 한다. 다른 사람과 함께 놀이하기를 즐기는 영유아가 또래에게 함께 놀이하기를 청하거나 놀이 방법을 알려 주거나 의논하기도 하고, 새로운 방법을 만들어야 하기 때문이다. 즉, 놀이가 자연스럽게 진행되도록 하기 위해서 놀이 규칙을 어긴 상대방에게 그 상황에 대한 자신의 생각을 말하고 상대방의 의견을 듣고 조정해야 하는 경우, 또는 좀 더 재미있는 놀이가 되도록 하기 위해서 놀이 방법을 바꾸자는 제안을 하기 위해 상대방이 이해할 수 있는 문장으로 자신의 생각을 말하는 경우가 빈번하게 나타나기 때문이다. 따라서 놀이는 영유아가 빈번하게 의사소통을 할 수밖에 없는 상황을 제시할 뿐만 아니라 의사소통 능력을 연습하는 장이기도 하다. 말하기는 놀이의 틀(fram)과 그것의 의미를 전달하는 수단으로 작용하기 때문이다(Garvey, 1993).

특히, 역할 놀이에서는 또래와의 의사소통 능력이 중요하다. 상황을 가작화하고, 각 역할을 수행하기 위해 역할에 적절한 행동과 태도로 말하는 능력이 필요하기 때문이다. 아기 역할을 할 때는 아기처럼, 엄마 역할을 할 때는 엄마처럼 표정 짓고 엄마 말투로 이야기하되 상대가 이해할 수 있도록 이야기해야 한다. 이와 같은 놀이 과정 때문에 역할 놀이를 통해 상위 의사소통 인식도 발달할 수 있다. 의사소통 능력은 언어적, 비언어적 요소를 포함하여 사람 간의 생각이나 감정 등을 교환하는 총체적인 행위이다. 연령이 증가하면서 어휘 수가 늘고 문자도 길고 복잡하게 사용할 수 있게 된 유아는 상황에 적절한 주제나 내용에 맞는 의사소통을 할 수 있게 되는데, 이는 놀이를 통해 이런 능력을 반복적으로 사용하기 때문이다.

놀이는 영유아가 이야기 만들고, 읽기, 쓰기의 문해발달과도 밀접한 관계가 있다. 예를 들어, 마트에서 장보기 놀이를 하기 위해서는 계산대 및 각 코너를 소개하는 팻말 만들기, 물건의 이름과 가격을 써 놓기, 계산대에서 영수증 만들기 등의 쓰기 행동과 읽기 행동이 나타나므로 유아의 문해 행동을 이끌어 내기 위한 중요한 환경을 제공한다(Neuma & Roscos, 1993). 유아는 주어진 놀이 상황에서 여러 가지 자료를 활용하고 글자와 수를 써 보고 쓰여진 글자를 해독해 보면서 자연스럽게 읽기와 쓰기 행동을 반복하게 한다. 유아는 역할 놀이의 목적에 따라 맥락 안에서 읽고 쓰기를 연습함으로써 실제 상황에서의 읽고, 쓰기에도 도움이 된다. 따라서 맥락으로서의 역할 놀이는 실제

유아의 수준보다 높은 수준의 읽고, 쓰기 행동을 자극함으로써 문해발달에 긍정적인 영향을 준다. 특히, '맥락'은 유아의 문해 활동에 이점을 제공한다. 일상생활에서 쉽게 접할 수 있도록 환경 인쇄물 등을 비치해 두어 유아가 문자를 많이 접함에 따라 어휘에 대한 지식이 형성되고, 이로써 초기 읽기가 시작되기 때문이다. 초기에는 유아가 과자 봉투의 글자가 아니라 과자 그림을 보고 과자 이름을 읽겠지만 점차 글자에 대한 지식이 증가함에 따라 과자 그림이 아니라 문자에 주목하면서 글자 읽기 능력이 발달된다.

4. 놀이와 사회 정서 발달

놀이는 영유아가 건강한 사회 정서 발달을 이루도록 돕는다. 영유아는 놀이를 통해 자신의 감정을 표현하고 자기 조절과 반성적 사고를 발달시켜 나가며 또래와 놀이하면서 사회적 관계를 형성해 나간다(이숙재, 2019).

영아의 경우 주 양육자와의 일대일 관계 속에서 놀이의 즐거움을 느끼며 알아간다. 양육자와 까꿍 놀이를 즐기는 영아는 양육자의 행동을 기다렸다가 반응하고 혹은 반대로 자신이 숨은 후 양육자의 반응을 기다리며 놀이한다. 이 과정에서 영아는 양육자와 함께하는 사회적 규칙을 연습하고 획득하게 된다. 이후 언어가 발달하고 걷기가 활발해지면 다른 사람에게 관심을 갖게 되어 양육자 외에 또래와 함께 놀이하기를 즐긴다. 사회적 놀이 참여를 연구한 파튼(Parten, 1932)은 유아의 놀이 경험이 성장에 따라 혼자 놀이에서 점차 집단을 형성해 가는 연합 놀이 혹은 협동 놀이로 집단의 크기와 놀이 체계가 달라진다고 하였다(이숙재, 2017 재인용). 또래와 함께 놀이하면서 다양한 사회적 경험을 하게 된다. 함께 놀이하면서 경쟁하기도 하고 다투기도 하면서 다른 사람과 함께하기 위한 기술을 배우고 또래 집단에 수용되기 위한 기준을 알게 되고 실행할 수 있게 된다. 혹은 또래와 함께 놀이하기 위해서 자신의 욕구나 의견을 조절하고 또래와 협력하는 기술을 배우고 실행하기도 한다. 이런 능력을 가장 잘 발휘하는 놀이가 역할 놀이이다. 또래와 집단으로 역할 놀이의 주제를 정하고 계획하는 과정에서 누가 어떤 역할을 할 것인지, 어떤 가상의 상황을 설정할 것인지, 소품은 무엇을 할 것인지 등을 의논하면서 협동적인 의사 결정을 해야 한다. 또한, 놀이 전개 중에 상황이나 주제 등이 변경될 수도 있는데, 이 변경 사항에 대해 유아들은 서로 협의하고 합의해야 한다. 따라서 이야기 속 등장인물이 되어서 놀이하는 역할 놀이 경험은 영유아의 사회성 발달을 촉진한다(이숙재, 2019). 유아는 놀이하면서 놀이 집단에 대한 관심이 집중될 때 유아는 자신의 역량을 다해 자신이 담당한 역할에 최선을 다하고 자신의 역할을 배우기도 하며, 집단의 규칙을 받아들여 행동한다. 또래들과 어울려 놀이 규칙을 만들기 위해 자신의 생각과 행동을 조절하고, 규칙을 따르는 과정에서 상호 의존성과 존중의 가치를 자연스럽게 깨닫게 되기 때문이다(고희서 · 정계숙 · 황정희, 2011 재인용).

프로이트는 놀이를 통해 영유아는 부정적인 감정을 정화할 수 있다고 했다. 영유아는 감각적 지각에 의해 스트레스를 감소시키므로(이상복 · 김진영, 1998 재인용) 밀가루 반죽과 같은 부드러운 촉감, 물, 모래와 같이 만지고 느끼는 놀이를 제공해 주면 일상생활에서 경험하는 긴장과 스트레스와 같은 부정적 감정을 해소함을 확인할 수 있다. 아침 등원 시 엄마와의 분리가 힘들어서 울던 영아가 촉감 놀이에 집중하면서 울음을 그치고 정서적 안정을 찾는 것이 대표적인 예이다. 또는, 병원 놀이를 즐기는 유아가 환자에게 주사를 놓고 약을 처방하는 의사나 간호사의 역할을 반복하면서 현실에서 이루어질 수 없는 상황을 상상의 세계에서 실현하면서 스트레스나 두려움, 감정을 이완시키기도 한다. 반대로 주사를 맞아야 하는 환자 역할을 할 때 가상이기 때문에 주사 맞는 순간을 참아 보면서 긴장해야 하는 상황을 이겨 내는 능력을 발달시킬 수도 있다. 즉, 영유아는 놀이를 통해 자신의 감정을 표현하기도 하고 자신의 감정을 통제하기도 하므로 놀이를 반복하면서 자신의 감정을 인식하고 표현하며 감정을 조절하는 능력을 발달시키는 것이다. 이런 측면에서 놀이는 치료적 역할을 한다고 할 수 있다. 한편, 놀이는 즐거움과 관련된 경험이다. 영유아는 목적 없이 즐거움을 추구하며 놀이하기 때문이다. 따라서 영유아가 놀이한다는 것은 즐겁고 행복한 감정을 경험하는 것이며, 이는 영유아의 건강한 발달을 도모한다.

5. 연령별 놀이 특징

놀이는 영유아의 발달 수준을 알아볼 수 있는 지표로 활용되는 바, 연령에 따라 놀이의 속성이 다르게 나타난다. 연령에 따라 신체, 인지, 언어, 사회 정서 발달이 변화되기 때문이다. 따라서 연령에 따른 대표적인 놀이의 특징을 안다면 연령에 적합한 놀잇감 및 놀이 환경을 제공해 줄 수 있어서 영유아의 놀이 지원에 도움이 된다. 다만, 영유아기는 개인적으로 발달의 차이가 심한 시기이므로 여기서 살펴보는 연령별 보편적인 놀이의 특징을 실제 교육 현장에 적용할 때는 개인차를 고려해야 할 것이다.

1) 0~1세 놀이 특징

0~1세는 발달이 급격히 진행되며 개인차가 매우 큰 시기이다. 0세는 머리 들기, 뒤집기, 앉기, 기기, 걷기 등 신체발달이 활발히 이루어지는 시기이고, 1세는 걷거나 뛰기를 시도하는 등 신체적 능력이 안정적으로 발달된다. 또한, 0~1세는 주변을 적극적으로 탐색하므로 이런 발달적 특성을 고려한 놀이 특징은 다음과 같다.

- 자신의 손가락, 발가락 등 자신의 신체를 움직이고 잡는 놀이를 한다.
- 사물 잡기, 굴리기와 던지기 시도하기 등 사물을 조작하는 놀이를 한다.
- 물건을 입으로 빨아 보고, 만져 보고, 흔들어 보고, 냄새를 맡아 보는 등 오감각을 활용하여 놀이를 즐긴다.
- 기기, 서기, 걷기가 가능해지면 반복해서 기어가거나 붙잡고 서기, 걷기 놀이 등 이동 능력을 활용한 놀이를 즐긴다.
- 옹알이와 같이 소리 내기 놀이, 양육자의 말을 따라 하는 단어를 말해 보는 놀이를

즐긴다.

- 그림책 보기를 즐기지만 책을 본다기보다는 0세는 책을 사물처럼 조작하면서 놀이하거나 그림에만 집중하는 놀이를 한다. 1세경이 되면 그림책의 책장을 넘기며 그림 보기를 즐긴다.
- 성인과 함께 까꿍 놀이, 공 주고받기 놀이 등을 즐기며 함께 놀이하기 위한 간단한 사회적 규칙에 따른 놀이를 한다.
- 크기가 큰 블록을 늘어놓거나 1~2개 위로 쌓아올리는 놀이를 즐긴다.
- 큰 조각 퍼즐을 맞출 수 있다.
- 아기 우유 먹이기, 밥 먹기 등과 같은 간단한 역할 놀이가 가능하다.

2) 2세 놀이 특징

2세가 되면 이전 연령보다 신체 운동 능력과 손을 사용하는 능력이 세련되고 언어 능력이 급속히 발달하여 의사소통이 가능해지므로 이전 연령보다 활발한 신체 운동 놀이와 탐색 놀이, 그리고 간단한 역할 놀이가 활발해진다.

- 공 던지고 받기를 즐기며 끌고 다니는 놀잇감을 즐긴다.
- 능숙하게 걷게 되어 계단 오르내리기, 붕붕차 등과 같은 기구를 활용한 신체 놀이를 즐긴다.
- 눈과 손의 협응 능력이 발달하여 큰 구멍에 사물 넣기, 블록 쌓고 무너뜨리기, 끼적이기를 즐긴다.
- 감각을 즐기는 시기여서 밀가루 반죽, 모래, 물과 같이 감각적으로 탐색하는 놀이를 반복한다.
- 핑거페인팅과 같이 손으로 만지면서 무엇인가를 만드는 놀이를 즐긴다.
- 인형 목욕 시키기, 빨래하기, 청소하기 등과 같은 일상생활에서 경험하고 관찰한 것을 단순하게 재연하는 역할 놀이를 즐긴다.

- 언어를 보다 효과적으로 사용하게 되어 책을 읽어 주는 것을 매우 좋아한다. 특히, 좋아하는 그림책을 반복적으로 읽어 주기를 선호한다.
- 혼자 놀이를 즐기지만 또래 옆에서 함께 놀이하는 것을 즐긴다. 그러나 아직 또래와 원활하게 협력하는 것은 어렵다.
- 놀이 방법은 대체로 단순한 흥미를 느끼고 그 흥미를 지속하기 위해 반복적으로 하는 경우가 많다.

3) 3세 놀이 특징

신체를 조절할 줄 아는 능력이 생기면서 신체 활동을 즐기고 부산하게 움직인다. 자신의 감정을 솔직히 표현하며, 호기심과 질문을 통해 다양한 개념을 습득하고자 하는 욕구가 강하다. 언어 능력의 급격한 발달로 언어를 사용해 자신의 생각을 자유롭게 표현할 수 있다. 그러나 자기중심적인 특성이 강하고 또래와 협력하여 놀이하는 능력이 부족하여(김지은 외, 2013) 또래 함께 놀이하기를 원하지만 혼자서 놀이하는 경우도 있다.

- 신체를 조절하고 운동 능력을 사용하는 신체 놀이, 다양한 신체 동작 도전하기를 즐긴다. 다만 아직은 성인의 보호와 감독이 필요하다.
- 세발자전거 타기, 달리기 등을 즐긴다.
- 소근육 발달과 눈과 손의 협응이 더욱 능숙해져서 가위질하기, 퍼즐 맞추기, 블록 쌓기, 그림 그리기 등을 즐긴다.
- 자신의 생각이나 감정을 표현하는 것을 좋아해서 그림 그리기 및 구성물 만들기를 좋아한다.
- 놀이 과정에서 질문이 많고 새로운 사실을 발견하고 이를 알아보기 위해 다른 사람과 이야기 나누기를 즐긴다.
- 일상생활에서 자주 경험하는 가정생활과 관련된 역할 놀이를 많이 한다.

- 상상력이 풍부해져서 블록으로 구성하거나 다양한 재료로 구성물을 만들고 이를 이용해 역할 놀이를 즐긴다.
- 2세보다 또래에 관심이 많아서 또래 옆에서 나란히 놀이하기를 즐긴다. 또래와 함께 놀이하고 싶은 욕구가 강하지만 아직은 사회적 기술이 부족하여 협력하여 놀이하는 경우는 드물게 나타난다.
- 자신의 감정을 솔직히 표현하고 감정의 변화도 심해서 또래와의 놀이 시 갈등 상황이 종종 발생한다.

4) 4세 놀이 특징

4세는 신체 조절력이 발달하면서 읽고, 쓰기와 같은 능력을 발달시킬 수 있으며 성인과 유사한 수준의 언어발달을 보인다. 다른 사람의 정서를 인지할 수 있는 능력이 생기면서 자신의 감정을 적절히 표현하고 감정을 조절할 수도 있다. 인지적인 측면에서는 세밀한 탐색 능력이 생겨 다양한 개념을 습득하고자 하는 욕구가 강하다(김지은 외, 2013). 따라서 기초적인 문해 활동 놀이, 기초적인 탐구력을 활용하는 놀이, 또래와 안정적인 관계를 맺는 놀이가 적절하다.

- 신체 운동 능력이 더욱 세련되어서 놀이 시설물을 오르내리는 등 시설물을 활용한 놀이를 좋아한다.
- 소근육 발달이 보다 정교화되어 작은 조각을 조립하는 구성 놀이를 즐기며, 가위질하기, 색칠하기, 그리기 등도 즐긴다.
- 자연 현상을 관찰하는 것을 좋아하고 동식물을 돌보거나 성장을 주의깊게 관찰하기도 한다.
- 놀잇감을 단순하게 이용하기보다는 새롭고 다양한 방법으로 활용하기를 즐긴다.
- 물과 모래도 단순히 탐색하기보다는 터널이나 호수를 만드는 등 다양한 방법으로 활용하며 놀이한다.

- 다양한 미술 재료를 적극적으로 활용하여 새로운 것을 표현한다.
- 상상력이 풍부하여 역할 놀이를 즐기는데, 3세보다 구체적으로 상황을 묘사하고 각 상황에서의 감정과 생각 등을 세밀하게 표현할 수 있다.
- 어휘력이 증가하여 타인과 이야기 나누기를 즐기며 수수께끼 놀이를 즐긴다.
- 놀이가 확장되고 다양해지면서 의사소통 능력을 기반으로 또래와 함께 노는 연합 놀이가 활발히 일어난다.

5) 5세 놀이 특징

5세는 신체 조절 및 협응력이 발달하여 다양한 기술을 요하는 움직임을 즐기며 인지 능력이 발달하여 복잡한 놀이를 즐기고, 보다 오랜 시간 주의 집중할 수 있다. 사회성이 발달하여 다른 사람들과 협력할 수 있고, 성인 수준의 대화법을 구사하는 언어발달을 보이며, 특히 문자 언어에 관심을 갖는다. 다양한 도구와 재료를 탐색하고 표현할 수 있는 능력도 있어(김지은 외, 2013) 이전 연령보다 복합적인 놀이를 즐긴다.

- 다양한 운동 기술을 시험해 보는 놀이를 즐긴다. 예를 들어, 언덕에서 마대 자루를 깔고 미끄럼 타기, 한 발 깽깽이로 걸어가기, 복합 놀이 기구에 매달리기, 복합 놀이 기구를 한 발과 한 손으로만 올라가기 등을 시도한다.
- 간단한 신체 게임이나 운동 경기를 좋아한다.
- 정교하게 가위질하고 색칠하기 등이 가능해서 정교하고 세밀하게 표현하는 그림이나 구성물을 만든다.
- 블록 놀이도 건물 그림을 보고 유사하게 건물 구성하기, 고속도로나 공항 구성하기 등 복잡한 구성물을 세밀하게 표현한다. 또한, 구성물을 활용하여 역할 놀이를 즐긴다.
- 자석, 저울, 줄자, 온도계, 돋보기 등을 이용해 관찰하고 실험하는 놀이를 좋아하고 적극적으로 탐색하고 질문하면서 과학적 개념을 알아보는 놀이를 즐긴다.

- 동식물에 대한 관심이 많아져서 곤충이나 벌레를 탐색하거나 동식물을 직접 기르는 것에 관심이 많다.
- 동화 듣기를 좋아하며 그림을 보고 스스로 이야기를 만들기도 하고, 스스로 동화나 동시 만들기를 즐긴다.
- 역할 놀이에서 주제가 매우 다양해진다. 일상적인 경험뿐만 아니라 TV나 책을 통해서 알게 된 내용으로 역할 놀이를 한다.
- 이전 연령보다 덜 자기중심적이라 비교적 또래와 함께 놀이할 수 있어 협동 놀이가 나타난다.
- 놀이의 규칙을 이해하고 이를 지키며 자신이 소속된 집단을 위해 적절한 놀이 역할을 할 수 있다.

CHAPTER

4

놀이 중심 교육과정

1. 놀이가 중심이 되는 교육과정

영유아에게 있어 놀이란 삶의 대부분을 차지하는 매우 일상적이면서 동시에 의미있는 즐거운 경험이다. 현대를 살아가는 많은 영유아들이 가정을 떠나 영유아 대상 기관에서 생활하는 시간이 길어지고 있는 것을 생각하면 영유아 기관에서 놀이를 교육과정에 중심에 두는 것은 아주 당연한 일이다. 이에 놀이가 일상의 중심이 되어 영유아의 배움을 촉진하고 나아가 건강한 발달을 도모하는 교육과정이 필요하다(Hoorn, Nourot, Scales, & Award, 2007).

놀이가 중심이 되는 교육과정은 영유아의 자발성에 입각한 놀이와 놀이 지원을 위해 교사가 계획한 활동이 조화를 이루는 가운데 행해지는 균형적인 교육과정을 의미한다. 즉, 놀이가 영유아의 하루 일과에서 어떻게 조화롭게 이루어지고, 여기에 교사에 의해 계획된 활동이 얼마만큼 적절하게 제공되어 영유아의 놀이를 효과적으로 지원하게 하는가에 초점을 두는 것이다. 따라서 영유아의 건강한 성장을 돕고 지원하는 데 필요한 적절한 자극과 요인들을 제공한다는 측면에서 놀이는 발달적으로 적합한 교육과정의 핵심이라 할 수 있다.

2017년 12월 우리나라 교육부는 국정 과제 구현과 출발선 평등 실현을 위해 '유아교육 혁신 방안'을 발표하였고, 같은 시기 보건복지부는 제3차 중장기 보육 기본 계획에서 국정 과제인 '보육 · 양육에 대한 사회적 책임 강화'를 실현하기 위한 4개 분야를 발표하였다(교육부 · 보건복지부, 2019; 보건복지부, 2020). 이에 따라 2019년 누리과정 개정 작업을 시작하여 2020년 3월에는 누리과정, 같은 해 9월에는 제4차 표준보육과정이 우리나라에 있는 모든 어린이집과 유치원에서 놀이 중심의 내용을 기반으로 실행되고 있다.

누리과정의 개정 근거가 된 것은 '교실 혁명을 통한 유아 중심의 교육 문화 조성' 과제 중 '유아가 중심이 되는 교육 패러다임 전환'의 내용이다. 놀이 중심, 유아 중심 누리과정은 개별 유아의 다양한 특성을 고려한 자유 놀이 권장 및 관찰과 기록, 유아와의 상호 작용 강조, 현장 자율성 존중을 위한 내용이 포함된다. 이어서 개정된 제4차 어린이집 표준보육과정은 보육의 정체성을 유지하고 영아보육의 특성을 반영하는 가운데 2019년 개정된 누리과정 개정 방향과 취지를 수용함으로 전체적으로 영유아 중심, 놀이 중심을 추구하였다.

주요 내용의 맥을 같이하는 측면에서 표준보육과정은 '영유아 · 놀이 중심'을 추구한다. 표준보육과정이 '영유아 중심'을 추구한다는 것은 보육과정을 운영하는 데 있어 영유아의 건강과 행복, 놀이를 통한 배움의 가치를 최대한 존중하여 반영하는 것을 말한다. 또한 '놀이 중심'을 추구한다는 것은 영유아가 주도하는 놀이를 중심으로 보육과정을 구성하고 운영하는 것이다. 이는 기존의 교사가 계획하여 주도하는 것에서 영유아가 주도적으로 놀이하며 배우는 것을 추구하는 것을 의미한다(보건복지부, 2020).

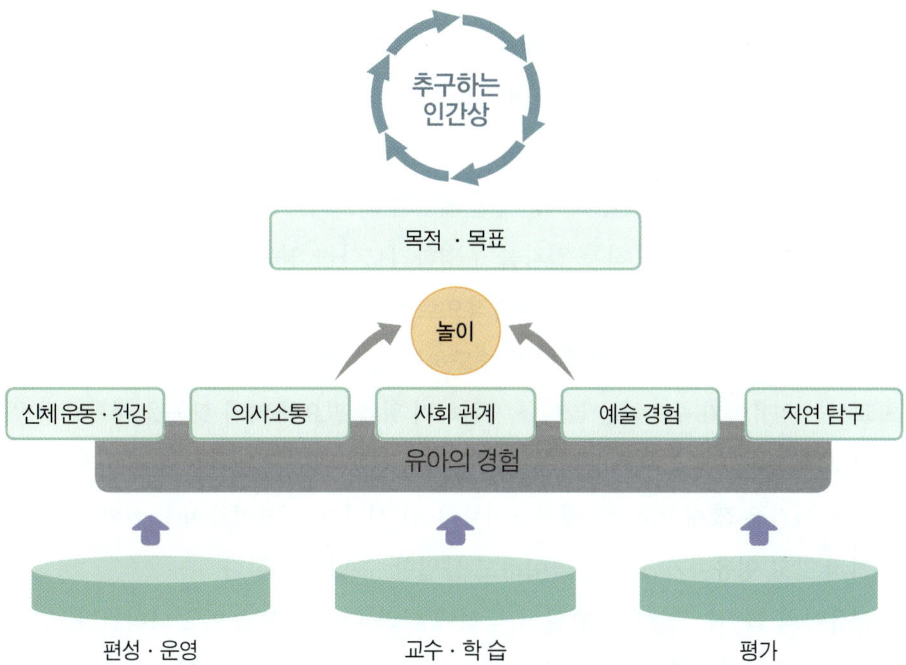

그림 4-1 2019 개정 누리과정의 구성

출처 : 교육부 · 보건복지부(2019)

놀이 중심 교육 과정의 편성 · 운영, 교수 · 학습, 평가의 내용을 토대로 영유아는 다양한 놀이 경험을 통해 추구하는 인간상으로 나아간다. 추구하는 인간상에는 건강한 사람, 자주적인 사람, 창의적인 사람, 감성이 풍부한 사람, 더불어 사는 사람이 있다.

2. 놀이 중심 교육과정의 편성과 운영

영유아 대상 놀이 중심 교육과정을 편성 · 운영하기 위해 고려할 내용을 2024 개정 표준보육과정 해설서(교육부, 2024)를 중심으로 정리하면 다음과 같다.

- 영유아가 편안하고 즐겁게 생활할 수 있도록 휴식과 낮잠, 바깥 놀이 등을 포함하여 놀이가 살아나도록 운영 시간을 편성하여 운영한다.
- 각 기관의 실정에 따라 적합한 계획을 수립하여 운영한다. 계획안을 작성할 때에는 영유아의 경험이 교육적 가치를 가지도록 놀이와 교사의 지원 방안을 기술한다.
- 계획안은 영유아가 실제 놀이한 내용 및 놀이를 지원하는 내용을 포함하되 자율적인 형식으로 바꿀 수 있다. 특히, 사전 계획을 최소화하여 계획한다.
- 교사가 미리 계획하여 하루 일과를 운영하기보다는 영유아의 흥미와 관심에 따라 놀이를 충분히 즐길 수 있도록 탄력적으로 편성 · 운영한다.
- 어린이집의 하루 일과는 영유아가 주도하는 놀이를 중심으로 편성 · 운영한다.
- 교사는 영유아가 주도하는 놀이를 지원하기 위해 필요에 따라 활동을 계획하여 운영하고, 영유아가 주도하는 놀이의 흐름에 따라 융통성 있게 일과를 운영한다.
- 놀이 시간은 짧게 여러 번 제공하기보다 긴 시간으로 편성하여 놀이의 흐름이 끊기지 않고 영유아가 충분히 놀이하고 몰입할 수 있도록 한다.
- 영유아의 놀이는 연령 및 발달적 특성에 따라 다양한 모습으로 나타난다. 교사는 영유아가 자신에게 적합한 방식으로 놀이할 수 있도록 조정하여 운영한다.
- 영유아 · 놀이 중심 보육과정을 운영하기 위해서 부모는 영유아의 놀 권리와 즐겁

게 놀이하며 배우는 놀이의 가치를 이해하여 가정에서 영유아의 놀이를 지원해야 한다.

3. 놀이 중심 교육과정의 교수·학습 방법

영유아가 즐겁게 놀이하며 스스로 배울 수 있는 교수 · 학습 사항을 2024 개정 표준보육과정 해설서(교육부, 2024)를 중심으로 정리하면 다음과 같다.

- 교사는 영유아 개개인의 특성, 기질, 개인차를 고려하여 영유아의 의사 표현을 존중하고 개별적으로 민감하게 반응해야 한다.
- 교사가 미리 준비한 활동을 선택하게 하는 것보다 영유아가 자유롭게 놀이하며 즐기는 방식으로 바꾸어 나간다.
- 교사가 다양한 활동을 계획했더라도 영유아의 관심과 흥미에 따라 얼마든지 수정할 수 있고, 영유아가 주도해 가는 놀이와 연계하여 활동을 진행하는 것이 바람직하다.
- 교사는 놀이 상황과 맥락에 따라 새롭게 생성되는 영유아의 놀이를 존중하고 이해하면서 영유아가 필요로 하는 실내외 환경(놀이 자료, 놀이 공간과 안전 고려)을 융통적으로 지원한다.
- 교사는 다양한 방식으로 영유아가 놀이를 통해 배우고 성장할 수 있도록 돕는다. 특히, 영아의 반복되는 놀이를 존중하고 그 즐거움을 충분히 느끼도록 지원한다.
- 교사는 영유아 간, 영유아 교사 간, 영유아와 환경 사이게 능동적으로 상호 작용이 이루어지도록 지원한다.
- 교사는 계획안을 활용하여 영유아가 실제 놀이한 내용을 적합한 방식으로 기록하고, 그에 따른 교사의 지원 내용도 함께 작성하도록 한다.
- 교사는 개별 영유아의 요구에 따라 휴식과 일상생활이 이루어지도록 하고, 연령, 발달, 장애, 배경 등을 고려하여 개별 특성에 적합한 방식으로 배우도록 한다.

4. 놀이 중심 교육과정에서 영역 운영

영유아 대상 놀이 중심 교육과정은 영아, 유아 대상 5개 영역(신체 운동・건강, 의사소통, 사회관계, 예술 경험, 자연 탐구)이 인위적으로 계획하여 운영되는 것이 아니고, 영유아의 놀이와 일상생활에서 자연스럽게 경험되는 것을 강조한다. 2024 개정 표준보육과정 내용을 통해 영유아가 5개 영역을 어떻게 경험하고 배움으로 나아가는지를 살펴볼 수 있다.

1) 영아 사례

0~1세 보육과정은 5개 영역의 40개 내용, 2세는 42개 내용으로 구성되어 있다. 이는 영아가 경험해야 하는 내용이며 영아가 배우는 교육 내용이다. 영아는 매일 혹은 정해진 시간에 따라 1개씩 차례로 배우는 것이 아니라 일상생활과 놀이를 통해서 무작위로 경험하며 배우게 된다. 이를 영아가 놀이하며 통합적으로 배우는 내용이라고 한다.

발달 특성상 몸을 자유롭게 움직이기 어려워 의자에 앉아있는 0세 아이와 몸을 좀 더 자유롭게 움직일 수 있는 1세 아이의 사례를 통해 배움이 어떻게 통합적으로 일어나는지 살펴보고자 한다.

■ **사례 내용**

- 1세 언니는 자신이 좋아하는 소리나는 그림책을 펼치고 소리나는 그림책의 단추를 이것 저 것 눌러가면서 사람의 목소리와 음악을 들려주는 소리나는 그림책을 즐겁게 읽고 있다.
- 이때 앞에 앉은 0세 동생 자신은 1세 언니의 얼굴과 소리나는 그림책을 번갈아 보며 눈동자를 초점화하여 움직이고 얼굴에 흥미로운 표정을 짓고 섬세하게 고개와 얼굴 근육을 움직이며 관심을 표현한다.

- 언니는 자기를 쳐다보는 동생이 소리나는 그림책을 보고싶어 한다는 눈치를 채고 "볼래?"하면서 동생의 의견을 묻는다. 동생은 옹알이로 "으, 으!!"라고 하며 몸을 기울여 소리나는 그림책을 바라본다.

■ **0세 동생과 1세 언니가 서로 경험하며 배우는 과정 따라가기**

- 동생이 소리나는 그림책을 같이 보고 싶다는 표정과 시선을 주자 언니가 적극적으로 반응하며 읽고 있던 소리나는 그림책을 동생이 보기 편하도록 펼친다.
- 동생은 자신을 향해 소리나는 그림책 전면을 펼치며 보여주자 더 가까이 쳐다보기 위해 자신의 몸을 그림책을 향해 최대한 기울여 본다.
- 몸을 기울이자 소리나는 그림책이 더 가깝게 보이고, 버튼을 누를 때 설명도 나오고 노래도 나오는 재미있는 소리에 귀 기울인다.
- 이렇게 동생과 언니는 서로에게 화답하고 배려하며 함께 배워 나간다.

■ **5개 영역으로 통합적 배움 읽기**

- 0세 동생은 걷지는 못하지만 자신이 관심을 가지는 주변을 향해 고개를 돌리고 바라보는 등 자신의 신체로 주변을 탐색한다(신체운동.건강).

– 언니가 들려주는 소리나는 그림책에서 나는 말소리에 주의를 기울이고, 언니가 물어보는 "볼래?"라는 이야기를 들으며 옹알이로 적절하게 대응하는 말소리를 내며(의사소통), 책을 보고 싶은 자신의 욕구와 감정을 표현한다(사회관계).

– 두 영아는 버튼을 누르면 소리가 나고, 다른 색깔의 버튼은 다른 소리가 나는 것을 알아가며 사물을 탐색하며 즐기고 있다(자연탐구).

– 1세 언니는 알록달록 동그란 모양의 단추가 있고 누르면 리듬이 있는 음악을 만드는 등 예술적 특성을 가진 소리나는 그림책에서 색과 모양, 소리와 리듬이 만드는 아름다움을 느낄 수 있다(예술경험).

– 또한 반에서 동생의 감정과 행동에 관심을 가지고(사회관계) 함께 놀이하며 반에서 편안하고 즐겁게 지내는 것을 경험하며 배우고 있다.

■ 5개 영역을 넘나들며 더 풍부한 배움을 읽어 보기

– 두 영아의 경험에는 놀라움과 경이감을 주는 배움의 순간들이 있다. 1세 언니는 0세 동생의 관심을 민감하게 느끼며 소리나는 그림책의 방향을 버튼을 더 잘 조작할 수 있는 방향으로 돌려주며 배려한다. 또 흥미로운 것은 0세 동생이 소리나는 그림책을 향해 몸을 기울이는 것이다. 0세 동생은 자신이 기울일 수 있는 최대한 신체를 기울이며 1세 언니의의 행위에 반응한다. 이때 언니는 동생의 기울여오는 몸에 응답하여 다른 사람과 서로 돌보고 공감하는 경험의 즐거움을 배워가고 있다.

– 소리나는 그림책은 두 영아의 경험을 풍부하게 만들어 주는 주요한 놀이자료이자 두 영아와 그림책이 서로 함께 얽히며 배우도록 하는 주요한 매체이다. 이러한 모든 배움과 사황은 단순히 5개 영역으로만 읽기에는 아쉬움이 있어 5개 영역을 넘나드는 풍부한 배움으로 읽어 봄으로써 두 영아가 함께 만들어 가는 고유한 배움의 특성을 더 잘 이해할 수 있다.

출처: 2024 개정 표준보육과정 해설서 내용 재구성

2) 유아 사례

다음은 한 영역 내에서 범주 간 통합이 실제 어떻게 일어나는지, 또 같은 사례에서 유아들은 5개 영역을 어떻게 통합적으로 경험하는지를 나타낸다.

신체 운동 · 건강 영역의 통합적 이해 : "나 잘하죠?"

바깥 놀이에서 4세 반과 5세 반 유아들이 함께 놀이하고 있다. 유아들은 모래를 파 커다란 구덩이를 만들었다. 4세 은제는 모래 구덩이를 뛰어넘다가 모래 구덩이 속에 빠진다.

은제 : (모래 구덩이를 바라보며) 아, 이거 어려운데…….

은제는 한쪽 다리를 크게 들어 올려 모래 구덩이에서 위로 올라온다. 그러다 옆에서 소꿉놀이를 하던 수하의 얼굴에 모래가 튄다.

은제 : (수하의 표정을 살피며) 수하야, 미안해.

4세 수하는 얼굴을 찡그리더니 말없이 얼굴에 묻은 모래를 털어 낸다. 옆에 있던 5세 지원이가 말한다.

지원 : 음, 나는 이거 할 수 있을 것 같은데……얏!

지원이는 모래 구덩이를 가볍게 뛰어넘는다. 지원이는 모래 구덩이의 가장 긴 거리를 뛰어넘고, 반대편에서 또다시 뛰어넘기를 반복한다. 지원이는 모래 구덩이 뛰어넘기를 성공할 때마다 웃는다. 지원이를 지켜보던 은제가 모래 구덩이 뛰어넘기를 다시 시도한다. 은제는 모래 구덩이 가장자리 끝을 뛰어넘었지만, 두 발로 서서 착지하지 못하고 넘어졌고, 두 손으로 바닥을 짚고 곧바로 일어난다. 그리고 손바닥과 무릎에 묻은 모래를 툭툭 털어 낸다.

지원이와 은제의 모습을 보고 있던 4세 수하가 소꿉놀이를 멈추고 벌떡 일어난다. 그리고 금세 모래 구덩이를 풀쩍 뛰어넘는다. 그리고 활짝 웃으며 말한다.

수하 : "나 잘하죠?"

5개 영역의 통합적 이해

1. 신체 운동 · 건강

• 신체 활동 즐기기

유아는 신체를 인식하고 움직인다. 모래 구덩이에서 올라올 때 다리를 넓게 벌려야 한다는 것을 안다. 유아는 넘어졌을 때 손바닥과 무릎에 묻은 모래를 툭툭 털어 낸다. 신체 움직임을 조절한다. 모래 구덩이를 뛰어넘을 때 자신의 팔과 다리, 허리 등의 움직임을 조절한다. 기초적인 이동 운동, 제자리 운동, 도구를 이용한 운동을 한다. 유아들은 한곳에서 다른 곳으로 점프하며 몸이 움직이는 방향과 공간에 대해 느끼며, 힘과 빠르기를 다르게 하여 몸을 이동한다. 실내외 신체 활동에 자발적으로 참여한다. 유아는 스스로 모래 구덩이를 뛰어넘으며 신체 활동에 즐겁게 참여한다.

• 안전하게 생활하기

유아는 일상에서 안전하게 놀이하고 생활한다. 유아는 모래 구덩이의 크기와 너비를 살펴보고, 자신이 잘 뛰어넘는 방법에 대해 생각하며 놀이한다. 모래가 튀어서 친구의 얼굴에 묻거나 눈에 들어가면 위험할 수 있다는 것을 알고 행동을 조심한다.

2. 의사소통

• 듣기와 말하기

유아는 소꿉놀이를 하면서 친구들을 관심 있게 지켜본다. 자신의 경험, 느낌, 생각을 말한다. 유아는 교사에게 자신의 경험과 느낌, 생각을 말한다.

3. 사회 관계

• 나를 알고 존중하기

유아는 자신을 알고 소중히 여긴다. 유아는 모래 구덩이 뛰어넘기를 성공하며 성취감과 만족감을 느낀다. 유아는 모래 구덩이를 훌쩍 뛰어넘을 수 있는 자신의 능력을 알고,

"나 잘하죠?"라고 말하며 자신을 가치 있는 존재로 느낀다. 서로 다른 감정, 생각, 행동을 존중한다. 유아는 활짝 웃으며 모래 구덩이를 훌쩍 뛰어넘은 기쁨을 표현한다. 이와 달리 실패한 유아는 성공한 유아가 부럽고 한편으로 속상하지만, 모래 구덩이 뛰어넘기에 다시 도전한다. 유아는 친구의 얼굴에 모래가 튀었을 때, 친구의 찡그린 얼굴 표정을 보고 친구의 감정을 알아차렸고, 미안한 마음을 적절한 말로 상황에 맞게 표현한다. 유아는 말없이 얼굴에 묻은 모래를 털어 내면서 친구의 실수를 이해해 준다.

4. 자연 탐구

- 유아는 생활 속에서 탐구하기 일상에서 길이, 무게 등의 속성을 비교한다. 유아는 자신이 뛰어넘을 수 있는 모래 구덩이의 너비를 비교한 뒤 자신이 잘 뛰어넘을 수 있는 거리를 선택한다.

출처 : 2019 개정 누리과정 해설서(p.70~71)

Play in Early Childhood Education

CHAPTER

5

놀이에 영향을 주는 요인

아이들의 놀이는 참으로 다양하다. 영아와 유아의 놀이가 다르고, 남아와 여아의 놀이가 다르다. 또 어떤 환경에서 지내고 어떤 경험을 했느냐에 따라 각양각색의 놀이들이 출현한다. 놀이에 영향을 주는 요인 또한 다양한 관점에서 구분될 수 있겠지만 본 장에서는 영유아가 나타내는 놀이가 왜 이렇게 다양할 수 밖에 없는지에 대한 요인을 개인적 요인과 사회적 요인 그리고 물리적 요인으로 나누어 살펴보고자 한다.

1. 개인적 요인

1) 성별

영유아의 놀이를 관찰해 보면 놀이 유형이나 장소, 혹은 또래와의 상호 작용 방법에 있어 성차가 나타나는 것을 볼 수 있다. 먼저 성별에 따른 놀이 방식의 차이를 야기하는 주요 요인을 살펴보면 다음과 같다(Lewis, 1972).

첫째, 생물학적 요인이 있다. 동물을 포함하여 모든 종의 수컷은 암컷에 비해 생득적으로 탐색적인 행동을 많이 하는 것으로 나타난다. 이와 같은 생득적 특성으로 인해 남아는 능동적이고 공격적이며 과시하는 특성을 보이는 경향이 있다. 성차 관련하여 공간 지각력 경우 남성이 여성보다 우월한 것으로 밝혀져 있는데, 이는 공간 지각력을 요구하는 구성 놀이, 즉 쌓기 놀이 영역에 남아가 더 많이 참여하는 현상으로 쉽게 확인할 수 있다.

둘째, 부모를 비롯한 영유아 주변의 성인들이 아이의 놀이 행동에 대해 보상과 처벌을 통해 성 역할을 가르치고 반복적으로 주지시키는 경우, 성별에 따른 놀이 차이가 야기될 수 있다.

셋째, 영유아 스스로가 사회 전반에 공유되어 있는 제반 관습을 따라 역할 행동을 하게 되고, 이것이 성 역할에 영향을 주어 놀이의 차이를 가져올 수 있다. 예를 들어, 여아가 놀이 안에서 자연스럽게 수동적인 역할이나 태도를 보이는 경우이다.

위에서 언급한 주요 원인에 따른 성별 차를 구체적으로 살펴보면, 남아는 대근육 활동 및 기능 놀이를 많이 하는 반면, 여아는 남아보다 대체적으로 소근육 발달이 빠른 편이어서 조작 놀이를 더 많이 하는 경향을 보인다. 공격적 행동 측면에서 남아는 주로 때리기, 밀기, 치기, 힘의 과시 등의 형태가 많이 나타나지만, 여아는 말로 하는 언어적인 공격이나 친구와의 관계 형성과 관련된 공격적 행동을 더 하는 편이다(길효정 · 엄세나, 2021). 거친 신체 놀이(rough-and-tumble play)와 관련하여 남아가 여아보다 더 많이 거친 신체 놀이에 참여하였고(고여훈 · 엄정애, 2010), 이런 현상은 우리나라뿐 아니라 외국 연구에서도 동일한 결과를 보여 준다(Pellegrini, 1987; Tannock, 2011).

영유아 시기 많이 나타나는 상상 놀이에 대한 성별의 차이를 살펴보면, 상상 놀이의 역할을 선택할 때 남아, 여아 모두가 대부분 자신의 성과 동일한 성 역할을 선택한다. 그러나 놀이의 주제나 역할 선택에 있어서 여아는 가족 놀이를 포함한 소꿉놀이 등의 가정적인 역할을 선호하고, 남아는 모험적인 놀이에서 영웅의 역할이나 자동차 놀이, 공사 놀이, 로봇 놀이를 선호하는 경향을 보인다(김영심, 2002).

정서 표현에서 남아는 남성적 장난감을 가지고 놀 때 의성어와 부정적 정서를 많이 표현하는 반면, 여아는 놀이하면서 긍정적 정서 표현을 더 하는데, 주로 여성적 장난감을 가지고 놀 때 혼잣말과 상상 놀이를 더 많이 하는 것으로 나타난다. 거친 신체 놀이에서는 남아가 공격적 형태를 통한 힘의 과시가 나타나는 반면, 여아는 친밀감을 나타내는 정도의 신체 놀이를 보이며 평소 자주 어울리는 관계에서 주로 거친 신체 놀이가 나타나는 경향을 보인다(박찬옥 · 정남이 · 곽현주, 2020; 송승민 · 박인영 · 김미옥 · 이순희, 2020).

한편 영유아는 또래와 놀이를 할 때 동성의 또래를 선호하는 경향이 있어, 여아는 여아끼리 남아는 남아끼리 놀이하는 모습을 쉽게 관찰할 수 있다. 그러나 동성 또래와의 놀이뿐만 아니라 혼성 놀이 또한 영유아에게 다양한 사회적 기술을 알려 준다는 점에서 영유아에게 동성 또래외에 이성 또래와의 상호 작용을 촉진시키는 것이 중요하다(최석란 · 이슬기 · 김현미 · 박지원 · 정은주 2020).

예를 들어, 남아들이 선호하는 쌓기 놀이 영역이나 여아들이 선호하는 역할 놀이 영역에 여아와 남아 모두 자연스럽게 섞여서 놀이할 수 있도록 공통적으로 선호하는 소품을 준비하고, 두 영역을 통합하여 영유아들이 쉽게 오갈 수 있도록 하는 것이 바람직하다(Kinsman & Berk, 1979).

2) 연령

일반적으로 영아는 탐색을 즐기고 반복적이며 단순한 놀이 행동을 보이고 놀이 집중 시간이 짧다. 그러나 연령이 증가하면서 점차 조직적이며 상호 작용을 필요로 하는 놀이를 즐기게 되면서 연령이 높은 유아는 보다 다양한 종류의 놀이 형태에 참여한다. 동시에 규칙이 있는 게임과 같은 경쟁적인 놀이의 모습을 보일 때도 많아진다. 즉 연령이 증가할 수록 친구와 함께 참여하는 사회적 놀이 빈도가 증가하고, 놀이 지속 시간도 길어지며, 상징 놀이가 발달하고, 복잡한 규칙이나 기술이 필요한 놀이를 많이 하게 된다(유효순 외, 2016).

연령은 놀이 유형별 참여 빈도와 수준에 영향을 미치는 것으로 나타났다. 상징 놀이 경우, 영유아의 연령이 증가할 수록 그 빈도가 많아졌고(조혜경, 2003), 복합성도 증가하였다(최윤지 · 이윤경, 2011). 구성 놀이도 마찬가지로 연령이 증가할 수록 놀이 시간이 늘어나고, 놀이 자료의 다양한 활용과 내용의 질이 높아졌으며, 사회적 놀이 또한 단독 놀이나 기능 놀이에서 규칙이 있는 놀이로 변화해 가는 것을 볼 수 있다(방은영, 2016).

한편, 반을 구성할 때 동일 연령으로 구성하는 경우가 대부분이기 때문에 영유아는 같은 연령 또래와의 상호 작용을 많이 선호하는 것으로 보이지만, 혼합 연령이 섞여 놀이를 할 때 놀이가 더 발달되기도 한다. 특히, 영유아는 동일 연령이나 어린 또래보다 연령이 높은 또래에 의해 더 쉽게 사회적 상호 작용이 촉진되는 것을 볼 수 있다. 혼합 연령 경우 연령이 높은 영유아 입장에서는 동생들과 함께 놀이하며 리더 역할을 경험하는 좋은 기회가 되고, 어린 영유아에게는 형, 누나의 놀이하는 모습 자체가 다양한 놀이의 모델이 된다. 또한 연령이 높은 영유아가 놀이를 리더하고 자극하는 행동으로 인해 어린 영유아는 그것을 따라가면서 수준 높은 놀이를 경험할 수 있게 된다(연세대학교 어린이생활지도연구원, 1995). 이에 놀이에서의 혼합 연령의 장점을 고려하여 다양한 연령의 영유아가 함께 상호 작용할 수 있는 기회를 제공하여야 한다.

3) 기질과 놀이성

기질은 활동성, 규칙성, 적응성, 반응 강도, 주의 산만성, 지구력 등에 따라 순한 기질, 까다로운 기질, 반응이 느린 기질로 나눈다(Thomas & Chess, 1977). 일반적으로 까다로운 기질의 영유아는 새로운 환경이나 친구 관계를 형성할 때 시간이 걸리기 때문에 친구들과 놀이 상황에 적응할 때도 어려움을 보이는 경우가 많다. 순한 기질의 영유아는 단순한 형태의 사회적 놀이와 방관자적 놀이가 많이 나타나며, 주로 미술, 조작, 쌓기, 역할 놀이 및 집단 극놀이를 많이 즐기는 것으로 나타난다(박찬옥 외, 2020; 송승민 외, 2020). 실외 놀이 형태를 연구한 이지연(2004)은 까다로운 기질 영유아는 혼자 놀이와 기능 놀이에 많이 참여하고, 순한 기질의 경우 상징 놀이, 규칙 있는 게임을 더 즐긴다고 하였다. 반응이 느린 기질을 가진 영유아는 새로운 놀이 상황이나 친구들에게 처음에는 적응을 못하지만 시간이 지나면 놀이에 흥미를 보이기 시작한다.

놀이성은 영유아의 놀이에 대한 개인적 성향이나 마음으로부터 나타나는 놀이에 대한 질적 특성으로, 신체적 자발성, 인지적 자발성, 사회적 자발성, 즐거움의 표현, 유머 감각의 다섯 가지 요소로 구성된다(김명순 · 김기숙 · 박찬화, 2012). 놀이성은 영유아의 상상 놀이와 관련이 있어 놀이성이 높을수록 상상 놀이 수준이 높은 것으로 나타난다(유애열, 1994). 한편, 놀이성은 아동의 인지와 정서 조절과 같은 사회 정서 인지발달에 영향을 주어 신체적 자발성과 사회적 자발성이 높을수록 영유아의 행동과 정서를 잘 억제하고 자기 평가가 뛰어나다(박윤자, 2005). 관련하여 놀이성이 높은 영유아는 또래 영유아들과의 관계에서 친사회적 행동이 더 많이 나타나고(Udwin, 1983), 목적 없는 행동을 적게 하며 집단 놀이를 많이 하는 경향이 있었다(남진경 · 김명순, 2014). 기질과의 연관성을 살펴보면, 순한 기질의 영유아가 까다로운 기질에 영유아에 비해 놀이성이 높고 놀이에 더 적극적으로 참여하였고, 까다로운 기질은 공격성과 불안이 높으며 친사회적 행동을 덜 나타낸다(이은경, 2002).

4) 인지 능력

인지 능력이 우수한 영유아는 어떤 놀이 경향을 가지고 있는지 많은 관심을 가지고 인지 능력과 놀이의 관계성을 연구한 결과 영재아는 거친 신체 놀이보다 조용한 놀이에 관심이 더 많았고, 상상 놀이를 즐기며 연령이 높은 친구들과의 놀이를 선호하는 것으로 나타났다(Millar, 1977). 또 영재아는 또래와의 놀이 상호 작용에서 언어 능력, 모험심, 독창성 등이 뛰어나다는 결과를 보였다(황윤세, 2010). 그 외 인지발달과 상상 놀이의 연관성을 연구한 결과, 지능이 높을수록 상상 놀이의 참여 빈도와 수준이 높았고(Hill & McGune-Nicolich, 1981), 인지 능력이 높을수록 긍정적인 또래 놀이를 하는 것으로 밝혀졌다(이선경 · 김효원, 2016; 최미숙, 2018).

인지 양식에 따른 영유아의 놀이 경향을 살펴보자면, 먼저 인지 양식(cognitive style)이란 인지적 과제에 대하여 자극 상황이나 내적 사태를 초월하여 개인이 일관성 있게 나타내는 반응 양식으로 개인의 전형적인 정보 처리 양식을 말한다(네이버 국어사전). 인지 양식은 장 독립적(field-independent) 양식과 장 의존적(field-dependent) 양식으로 구분되고, 그중 장 독립적(field-independent) 인지 양식은 사물을 지각할 때 환경의 영향을 받지 않고, 장 의존적(field-dependent) 인지 양식은 사물의 영향을 받는다(Saracho, 2003). 장 의존적 영유아는 타인에 관심에 민감하게 반응하는 편으로 사회적 기술을 습득할 기회가 많아 병행, 연합, 협동 놀이와 소꿉놀이에 참여하는 경유가 많다. 반면, 장 독립적 영유아는 분석적 능력이 발달하여 단독 놀이를 즐기는 경향을 보이며 게임, 구성 놀이, 조작 놀이를 더 많이 즐긴다고 보고된다(김명순 ·

김길숙 · 김지연 · 신혜영 · 정미림, 2017; 송승민 외, 2020).

2. 사회적 요인

1) 부모

부모와 영유아가 형성한 애착의 질은 영유아 놀이에 큰 영향을 미치는 것으로 밝혀져 왔다. 안정 애착을 형성한 영아는 엄마가 있을 때 더 많은 호기심을 가지고 물리적 환경을 적극적으로 탐색하고 또래에게 보다 많은 관심을 보였으며 다양한 사회적 기술을 나타내면서 놀이가 오랫동안 지속되었다(Slade, 2005). 또한 자녀와 안정 애착을 형성한 어머니는 오랜 시간 놀이가 지속되도록 적극적으로 상호 작용하는 것으로 나타났다. 반면, 주 양육자와 불안정 애착이 형성된 영유아 부모는 불안감이 높고 애정을 나타내지 않으며 자녀를 기계적인 방법과 필요에 따라 돌보는 것으로 관찰되었다(Frost, 1999).

부모의 양육 태도와 관련하여 부모의 통제적인 양육 태도는 영유아의 신체적 자발성에 영향을 주었고, 부모가 권위적이거나 통제적이지 않은 경우에 상징 놀이를 많이 하고, 협동 놀이에 적극적으로 참여하며, 또래와 긍정적인 관계를 형성하였다(유효순 외, 2016; 김명순 외, 2017). 부모의 놀이 인식과 태도 역시 영유아의 놀이에 영향을 주었다. 놀이를 지지하고 중요하게 생각하는 부모는 자녀의 놀이에 실제로 많이 참여하였고(이현지 · 정혜욱, 2016), 놀이에 대해 긍정적인 상호 작용을 하는 것으로 나타났다(김명순 · 조항권 · 박영림 · 신혜영, 2013).

한편, 아버지가 영유아 양육의 주요 역할자로서 중요성이 부각되면서 많은 연구들이 놀이 발달에 미치는 아버지의 영향에 대해 관심을 가지게 되었다. 예로, 부모의 놀이에 대한 인식이 자녀의 놀이 선택과 놀이 참여에 영향을 주고(유인순, 2005), 아버지의 긍정적인 놀이 신념은 놀이 참여를 통해 영유아가 놀이에 몰입하게 하고, 또래 놀이 행동에도 영향을 주는 것으로 나타났다(김정주 · 박형신, 2017).

또한, 부모는 자녀의 성 유형에 따른 기대를 갖고 양육하는 경우가 있기 때문에 영유아 놀이의 성차를 야기시키는 요인으로서의 부모 태도에 주의할 필요가 있다. 예를 들어 딸은 부드럽고 작고 아주 예민하게 묘사하고, 아들에 대해서는 크고 활동적으로 묘사한다거나, 영아기부터 아들과 딸에게 다른 색깔의 옷을 입히고 다른 종류의 놀잇감을 주는 것 등이다(방은영, 2016).

이상에서 살펴본 바와 같이 부모는 자녀의 놀이에 많은 영향력을 미치는 존재이다. 따라서 자녀가 자기만의 놀이를 잘 펼쳐 나갈 수 있도록 지원하는 부모의 역할에 관심을 가져야 한다. 그러기 위해 부모는 영유아의 놀이에 관심을 가지고 관찰하면서 자녀의 흥미가 어디에 있는지를 알아채고, 그에 맞는 놀 수 있는 시간과 공간을 제공해야 한다. 또한 자녀가 놀이를 선택하고 주도성을 가지고 진행하도록 허용하며, 자녀의 놀이 과정을 격려하여 자신감을 가지고 놀이에 몰입하고 즐길 수 있도록 하는 것이 필요하다.

2) 교사

놀이에 대한 교사의 태도가 영유아 놀이의 질을 결정짓는 중요한 요인이 된다는 것은(송승민 외, 2020), 이미 많이 알려진 사실이다. 영유아는 혼자 놀거나 또래와 놀이할 때보다 교사가 옆에서 관심을 보이고 적절히 개입할 때 놀이의 지속 시간이 길어지고 놀이의 수준이 놀아지며 확장되는 것을 볼 수 있다(Rubin, Fein, & Vanferberg, 1983). 또한 교사의 적절한 개입은 영유아의 문해 경험을 증가시킨다(김영숙 · 최석란, 1997; Johnson, et al., 1999).

놀이가 영유아의 발달과 밀접한 관계가 있다는 사실이 밝혀지면서 교사의 역할 중 비고츠키가 주장한 스케폴딩 개념에 대한 관심이 높다. 즉, 적절한 교사의 개입은 영유아의 놀이를 확장하고 보다 높은 수준의 놀이를 가능하게 한다(Jones & Reynolds, 1992; Roskos & Neuman, 1993). 그러나 지나친 교사 개입은 교사 주도적으로 놀이를 이끌 수 있음을 주의하여야 하고, 교사의 학습 지향적인 개입 유형은 영유아의 놀이를 방해하거나 중단시킬 수 있으니 유의해야 한다.

애착은 일반적으로 주 양육자와 맺어 가지만, 최근 어린이집을 이용하는 영유아의 연령이 점차 낮아짐에 따라 교사와 맺는 애착의 정도가 중요해지고 있다. 교사와 안정 애착을 형성한 영유아는 또래 관계에서도 유능성을 나타냈고, 친근하지 않은 또래들과 잘 어울리고 복잡한 놀이를 더 많이 하였으며, 또래와 놀이하는 시간이 더 길고, 협력적인 놀이를 즐겨 하는 것으로 나타났다(신지연 · 최석란, 2005; Cugmas, 2011).

교사 요인 관련하여 교사–영유아 상호 작용에 대한 연구를 살펴보면, 자아 존중감과 놀이 교수 효능감이 영유아 상호 작용에 영향을 미치는 것으로 나타났다(문미숙 · 박종우, 2020). 교사가 놀이에 대한 가치를 얼마나 소중하게 여기고 중요하게 고려하느냐에 해당되는 놀이 신념은 놀이 교수 효능감에 직접적으로 영향을 미치고, 이를 매개로 교사–영유아 상호 작용에 간접적인 효과를 보였다(이재진 · 최나야, 2013). 한편 김종훈(2021)은 교사가 가진 놀이성과 교수 효능감이 영유아와의 상호 작용에 영향을 주는 요인이 됨을 밝힘으로써 교사는 영유아 놀이에 영향을 주는 사회적 요인이라는 것을 나타냈다.

3) 또래

또래는 영유아 시기 아이들에게 커다란 영향을 미치는 사회적 요인에 속한다. 출생 후 일정 기간은 주 양육자와의 상호 작용을 통해 타인과 상호 작용하는 방법을 배우지만, 영유아기를 거치는 동안 또래 관계 속에서 발생하는 사회적 갈등을 경험하며 이를 다양한 방법으로 해결하는 경험을 하게 되기 때문이다. 성인과의 관계가 수직적인 성격이 있다면, 또래는 수평적인 관계를 맺으며, 다양한 사회적 상황에서 또래가 다른 사람과 상호 작용하는 방법을 보고 모방을 통해 배운다. 또한 영유아는 또래와는 동등한 위치에 있기 때문에 성인과의 상호 작용에서는 시도할 수 없었던 다양한 역할을 시도해 볼 수 있다. 이와 같이 영유아는 기관을 통해 또래과 함께 집단생활을 하며 친밀감과 갈등을 경험하기도 하고, 놀면서 놀잇감을 공유하거나 나누며 타협하는 다양한 사회적 기술을 배운다. 또한 놀이하면서 또래로부터 인정을 받기 위해 집단의 규칙을 따르려고 노력한다(최석란 외, 2020).

연령이 증가할수록 점점 더 같은 연령을 선호하며, 같은 연령의 또래 집단에서 언어적 상호 작용과 협동적 극놀이가 더 많이 관찰되었다(김명순 외, 2017).

또래 수용도 측면에서 안정되고 지속적인 또래 관계를 지닌 사회적 유능성이 높은 영유아는 수준 높은 사회적 놀이를 더 빈번하게 하고 높은 수준의 인지적 놀이에 참여할 뿐 아니라 놀이 시간도 길다. 그리고 또래를 더 많이 배려하고, 높은 수준으로 놀이가 확장되었다(Connolly & Doyle, 1984). 인기도가 높은 영유아는 또래와 긍정적인 상호 작용을 많이 하지만, 인기도가 낮은 영유아는 배회하거나 놀이 중 공격적인 행동을 보이는 경향이 있다(한은지 · 박영아, 2016).

한편, 함께 놀이하는 친구의 놀이 수준이 영유아에게 영향을 미치는 것으로 나타났다. 놀이 기술이 낮은 유아가 자기보다 더 높은 기술을 가진 유아와 함께 놀이했을 때 좀 더 발전된 놀이의 모습을 보였고(Sluss & Stremme, 2004), 극놀이 수준이 서로 다른 유아들이 함께 놀이하며 상호 작용한 결과, 표상과 협상 능력이 증진되는 결과를 나타났다(허진경, 2001).

3. 물리적 요인

놀이하는 영유아는 생득적 요인인 개인적 측면과 또래, 부모, 교사 등의 사회적인 요인 외에 자신이 속해 있는 환경의 물리적 요인에 의해 놀이하는 모습이 달라질 수 있다. 영유아가 어떤 물리적 공간에서 놀이하느냐, 또 어떤 놀잇감을 가지고 놀게 되느냐는 교사의 환경 준비에 따라 달라질 수 있는데, 이런 물리적 요인들은 영유아의 놀이를 활성화하기도 하고 억제하기도 하는 역할을 한다(Kostelnik stein, Whiren, & Sodrman, 1997).

1) 공간

연구에 따르면 일정한 공간에 있는 영유아의 수가 많을수록 집단 놀이를 더 많이 하고(김향자, 1992), 넓은 놀이 공간은 좁은 놀이 공간에 비해 혼자 놀이가 빈번한 경향이 있으며, 공간의 크기와 놀이성에 따라 놀이의 양상은 달라진다(남진경 · 김명순, 2014).

보육실 내에 영유아의 수가 얼마나 많은지를 표현하는 공간 밀집도는 영유아의 공격성과 관계가 있어서 보육실의 밀집도가 클수록 영유아의 공격적인 행동이 많아진다. 즉, 한 영유아에게 제공되는 공간의 크기가 작으면 공격적인 행동이 증가하고 집단 놀이가 많이 나타나며 뛰는 행동이 줄면서 신체적 접촉은 증가한다(Smith & Connolly, 1980). 또한 밀집도가 큰 보육실에서 놀잇감의 종류와 수량이 부족할 경우, 영유아는 불안감을 나타내며 공격적 행동을 많이 하였고, 산만한 행동을 많이 드러낸다(Glifford, 1997).

한편, 영유아 기관의 놀이 공간으로 쉽게 떠올릴 수 있는 흥미 영역은 영유아에게 각 영역에서 가능한 놀이와 기대되는 행동을 간접적으로 알려 주고, 구비되어 있는 교구와 놀잇감을 활용하여 영유아의 놀이를 지원하기 위한 목적으로 운영되는 공간이다. 예를 들어, 한 영아가 엄마 놀이를 하고 싶어서 엄마가 신는 굽 높은 구두와 돌봐 줄 아기 인형과 포대기, 요리할 수 있는 도구, 음식 모형 등이 필요한데, 그런 것을 한자리에 모아 영아의 엄마 놀이에 대한 흥미를 지원하기 위한 곳이 소꿉 영역이 되는 것이다.

일반적으로 영아반의 흥미 영역은 왕성한 대근육 움직임을 위한 신체 영역과 오감을 활용한 탐색 영역, 자신의 생각과 느낌을 나타낼 수 있는 표현 영역 등이 기본적으로 구성된다. 유아반 경우 교사 대 아동의 비율이 높아지면서 놀이를 위한 공간 자체가 넓은 편이고, 역할, 쌓기, 언어, 미술, 음악, 수 · 조작 등을 기본적으로 하여 영유아의 연령과 놀이에 대한 흥미를 고려하여 영역을 늘리거나 줄이거나 통합할 수 있다. 특히, 2020년부터 시행되는 2019 개정 누리과정과 제4차 어린이집 표준보육과정에서는 영유아의 놀이 지원을 위한 교사의 자율성을 강조하면서 흥미 영역의 운영 방식을 자율화하였다. 즉, 기존에 영유아의 놀이를 제한했던 고정된 흥미 영역의 개수, 유형, 운영 방식을 개선하여 영유아가 자유롭게 놀이에 참여하여 즐기도록 하는 것에 중점을 두고 있다(교육부 · 보건복지부, 2019).

홍미 영역은 영유아가 나타내는 놀이 유형과 연관되어 있다. 예를 들어, 미술 영역에서는 혼자 놀이 혹은 병행 놀이가 주로 관찰되고, 역할 영역과 쌓기에서는 사회극 놀이나 집단 놀이가 많이 나타나는 것을 볼 수 있다. 그리고 신체 영역에서는 기능 놀이가 나타나는 것을 알 수 있다. 이렇듯 영유아가 놀이하는 흥미 영역의 공간을 어떻게 구성하느냐에 따라 영유아의 놀이가 달라지고(최석란 외, 2020), 더 중요한 것은 영유아의 놀이를 관찰하면서 그 놀이가 더 즐거워지고 의미 있는 경험이 되게 하기 위해 교사는 놀기에 가장 적합한 공간의 재배치 여부를 고민하며 실행해 나가야 한다.

2) 놀잇감

놀잇감은 영유아 놀이에 많은 영향을 미칠 수 있는 주요한 물리적 요인에 해당된다. 영유아에게 제공되는 놀잇감의 수량, 구조화 정도, 수량 배치를 어떻게 하느냐에 따라 놀이가 달라질 수 있다.

놀잇감은 구조성의 정도에 따라 놀이의 흐름에 영향을 준다. 우선 구조성이 낮은 개방적 놀잇감은 꼭 어떻게 놀아야만 한다는 정해진 방법 없이 영유아 자신이 자유롭고 창의적으로 표현할 수 있는 놀잇감으로 반죽류, 블록류, 다양한 미술 자료 등이 포함된다. 반면, 구조성이 높은 폐쇄적 놀잇감은 단순하게 한 가지 방법으로만 사용할 수 있고, 놀잇감의 목적성이 아주 분명한 것으로 수 혹은 색 개념을 배우게 하는 자료를 비롯하여 인형류, 음식 모형 등이 있다. 구조성이 낮은 놀잇감은 영유아의 상상력을 통한 놀잇감의 물체 변형이나 새로운 아이디어를 허용하고, 영유아 간의 대화와 협상을 유도하는 등 원활한 의사소통을 유도함으로써 영유아의 가역적 사고를 발달시킨다(Trawick-Smith, 1998; 조은진, 2000). 반면, 구조성이 높은 놀잇감은 사용 용도가 제한적이기에 영유아의 상상력을 제한하는 경향이 있다.

연령대로 구분하여 살펴보면 영아의 경우, 상상 놀이가 시작되는 시기에는 컵, 모형 음식처럼 구조성이 높은 놀잇감이 영아의 상상 놀이를 촉진하는 경향이 있고, 유아기에는 구조성이 낮은 개방적 놀잇감이 상상 놀이나 구성 놀이를 더 잘 촉진한다(서울시여성가족재단, 2018). 영유아는 단순한 놀잇감보다는 복합적인 놀잇감을 선호하여 구조성이 낮은 복합적인 놀잇감을 갖고 놀 때 놀이 시간이 길어지고, 놀이터에서도 다양한 기능과 도전적 요소를 갖춘 복합 놀이대에 더 많은 관심을 나타낸다(Frost, 1999).

한편 놀잇감의 수량은 영유아의 놀이에 영향을 끼치는 요인으로 또래와의 상호 작용과 갈등에 영향을 미친다. 놀잇감이 적은 경우, 사회적 상호 작용은 증가하지만 서로 놀잇감을 가지려고 싸우며, 놀잇감을 빼앗기 위해 울거나 때리기 등의 공격적 행동을 나타낸다. 반면, 놀잇감의 양이 많을수록 공격적 행동이 덜 나타나고 또래 간 갈등은 감소하며 놀이 참여도가 높아진다(Johnson, 1983). 놀잇감을 제한하거나 없는 상황에서 거친 신체 놀이가 증가하였고(고여훈 · 엄정애, 2010), 놀잇감을 전혀 제공하지 않았을 경우, 처음에는 공격적인 놀이를 했으나 점차 놀이에 필요한 놀잇감을 주도적으로 만들어 놀이하였다(홍전선 · 최인숙 · 안연경, 2008).

그 외 미술 자료나 퍼즐 놀잇감은 혼자 놀이와 병행 놀이를 증가시키는 반면, 소꿉놀이 같은 놀잇감은 가장 놀이를 촉진시킨다. 따라서 영유아 발달에 적합하며 질 높은 상호 작용을 촉진할 수 있는 놀잇감을 선택하는 것은 놀이 발달에 매우 중요하다(김명순 외, 2017).

3) 미디어

미디어는 현대를 살아가는 영유아에게 너무 익숙한 물리적 환경에 속한다. 가정에서 함께 생활하는 부모 및 성인들로부터 TV, 인터넷, 스마트폰, 유튜브 등에 노출되어 있는 환경이 많아지면서 영유아 스마트폰의 의존 비율이 점차 증가하고 있다(과학기술통신부 · 한국정보화진흥원, 2021). 많은 영유아가 미디어에 일상적으로 노출되는 현실을 고려한 기존 연구들은 미디어 사용에 따른 긍정적인 면과 부정적인 면을 논의하고 있다. 김명순 외(2017)의 연구 결과에 따르면, 영유아에게 미치는 긍정적인 측면은 유아의 어휘력 이해와 습득, 과학적 태도 및 탐구 능력이 발달되는 것이고 부정적인 측면은 주의 집중력의 문제, 언어발달 지연, 신체 활동의 부족, 불안이나 우울 같은 정신적 문제를 야기하고 도덕적 판단 수준이 낮아진다는 것이다.

유아의 미디어 사용 시간의 변화를 3년 간 관찰한 이귀옥(2021)은 어머니가 유아와 함께 놀이하는 것이 유아의 미디어 사용 시간에 영향을 준다는 사실을 통해 어머니가 자녀와 놀이 시간을 같이 보낼 때 유아의 미디어 사용 시간을 관리할 수 있음을 시사한다. 또 아버지가 자녀의 놀이에 참여하는 것이 자녀의 미디어 중독을 낮추는 데 긍정적인 영향을 미치고, 특히 아버지의 상징 놀이 참여가 유아 미디어 중독을 낮추는 것으로 보고한다(이지인, 2020). 이와 같은 연구 결과는 영유아의 미디어 중독을 해소하고, 정신적으로 건강한 영유아를 길러 내기 위한 아버지 놀이 참여의 필요성을 나타낸다. 영유아기는 발달 특성상 영유아가 주도적으로 미디어를 접한다기보다 가정 환경에 의해 노출되는 경우가 많으므로 부모가 미디어에 대해 어떤 태도를 가지느냐가 영유아의 미디어 노출에 영향을 미치는 주요 변인이 될 수 있음을 인식하고(배구택, 2019), 부모 역할에 대해 숙고할 필요가 있다.

Play in Early Childhood Education

CHAPTER

6

놀이 환경

영유아의 놀이는 주변 환경에 크게 영향을 받는다(Schoggen & Schoggen, 1985). 특히, 물리적 환경의 질은 영유아의 놀이에 대한 동기를 유발시키고, 다양한 인지적 자극과 사회적 관계를 경험하도록 한다(조해연 · 이기숙, 2014). 물리적 환경 중에서도 영유아가 가장 오랜 시간 머무르는 공간은 실내 놀이 환경으로, 교사는 실내 놀이 환경이 영유아의 놀이에 미치는 영향을 관찰하여 놀이가 원활하게 이루어지고 놀이가 확장할 수 있도록 공간을 구성해야 한다. 이 장에서는 실내와 실외 놀이 환경이 영유아 놀이에 미치는 영향을 중심으로 놀이 환경을 구성할 때 고려하여야 할 점과 실내외 흥미 영역 구성에 대해 살펴보고자 한다.

1. 실내 놀이 환경

1) 실내 놀이 공간 구성의 고려 점

영유아가 안전하게 놀이를 하면서 최선의 발달을 이룰 수 있도록 영유아를 위한 놀이 환경을 구성하기 위해서는 다음과 같은 점을 고려해야 한다(이숙재, 2019).

(1) 영유아의 개인적 특성

실내에서 영유아가 활발하게 놀이할 수 있으려면 영유아의 연령, 성별, 발달적 특성, 흥미 등을 고려하여 물리적 환경을 구성해야 한다. 영아의 놀이 환경은 유아들에 비하여 작고 아늑하게 조성하고, 흥미 영역의 종류도 영아들의 수준에 맞게 적은 수로 배치하는 것이 적합하다. 반면, 유아는 발달 수준에 따라 놀이가 정교해지고 복잡해짐을 감안하여 가능한 놀이 공간이 복합적으로 이용될 수 있도록 하는 것이 필요하다. 한편, 장애를 가진 영유아가 있다면 장애 정도에 따라 특수한 욕구를 충족시킬 수 있는 공간을 구성해야 한다.

(2) 공간의 크기

공간의 크기는 영유아의 놀이에 직접적인 영향을 미친다. 공간이 작으면 영유아의 자료 탐색과 실험의 기회가 제한되고, 혼잡함이 유발되어 신체적으로 공격적인 행동을 더 많이 하게 된다. 반대로, 공간이 너무 크면 영유아는 아무것도 하지 않거나 개방된 공간을 가로질러 달리다 서로 부딪치는 일을 반복하기도 한다. 우리나라의 경우 영유아보육법에 따라 보육실은 영유아 1인당 2.64m^2 이상으로 규정하고 있는데(보육사업안내, 2021), 미국유아교육학회(NAEYC, the National Association for Education of Young Children)는 취학 전기의 영유아 1인당 최소 약 1평(약 3.3m^2)의 공간을 추천한다. 대부분의 전문가들도 대략 1~1.5평(약 5m^2)이 필요하다고 제안하고 있기 때문에 우리나라 경우, 영유아의 다양한 놀이를 지원하기 위해서는 좀 더 넓은 실내 놀이 공간이 확보될 필요가 있다.

(3) 프로그램의 특성

어떤 장소의 공간 구성을 보면 그곳에서 어떤 일을 해야 하는지 가늠할 수 있다. 같은 맥락에서 놀이 환경은 영유아 기관의 특성 및 프로그램에 영향을 받기 때문에 한 기관의 교육 프로그램 목적과 목표를 실행할 수 있도록 공간을 구성해야 한다. 예를 들어, 매우 구조화된 프로그램을 운영하려면 교사가 계획한 대집단 활동이 많을 것이므로 여러 가지 대집단 활동을 할 수 있는 공간 확보를 가장 먼저 생각해야 한다. 현재 우리나라는 국가 차원에서 놀이 중심 교육과정을 실행하고 있으므로 실내외 놀이 환경 역시 이러한 놀이 중심 교육과정 실행을 고려하여 영유아의 놀이를 지원할 목적에 부합되도록 구성해야 한다.

(4) 안전과 위생

영유아를 위한 놀이 환경 구성에서 무엇보다도 중요한 것은 안전과 위생이다. 영유아는 발달 특성상 사고 위험성과 집단생활로 인한 전염성이 높기 때문에 안전하고 위생적인 환경에서 놀이할 수 있도록 배려하는 것이 필요하다. 따라서 영유아에게 유해하거나 위험한 요소가 없는지를 지속적으로 점검하고, 놀이실 전체가 교사 시야에 들어오게 배치되어 있는지 살펴보아야 한다. 또한 놀이실은 늘 청결하고 환기와 통풍이 잘되어야 하므로 이를 위한 시설 설치 등에 세심한 배려를 해야 한다.

(5) 교사의 자율성

영유아의 놀이는 끊임없이 발전하고 확장되어 나가는 특징이 있다. 따라서 교사는 영유아들이 흥미로워 하는 놀이가 지속되고 확장될 수 있도록 놀이 환경을 재구성하는 것이 바람직하다. 교사는 공간 배치의 주기를 미리 정하지 말고 영유아의 놀이를 관찰하면서 흥미에 따라 재구성의 필요가 느껴지면 자율성을 가지고 적극적으로 환경 구성을 조정해야 한다.

(6) 공간의 특수성

주어진 공간의 크기, 형태, 출입문의 위치, 창문의 크기와 수, 붙박이장 등은 교사 마음대로 변화시킬 수 없다. 따라서 교사는 주어진 여건에서 영유아의 안전과 건강을 위해, 그리고 적절한 교육을 위해 최대의 노력을 기울여야 한다. 그럼에도 불구하고 공간이 갖고 있는 특수성이 영유아의 안전과 발달을 저해하는 경우라면 건물을 개조해서 사용해야 한다.

(7) 놀이의 다양성

영유아는 주어진 공간에서 다양한 놀이를 하게 되는데, 이런 다양한 차원의 놀이들이 이루어질 수 있는 놀이 환경을 구성하려면 놀이의 다양성을 인식해야 한다(Decker & Decker, 1976).

① 열림 대 닫힘

열린 놀이는 물놀이, 미술 놀이 등과 같이 정해진 놀이 방법이 없고, 닫힌 놀이는 퍼즐 등과 같이 놀잇감의 사용 방법이 정해져 있다.

② 부드러움 대 딱딱함

부드러운 것은 소파, 쿠션 등을 이용하는 언어 놀이이고, 딱딱한 것은 의자, 책상 등을 이용하는 조작 놀이이다.

③ 움직임이 많음 대 움직임이 적음

신체 놀이는 움직임이 많은 놀이이고 퍼즐은 움직임이 적은 놀이이다.

④ 개별 활동 대 소집단 활동 대 대집단 활동

개별 활동, 소집단 활동, 대집단 활동이 다양하게 이루어져야 한다.

⑤ 위험함 대 안전함

위험한 놀이는 유아가 도전 의식을 갖고 자신의 능력과 기술을 시험해 볼 수 있지만 영유아의 모든 놀이에는 항상 안전이 고려되어야 한다.

2) 흥미 영역 구성

영유아의 놀이를 지원할 목적으로 구성·운영되는 흥미 영역은 프로그램의 특성, 공간의 크기, 영유아의 발달적 특징 및 욕구, 교사나 영유아가 함께 생각해 낸 창의적 아이디어에 따라 달라진다. 흥미 영역은 일반적으로 교구장이나 분리대, 카펫 등의 물리적인 기구를 이용하여 영유아들에게 놀이 공간의 경계를 시각적으로 구분시킨다. 그리고 그 영역 고유의 놀이 자료와 다양한 도구 및 설비들을 비치함으로써 자신이 원하는 놀이 자료는 어느 영역에서 얻을 수 있는가를 인식하고 스스로 놀이할 수 있는 자신감을 키우도록 돕는다. 영유아는 자신이 선택한 흥미 영역에서 다양한 놀이를 경험하면서 즐거움을 느낄뿐 아니라 기본 기술의 학습, 새로운 개념의 이해, 문제 해결 능력을 촉진하는 발달에 도움을 받는다. 따라서 흥미 영역을 기본적으로 배치하고 놀이 상황에 따라 융통성 있게 변화시켜 재배치하는 일이 매우 중요하다. 이를 위해 흥미 영역의 배치 원리를 프로스트와 키신저(Frost & Kissinger, 1976)의 관점으로 살펴보고자 한다.

프로스트(Frost)와 키신저(Kissinger)는 물의 필요 여부와 소음 기준의 두 차원으로 영역을 구분하였다. 이에 따라 교실의 흥미 영역을 구성할 때에는 물이 필요하고 시끄러운 영역, 물이 필요하고 조용한 영역, 물이 불필요하고 시끄러운 영역, 물이 불필요하고 조용한 영역으로 구분하여 배치하는 것이 바람직하다. 또한 영역의 특성에 따라 시끄러운 놀이는 놀이끼리, 조용한 놀이는 놀이끼리 비슷한 영역을 인접해서 배치하는 것이 좋다. 두 가지 요소를 기준으로 구성된 영역의 내용은 그림 6-1과 같다.

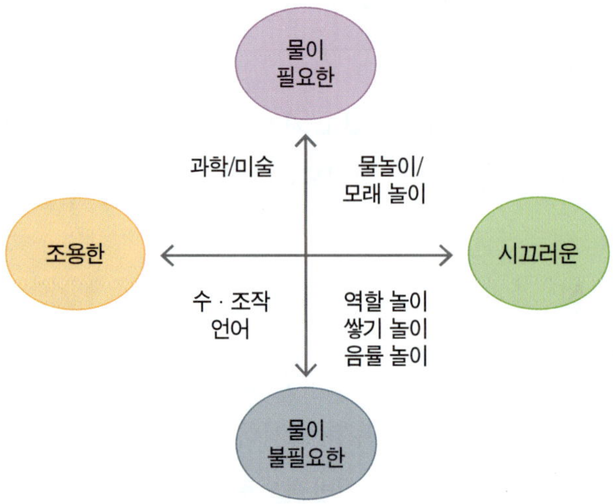

그림 6–1 환경 구성 원리에 따른 영역 배치

흥미 영역 구성은 학기 초 위와 같은 원리를 참고하여 일반적으로 구성하지만, 영유아 기관의 특성, 영유아의 연령 및 발달적 특성, 특히 영유아의 관심과 흥미 등에 따라 교사의 판단으로 다양하게 변화시켜 재구성할 수 있다. 교사는 기본적인 각 흥미 영역별 특성 및 효과를 알고, 영유아 놀이의 양상에 따라 영역의 수를 축소하거나 확장하는 등 융통성 및 자율성을 발휘하여 흥미 영역을 구성해야 한다.

실내 놀이 흥미 영역을 배치할 때 다음의 사항을 함께 고려하도록 한다(신유림 외, 2017).

첫째, 관련 법령에서 제시한 공간을 반드시 준수한다. 현재 우리 나라 영유아보육법에 제시되어 있는 1인당 최소 공간은 영유아의 안전을 위한 최소 공간인만큼 반드시 준수해야 하고, 여건이 허락하는 한도에서 가능한 좀 더 넓은 공간을 확보하도록 한다.

둘째, 영역 간의 이동 경로를 확보한다. 교구장, 가구, 선반, 칸막이 등을 이용하여 영유아들이 걸어 다녀야 하는 길을 뚜렷이 보여 주어 영역 간 이동과, 특히 화장실 사용이 용이하도록 한다.

셋째, 전체 영역이 교사의 한눈에 다 들어올 수 있도록 흥미 영역을 배치한다. 공간 구조상 안 보이는 영역이 있다면 거울 등을 사용하여 시야를 확보하도록 한다.

넷째, 영유아의 혼자 있는 시간이 필요함을 고려하여 가능한 혼자 조용히 쉴 수 있는 공간을 만들어 준다. 실제 영유아 기관에서는 언어 영역이 그 기능을 하는 경우가 대부분이므로 이를 위해 매트와 쿠션, 편안한 소파 등이 언어 영역에 필요하다.

3) 영유아 흥미 영역

영아와 유아는 신체의 크기와 놀이 수준에 차이가 있기 때문에 영아를 위한 공간과 유아를 위한 공간은 다르게 구성되어야 한다.

(1) 영아

영아를 위한 공간은 0세아의 수유, 이유를 포함하여 급식, 기저귀 갈기, 낮잠 자기 등의 일상생활을 위한 공간과, 하고 싶은 것을 시도하며 경험하는 놀이 공간으로 구성한다. 영아는 발달 특성상 감각적 자극에 의한 탐색을 즐기는 시기이므로 안전하게 탐색할 수 있는 공간과 놀잇감을 준비한다. 영아들이 놀잇감을 끌고 와서 노는 것을 좋아하는 특성과 아직 자기가 놀았던 놀잇감을 스스로 잘 정리하지 못하는 점을 고려하여 놀이실의 중앙을 비워 융통성 있게 이용하도록 배치한다. 즉, 교구장은 가급적 벽에 붙여 배치하고, 공간의 가운데를 비우는 것이 좋다. 그러나 꼭 교구장이나 칸막이로 영역을 구분해야 하는 상황이라면 낮은 장이나 뚫린 장을 이용하여 언제라도 교사가 영아의 놀이를 관찰할 수 있도록 한다.

한편, 영아가 생활하는 곳이니만큼 집처럼 아늑하고 편하게 느낄 수 있는 분위기를 조성하여 편안한 공간 안에서 자율성을 길러 볼 수 있도록 해주는 것이 좋다. 영아 놀이 구분에 따른 각 영역에서 고려할 점을 다음과 같다.

① 신체 영역

영아 시기는 인생 전체에 있어 신체 및 운동 기술이 가장 급격하게 발달하는 시기이다. 따라서 영아의 신체 움직임에 대한 욕구를 충족하기 위해서 보육실 내에 신체 영역을 배치하여 영아의 성장과 욕구를 충족시켜 주어야 한다. 우선 신체 영역은 영아가 다양한 대근육 놀이와 다양한 시도를 통한 도전적 놀이를 경험할 수 있도록 충분한 공간을 확보하는 것이 필요하며, 조용한 영역과 분리하여 다른 놀이에 방해되지 않도록 배치하는 것이 바람직하다. 신체 영역에서는 영아가 오르고 내리고, 밀고 끌고, 타고 뛰는 행동을 마음껏 할 수 있도록 시설과 놀잇감을 갖추도록 한다.

② 언어 영역

영아기는 그 어느 시기보다 언어적 발달이 폭발적으로 이루어지는 결정적 시기이므로 영아의 언어적 관심을 잘 자극하고 수용해 주는 일이 중요하다. 언어 영역은 출입구

쪽을 피해 기본적으로 조용하고 밝은 곳에 안정적으로 배치하도록 하고, 영아의 언어 발달을 자극하기 위한 다양한 놀이가 편안하게 이루어지도록 한다. 또한 심리적 안정감을 줄 수 있는 부드러운 카펫이나 쿠션 등을 배치하고, 필요하면 천정에서 내려오는 천 캐노피를 설치하여 공간적인 안정감을 조성한다. 헝겊책, 그림책, 소리책 등 다양한 형태의 감각 책과 가족사진, 손 인형을 통해 말하고 듣는 경험을, 끼적이기용 도구의 배치로 쓰기에 대한 기초적인 경험을 하도록 준비한다.

③ 감각 탐색 영역

영아는 탐색을 통해 낯선 주변 환경과 속성을 알아가기 때문에 무엇이든지 눈에 보이는 것은 입에 넣어 보고, 만져 보고, 냄새 맡고, 들어 보며 오감각을 활용한다. 예를 들어, 영아는 태어나서 처음 보는 밀가루 반죽이 어떤 물건인지 알기 위해 냄새를 맡아 보고, 잡아떼어 보고, 또 손바닥에 놓고 비비거나 입에 넣고 맛을 보면서 '아, 이런 거구나'를 알게 된다. 영아가 오감각을 통해 여러 사물과 환경을 탐색하는 일은 이후 유아기에 사물과 사물 간의 관계를 유추하거나 원인과 결과를 추정하는 데 기본적인 지식을 형성한다. 따라서 영아에게 오감각을 이용한 다양한 놀이를 할 수 있도록 배려하는 것은 매우 중요한 일이다.

영아의 풍부한 탐색이 이루어질 수 있도록 감각 탐색 영역은 조용하고 밝고 안정된 곳에 배치해야 한다. 특히 누워 있는 어린 영아들을 위한 감각적 놀잇감을 배치할 수 있는 공간을 구성하고, 아이가 성장하면 개별적으로 사용할 수 있는 낮은 책상을 준비하여 자신만의 충분한 탐색 시간을 가질 수 있도록 한다.

④ 역할 쌓기 영역

영아는 자신의 경험을 토대로 단순한 상징 놀이를 시도하고, 2세 정도가 되면 가정에서 일어나는 일상생활의 단면을 모방하여 놀이로 표현한다. 따라서 영역을 구성할 때 엄마, 아빠와 관련된 소품, 부엌 용품 등의 실제적인 역할 놀잇감을 제공하는 것이 좋다. 또한 영아는 쌓기 놀이를 통해 대소근육을 움직이며 신체를 발달시킬 뿐 아니라 공간 지각력과 도형에 대한 기초 개념을 형성한다. 이를 위해 종이나 스펀지 혹은 우레탄 재질의 가볍고 큰 사이즈의 안전한 블록을 제공하여 영아가 쌓고 무너뜨리는 행위를 반복하며 즐기도록 한다. 이때 쌓기 영역의 공간을 충분히 확보하여 쌓고 무너뜨리는 일이 갈등 없이 원활이 이루어지도록 하며 바닥에 카펫을 깔아 소음을 줄여 주는 것이 좋다.

⑤ 미술 음률 영역

영아는 탐색을 통해 경험한 사물과 상황에 대한 지식과 이해, 그리고 개인적인 느낌을 다양한 방법으로 표현하는 것을 즐긴다. 영아의 사물, 상황 혹은 사람에 관한 이해는 창의적인 방법으로 표현되며 그것은 영아의 본질적 표현 욕구의 발현으로 볼 수 있다. 이러한 영아의 욕구를 지원하기 위해 창의적이고 다양하게 표현을 실현할 수 있는 미술 음률 영역을 배치한다. 일반적으로 0~1세의 어린 영아는 미술 음률 영역을 따로 두지 않고 감각 탐색 영역에 통합하여 제공하는 경우가 많고, 2세 영아의 경우 다양한 미술, 음률 놀이나 활동을 경험해 볼 수 있도록 독립된 미술 음률 영역을 제공하는 것이 바람직하다.

영아는 미술 재료를 이용한 탐색을 매우 즐기는 시기로, 큰 붓과 종이를 이용한 물감놀이나 색풀을 이용한 핑거페인팅 등을 즐긴다. 이때 필요에 따라 수시로 손을 씻을 수 있도록 물을 쉽게 사용할 수 있는 싱크대나 화장실 가까운 곳 옆에 배치하는 것이 좋다.

(2) 유아

교사는 유아의 자유로운 놀이와 활동을 지원하기 위해 다양한 흥미 영역을 구성하게 되는데, 일반적인 유아반의 흥미 영역은 쌓기, 역할, 미술, 음률, 수・조작, 과학, 컴퓨터, 물・모래 놀이 등을 위한 공간으로 구분한다. 놀이 환경을 구성할 때 교사는 유아의 놀이를 관찰하여 현재 진행되고 있는 놀이에 대한 유아의 관심과 흥미도, 놀이 진행과 양상을 파악해야 한다. 이러한 관찰을 바탕으로 교사는 유아 놀이에 필요한 영역을 늘리거나 줄이는 등 놀이 환경 구성에 대한 교사의 자율성을 반영하여 융통적으로 구성하도록 한다. 기존에는 생활 주제를 중심으로 영역이나 놀잇감을 배치하고 그에 맞추어 교사가 계획한 활동을 실행하는 것에 집중했다면, 2020년 3월부터 시행하는 2019 개정 누리과정에서는 유아의 놀이를 중심으로 흥미 영역을 구성하고 운영할 것을 강조하고 있다(교육부 · 보건복지부, 2019). 즉, 교실의 흥미 영역은 유아들이 가장 좋아하는 놀이를 중심으로 구성하고, 유아들이 흥미를 보이지 않는 영역은 빼거나 다른 영역과 통합하며, 유아의 관심과 흥미에 따라 새로운 영역을 구성한다. 그리고 교실 밖의 계단, 복도, 구석진 공간 등도 안전에 문제가 없는지 파악한 후 놀이 공간으로 구성한다(교육부 · 보건복지부, 2019). 유아 놀이 구분에 따른 각 영역에서 고려할 점을 다음과 같다.

① 쌓기 영역

구성 놀이를 위한 쌓기 영역은 전체 교실 공간의 1/3 정도에 해당될 정도로 큰 공간을 필요로 한다. 유아의 발달 특성상 또래들과 함께 구성물을 만들기도 하고, 개인적 흥미에 따라 혼자 구성할 수도 있는데, 이런 놀이가 동시다발적으로 갈등 없이 이루어지려면 큰 공간이 요구되기 때문이다. 유아반 경우, 구체적인 구성물을 만들기 위해 기본적으로 많은 수의 블록이 필요하고 그를 정리하기 위한 블록 정리장이 있어야 한다. 정리장의 위치를 잡는 데 유의할 점은 정리장의 뒷면을 벽으로 붙이고 일자가 되게 배치하여 최대한 넓은 공간에서 유아들이 구성을 할 수 있도록 해야 한다. 또 정리장 선반에는 블록 모양의 그림이나 윤곽을 표시해 주어 유아들이 블록으로 놀이한 후 정리를 잘할 수 있도록 지원한다.

쌓기 영역에 큰 카펫을 까는 경우가 많은데, 이는 쌓은 구성물이 무너질 때 나는 소음의 흡수하고 쌓기 재료가 무너지면서 망가지는 것을 방지하기 위한 목적을 가진다.

② 역할 영역

유아의 역할 놀이는 자신이 경험한 주변 성인들의 직접적인 행동의 모방이기도 하고, 책이나 동영상 혹은 배워서 알게 된 새로운 역할이나 상황을 상상을 통해 나타내는 과정이다. 따라서 역할 영역에는 일상생활에서 필요한 기본적인 물건과 유아의 관심에 따라 일어나는 다양한 사회극 놀이를 위한 놀잇감이 구비되어야 하고 그를 수납하기 위한 정리장과 바구니들이 필요하다.

한편, 역할 놀이를 위한 공간의 크기를 생각할 때, 유아기는 그 어느 때보다 상상력이 발달되고, 풍부해진 상상력을 놀이로 나타내는 시기이므로 역할 놀이에 많은 수의 유아가 참여할 가능성이 높은 점, 흥미 영역 구성의 원리에 따라 쌓기 영역 근처에 배치해야 하는 점을 고려해야 한다. 유아의 놀이 성향과 흥미에 따라 차이는 있지만, 놀이 중심 교육과정을 실행하는 기관에서 쌓기와 역할 놀이를 위해 필요한 공간은 반 전체의 1/2 정도의 크기를 차지할 수도 있다.

③ 미술 영역

유아는 그리고, 만들고, 오리고, 붙이는 다양한 미술 놀이 과정을 통해 자신의 느낌과 생각을 표현하고 긴장감을 해소하며, 완성된 작품을 통해 성취감을 얻는다. 그리고 다양한 미술 작품의 감상을 통해 심미감을 발달시킬 수 있다.

이를 위해 미술 영역은 밝고 물이 가까운 곳에 위치하는 것이 바람직하다. 그리고 미완성 작품을 말리거나 보관하고 완성된 작품을 전시할 수 있는 충분한 공간을 확보해야 한다. 참여하는 유아들의 수를 고려하여 다양한 미술 자료를 보관 · 정리할 수 있는 정리장을 구비하고, 작업상과 의자를 충분히 준비한다. 또 유아가 폐품을 이용하여 원하는 작업을 즐길 수 있도록 여러 형태의 다양한 폐품을 준비하고 그를 구분하여 보관할 수 있는 별도의 장을 마련한다.

④ 과학 영역

유아는 동식물 및 여러 가지 자연 현상과 과학적 현상을 직 · 간접적으로(중간점 넣어주세요) 경험하고, 관찰, 탐구, 발견의 경험을 통해 왕성한 호기심을 해결하며 과학적인 사고를 기른다. 또한 주변에 대한 이해를 바탕으로 생명과 자연 환경을 소중히 여기도록 기관에서 기를 수 있는 동식물을 준비한다. 그리고 실험 등 여러 가지 과학 개념의 형성을 도울 수 있는 자료를 준비하고, 무엇보다 햇볕이 잘 드는 조용한 공간으로 영역을 정한다. 실험이나 유아들이 좋아하는 요리 활동을 위해 전기가 필요할 수 있으므로 영역 배치 시 콘센트가 가까이 있는지 확인한다. 한편, 과학 영역을 반 안으로 제한하지 말고 복도나 기관 출입구에 수족관 등을 설치하여 유아의 관심을 유발할 수 있다.

⑤ 수 · 조작 영역

수 놀이는 일대일 대응, 분류, 비교, 서열 등의 수학적 개념과 관련된 놀이를 말하며, 조작 놀이는 게임판과 게임 카드, 그림 맞추기, 구슬 꿰기 등과 같이 눈과 손의 협응력을 이용하여 앉은 자리에서 할 수 있는 놀이를 의미한다.

수 · 조작 놀이는 개별적인 형태로 많이 이루어지므로 교실 공간의 크기를 고려하여 개인이 단독으로 사용할 수 있는 낮고 작은 상과 또래와 함께 사용할 수 있는 크기를 골

고루 준비하는 것이 좋다.

교사는 수・조작 놀이가 각 유아의 발달 수준과 흥미에 맞추어 원활히 진행될 수 있도록 적절한 놀잇감을 제공하며 시기적절하게 교체해 주어야 한다. 한편, 수・조작 놀이를 위한 자료는 일부분이 없어지면 놀이가 불가능하므로 바구니와 정리장에 밑그림을 붙여서 유아가 놀이 후 정리 정돈을 잘할 수 있도록 도와준다.

⑥ 언어 영역

언어 영역은 유아의 의사소통 능력 향상을 위해 말하고, 듣고, 읽고 쓰는 것에 관심을 가지며 책과 이야기하기를 즐기기 위해 필요한 공간이다.

언어 영역은 영아와 마찬가지로 출입구를 피해 밝고 조용한 곳에 배치하는 것이 좋다. 유아반 언어 영역에는 그림책을 꽂을 책장과 소파, 부드러운 매트와 쿠션 외에 다양한 주제의 그림책뿐 아니라 막대 인형, 융판, 자석 등 여러 형태의 동화류, 인형극 틀이나 읽기, 쓰기 자료를 제공한다. 유아반 언어 영역에는 교사가 계획하여 준비한 여러 가지 활동이 제시될 수 있으므로 이를 수행하기 위한 개인용 책상과 의자 혹은 낮은 상을 준비하는 것이 필요하다.

⑦ 컴퓨터 영역

컴퓨터 영역은 유아 중 가장 연령이 높은 5세 반에서 주로 구성되는 영역으로, 유아 스스로 기계를 조작하여 언어 영역과 연계함으로써 유아들의 읽기와 쓰기 관심 가지기에 유용하게 활용된다. 또한 언어 놀이 외에 소프트웨어 유형과 내용에 따라 수, 과학, 음악, 미술 등 다양한 놀이과 연동되어 즐길 수 있는 영역이다. 컴퓨터 영역을 배치할 때는 최소 2명 이상의 유아가 컴퓨터를 하면서 함께 상호 작용할 수 있도록 컴퓨터 영역 크기에 따라 컴퓨터 1대당 2개 이상의 의자를 놓아두는 것이 좋다. 프린터를 사용할 경우, 조작법을 그림으로 간단하게 표시하여 유아가 스스로 기계를 작동해 보는 경험을 하도록 배려한다.

⑧ 음률 영역

음률 영역은 유아가 노래를 부르고, 악기를 연주하여, 음악을 감상하면서 감성을 발달시키며 신체로 다양한 움직임 등의 음악적 경험을 만들어 가기 위한 공간이다. 음률 영역에는 다양한 악기, 그림 노랫말 악보, 신체 표현을 위한 스카프, 리본 등의 소품을 정리할 수 있는 정리장이 필요하다. 준비된 자료를 활용하여 악기 탐색과 신체 표현이 가능하도록 단독으로 음률 영역이 있는 것이 가장 이상적이지만, 그렇지 못할 경우는 쌓기 영역 옆에 음율 영역을 붙여 시간 차를 두고 넓은 공간을 함께 사용하도록 한다.

⑨ 물 · 모래 영역

물 · 모래 놀이는 유아가 매우 선호하는 놀이로, 실외에 배치하는 경우가 대부분이지만 필요에 따라 실내에서 영역을 구성하여 놀이할 수 있다. 실내에서 물놀이 영역을 구성할 때에는 반드시 배수를 고려하여 수도 시설의 위치를 정하고, 물놀이를 하다 미끄러지지 않도록 바닥 설비에 유의한다. 모래 영역을 구성할 경우, 놀면서 모래가 흩어지지 않도록 놀 수 있는 공간의 범위를 미리 결정하고 안전하게 모래를 담을 수 있는 큰 모래통을 준비한다. 이때 놀이에 사용한 모래를 쉽게 치울 수 있도록 적절한 재질의 바닥재를 깔아 두는 것이 좋다.

2. 실외 놀이 환경

영유아는 개방적인 공간에서 이루어지는 실외 놀이를 통해 자신의 신체를 마음껏 움직일뿐 아니라 실내에서 재미있게 놀았던 놀이를 실외로 연장하여 좀 더 다른 양상으로 전개시키고, 오감을 통해 자연 현상을 감각적으로 즐긴다. 이렇듯 실외 놀이는 단순히 신체적 에너지를 방출하는 것 외에 다양한 방식으로 자신을 표현하고, 또래와 적극적으로 상호 작용하며, 자연에 감사하고 환경을 보호하는 기회를 제공한다.

실외 놀이 환경을 구성할 때 우선적으로 고려하여야 할 점은 영유아가 안전하고 손쉽게 실내외를 드나들 수 있는지, 다양한 놀이가 진행될 수 있도록 동적이거나 정적인 놀이를 위한 공간이 균형 있게 제공되는지, 또 놀이 시설 및 놀이 기구는 영유아의 신체에 적합하고 법적 기준에 맞게 안전한지, 보수와 관리가 용이한지를 살펴보아야 한다(최석란 외, 2020).

1) 영유아 흥미 영역

영아와 유아는 발달 특성상 신체의 크기와 놀이 수준에 차이가 있기 때문에 실외 놀이를 위한 공간에서도 영아와 유아의 흥미 영역을 다르게 구성해야 한다.

(1) 영아

프로스트(Frost, 1992)는 영아를 위한 실외 놀이 환경의 구성 원리를 다음과 같이 정리하였다.

첫째, 영아는 신체발달이 매우 빠르게 발달하는 시기인 만큼 영아가 신체 활동을 활발하게 할 수 있는 공간을 제공해야 한다. 영아는 이를 통해 앉고, 서고, 붙잡고, 끌어당기고, 미는 등 다양한 신체 활동을 하면서 신체를 발달시켜 나간다.

둘째, 영아는 오감을 이용한 감각 탐색을 통해 자기 주변을 알아간다. 따라서 실외 놀이 환경은 영아의 다양한 감각을 자극하도록 구성해야 한다.

셋째, 영아에게 실외 놀이 환경은 도전적이면서도 안전한 공간이어야 한다. 영아는 아직 발달이 미숙하고, 조절이 부족하기 때문에 영아가 조금씩 시도해 볼 수 있는 도전적인 공간으로 구성해야 한다.

영아의 실외 놀이 영역에 대해 살펴보면 다음과 같다.

① 신체 영역

영아는 신체가 발달하고 움직임의 욕구가 증가하는 시기로 대근육을 이용한 다양한 신체 놀이를 즐긴다. 이러한 영아의 대근육 놀이를 지원하기 위해 실외 놀이에는 대근육을 충분히 움직이며 놀이할 수 있는 공간이 구성되어야 하는데, 특히 걷거나 뛰는 것이 원활하지 않은 어린 영아를 위해 바닥이 홈이나 굴곡 없이 평평한지를 확인해야 한다. 이 공간에는 발로 미는 탈것(붕붕차 등), 낮은 미끄럼틀, 흔들그네, 오르고 내릴 수 있는 기구, 밀고 끄는 놀잇감 등을 배치하여 영아의 다양한 신체 놀이를 지원한다.

② 감각 탐색 영역

영아는 실내에 이어 자연 속에서도 오감으로 느끼고 탐색하는 것을 즐긴다. 영아의 이런 욕구를 충족하기 위해 실외에도 감각 탐색 영역을 구성해 주는 것이 필요하다. 계절별로 보고 만져 볼 수 있는 식물을 관찰할 수 있는 영역을 비롯하여, 영아가 자연스럽게 미술 놀이에 관심을 가질 수 있도록 이젤 등을 상설하고 크레용 같은 끼적이기 도구를 함께 실외에 배치하여 언제든지 자기의 생각을 표현할 수 있는 공간을 조성한다. 한편, 실외 울타리 등을 이용하여 다양한 물건을 매달아 영아가 소리를 탐색하도록 하는 것도 좋다.

③ 물 · 모래 영역

영아는 자신의 즐거움을 위해 반복해서 놀이할 수 있는 구조성이 낮은 놀이 자료, 즉 물, 모래를 이용한 놀이를 선호한다. 이는 손으로 만질 때마다 다른 모양으로 바뀌며 부드러운 촉감을 느낄 수 있는 독특한 자연 놀잇감이기 때문이다. 물과 모래는 정해진 놀이 방법이 없기 때문에 꼭 어떻게 놀아야 한다는 제한이 필요하지 않고, 물과 모래를 탐색하고 놀이하는 과정 속에서 부정적인 정서를 마음껏 발산하며 스트레스를 풀 수 있다. 한편, 처음에는 물과 모래만 제공하여 재료에 대한 감각적인 즐거움을 만끽하며 동시에 소근육을 충분히 사용하게 하고, 점차적으로 물·모래 놀이에 필요한 소품들을 제공하여 새로운 감각적 경험을 느끼고, 간단한 소꿉놀이 등 다른 놀이로 자연스럽게 연계되도록 한다.

(2) 유아

유아를 위한 실외 놀이 환경은 영아보다 더 다양한 형태를 지니며 발달과 개인적 흥미에 적합한 놀이가 일어날 수 있도록 구성되어야 한다. 실외 놀이 환경도 실내 놀이 환경같이 여러 영역으로 구성하여 유아들이 자유롭게 선택할 수 있도록 한다. 유아를 위한 실외 놀이 환경 구성 시 일반적으로 고려해야 할 원리는 다음과 같다.

첫째, 정적인 영역과 동적인 영역으로 분리하여 배치한다. 실외라고 모든 유아가 다 달리고 공차는 놀이를 하지는 않는다. 유아의 성향이나 흥미에 따라 조용히 책을 읽거나, 휴식하고 싶은 경우가 있다.

둘째, 설치된 놀이 시설 자체가 안전해야 하고, 놀이 시설 간 충분한 공간을 두어 시설을 이용한 각기 다른 놀이가 방해받지 않도록 한다.

셋째, 실외 놀이 영역 구성 시 교사가 전체 영역을 한눈에 관찰하고 감독할 수 있도록 하고 영역 간 통로를 확보하여 유아의 놀이 흐름이 원활하도록 구성한다.

유아의 실외 놀이 영역에 대해 살펴보면 다음과 같다.

① 신체 영역

유아는 다양한 신체적 움직임을 통해 신체 기술을 발달시키고 정교화시킨다. 따라서 실외 신체 영역은 유아가 대근육 활동을 자유롭게 할 수 있도록 넓은 면적을 확보하고, 발달에 맞는 놀이 기구를 설치한다. 놀이 공간의 면적이 넓으면 유아가 달리고, 공놀이하고, 신체 게임 놀이에 대한 제약을 받지 않고 자유롭게 놀면서 신체를 발달시킬 수 있다.

유아의 대근육을 이용한 신체발달은 고정 기구 외에 세발자전거 같은 다양한 탈것을 즐기는 가운데 이루어짐으로 실외 공간외 크기가 가능하다면 자전거 길을 마련하여 대근육 발달과 함께 탈것을 이용한 즐거운 놀이 경험을 제공한다. 이때 자전거 길은 바퀴가 잘 굴러갈 수 있는 딱딱한 재질인 보도블록 등을 사용하는 것이 적절하다.

한편, 실내에서 사용하던 쌓기 놀잇감(유닛 블록, 공간 블록 등)을 실외로 가지고 나와 실외 정리장에 보관하고 실내 공간 특성 상 할 수 없었던 실외 영역의 구성놀이를 할 수 있다.

② 물 · 모래 영역

물과 모래는 형태가 정해져 있지 않은 놀이 자료이기 때문에 특별한 놀이 기술이 필요하지 않고 다양한 접근을 할 수 있는 특징을 가진다. 물 · 모래 놀이 과정은 유아의 신체, 언어, 인지, 사회성 발달을 촉진하고 특히 끊임없이 반복되는 놀이를 통해 유아의 긴장이나 불안한 정서를 해소하는 기회가 된다는 점에서 교육적 가치가 매우 높다는 공통점을 가진다.

물과 모래 놀이는 실제 놀이가 진행되는 과정에서 연계성이 매우 높기 때문에 영역을 구성할 때 같이 인접하여 설치하는 경우가 대부분이다. 그러나 실외의 면적이나 기관 상황 등으로 인해 따로 구성하거나 한 가지 영역만으로 구성할 수도 있다. 물놀이 영역은 일차적으로 수도가 가깝고 배수가 잘되는 곳으로 정하고 고정 물놀이 시설을 설치한다. 모래 놀이 영역은 땅을 파고 밑에서 부터 큰 벽돌, 돌, 자갈로 기초 공사를 한 후 20~30cm 정도의 모래를 넣어 자연 배수가 잘되도록 설치한다. 모래밭은 모래가 유실되기 쉬우므로 1년에 몇 차례 보충하고, 매 학기나 분기별로 모래에 있는 이물질을 체로 걸러내며, 모래를 뒤집어 주거나 화학 약품을 이용해 주기적으로 소독하여 위생적으로 관리한다. 또 유아가 모래를 사용하지 않을 때는 덮개를 덮어 외부로부터 이물

질이 들어가지 않도록 유의한다.

한편, 물 · 모래 영역에 쉘터(shelter)를 설치하여 유아가 그늘에서 안전하게 놀이할 수 있도록 하고, 다양한 소품류를 보관할 수 있는 정리장을 준비한다. 물 · 모래 놀이를 활성화시켜 주는 기본 소품으로 플라스틱 튜브, 깔때기, 분무기, 호스, 작은 물레방아, 다양한 사이즈의 통과 그릇류, 계량컵, 자동차류, 모래 체, 유아용 이동 의자, 작은 프라스틱 삽, 주워 온 자연물 등이 있고, 그 외 주제나 유아의 관심에 따라 구체적인 놀이 자료를 첨가한다.

출처 : 푸르니보육지원재단 홈페이지

③ 역할 영역

유아의 역할 놀이는 자신의 경험과 상상력이 어우러진 말과 행동으로 표현되는데, 영아에 비해 구체적이고 다양하게 나타난다. 특히, 실외에서 이루어지는 역할 놀이는 정적인 요인과 동적인 요인이 공존하는 가운데 유아에게 색다른 즐거움을 제공한다. 실외에서 이루어지는 역할 놀이가 특정 장소에서만 이루어지는 것은 아니지만, 놀이집이나 테이블 등을 제공하고 특히 모래 놀이와 연계하여 역할 놀이가 이루어지도록 공간을 배치한다.

④ 미술 영역

실외에서 햇빛을 받으며 즐기는 미술 작업은 유아에게 새로운 심미감을 느끼게 하는 좋은 경험이 될 수 있다. 실내에서 진행하던 미술 작업을 자연스럽게 실외로 연결하거나 혹은 실내에서 마음껏 시도하기 어려운 활동(예 : 물 스프레이 그림 등)을 실외에서 표현할 수 있도록 한다. 교사는 유아의 미술적 표현을 지원하기 위해 이젤과 크레용, 물감 등을 상설하거나 상황에 따라 돗자리를 이용하여 유아의 다양한 표현을 격려하는 등 융통적인 공간을 창출해 내는 노력이 필요하다.

⑤ 음률 영역

실외 놀이는 실내에서 이루어지는 거의 모든 놀이가 이루어질 수 있는데, 그중에서도 음률은 소리가 기본이 된다는 점에서 실외 공간으로 연계시키기 아주 적합한 놀이이다. 노래를 부르거나 신체를 표현하는 것은 특별히 정해진 영역이 필요하지 않지만, 악기 연주, 특히 국악기를 탐색하고 연주할 때 큰 소음을 고려한다면 실외가 매우 적합하다. 한편, 실외 놀이터 한쪽 울타리에 쉽게 구할 수 있는 물건(도마, 플라스틱 통, 프라이팬, 페트병 등)을 달아 소리 탐색과 악기 연주의 기회를 제공하기 위한 환경을 마련하는 것도 좋다.

⑥ 식물 영역

텃밭에 해당되는 식물 영역은 식물의 성장 과정에 대한 이해를 돕고 수확의 기쁨을 경험할 수 있는 매우 의미 있는 공간이다. 실외 공간의 크기 정도에 따라 땅을 이용한 텃밭을 가꿀 것인지, 아니면 화단이나 큰 화분으로 영역을 구성할 것이지를 결정한다. 식물 영역을 운영하는 데 있어 주의할 점은 식물의 성장을 쉽게 관찰하고 실제 수확물을 거두는 경험이 중요하므로 재배가 쉬운 작물을 우선적으로 선택하는 것이 필요하다(예 : 상추, 방울 토마토, 당근, 시금치 등). 식물 영역에 물조리개와 모종삽을 구비하여 유아들이 직접 식물의 성장을 위한 경험에 수시로 참여하도록 한다.

⑦ 창고

실외에는 각 영역에서 이루어지는 놀이에 필요한 놀잇감과 활동 자료를 보관할 창고가 필요하다. 편의성과 위생상 실외 놀잇감과 활동 자료를 실내의 것과 구분하여 사용하는 것이 바람직하다. 창고는 플라스틱이나 나무 재질의 기성 제품을 구입하여 사용할 수도 있고, 기관의 필요에 따라 맞춤으로 제작하기도 한다. 창고 안에 넣을 수 있는 놀이 자료로는 신체 영역에서 사용하는 자전거, 다양한 공, 훌라후프나 루프, 이동식 농구 골대 등이고, 물놀이 시 필요한 큰 튜브류나 호스를 보관할 수 있으며, 실외 놀이터 청소용 빗자루 같이 안전을 위해 영유아가 쉽게 만지면 안 되는 것 등을 포함한다.

2) 안전한 놀이 시설

영유아에게 실외 놀이가 중요하고, 그에 맞는 영역을 골고루 잘 배치하였다 해도 실외 놀이에서 안전사고가 자주 발생한다면 실외 놀이를 운영하는 데 어려움이 많아진다. 따라서 안전한 환경에서 즐겁게 놀기 위해 유의해야 할 점을 살펴보는 일이 필요하다. 다음은 프로스트(Frost, 2005)의 안전한 놀이 시설을 위한 구성 요소에 대한 내용이다.

- 위험한 곳 주위에 보호 울타리를 친다.
- 영유아가 떨어질 수 있는 곳에 25~30cm의 안전 자재(모래 등)를 깐다.
- 영유아의 연령에 적합한 놀이 기구를 이용한다.
- 쓰레기 및 위험 물질이 놀이터에 없게 한다.
- 놀이 시설 중 움직이는 부분은 작동 불량이 없어야 한다.
- 놀이 시설의 어떤 부분도 날카롭거나 부러져 있거나 헐겁지 않아야 한다.
- 그네는 고무나 프라스틱과 같이 가벼운 재질로 되어 있어야 한다.
- 보호벽 등 안전을 위해 장치한 부분에 고장이 없어야 한다.
- 놀이 기구의 어떤 부분도 유아의 머리가 낄 수 있는 부분이 없어야 한다.
- 바닥에 고정되어 있는 기구는 단단하게 고정되어 흔들림이 없어야 한다.
- 기구 간 공간이 충분히 확보되어 있어야 한다.
- 땅 밑에서 놀이 기구가 썩지 않는지 찔러서 확인한다.
- 금속 자재로 만들어진 놀이 기구가 햇볕에 방치되지 않도록 한다.

- 영유아가 떨어질 가능성이 있는 곳에는 반드시 난간을 설치한다.
- 영유아가 노는 곳에 줄이 없어야 한다.
- 매달려 노는 시설은 영유아의 연령을 고려하여 낮게 설치한다.
- 놀이 기구에 사용 가능한 영유아의 연령과 성인의 지도 감독이 있어야 함을 표시한다.
- 영유아가 찔리거나 걸려 매달릴 수 있는 위험물은 사전에 제거한다.
- 고정 시설을 바닥에 붙이는 콘크리트 주변에 걸려 넘어지거나 떨어질 위험물이 없어야 한다.
- 영유아가 빠질 위험이 있는 곳(수영장이나 개울 등)이나 교통사고를 당할 수 있는 곳으로부터 멀리 떨어져 있어야 한다.

CHAPTER

7

놀잇감

놀잇감에 따라 영유아의 놀이 내용, 놀이 방법, 놀이 행동 등이 달라진다. 어떤 놀잇감으로 놀이를 하느냐에 따라 영유아 경험은 달라지고, 각 경험은 영유아의 발달의 특정 부분에 영향을 준다. 예를 들어, 끼우기 블록 놀이를 통한 경험은 작은 조각을 끼우는 과정에서는 유아의 소근육 발달, 조작 능력이 숙달되고, 유아가 생각하는 형태의 구조물을 만드는 과정에서는 모양, 구성 능력, 문제 해결 능력 등이 발달된다. 또는 또래들과 음식점 역할 놀이 과정에서는 각 역할에 대한 지식을 습득하고 다른 사람의 관점에서 생각하고 행동하는 역할을 연습하게 되고, 또래와 협력하는 능력 등이 발달된다. 한편, 영유아에게 놀잇감 제공이 부족하거나 부적절한 놀잇감이 제공된다면 영유아 발달에 긍정적인 영향을 주지 못할 수도 있다. 예를 들어, 방송국 견학을 다녀온 5세 유아들의 흥미와 관심이 방송과 관련되어 있을 때 방송국 견학과 관련된 소품 등이 제공되지 않는다면 유아가 방송국 견학에서 경험하고 배운 내용이 역할 놀이나 구성 놀이로 풍부하게 표현되지 못할 뿐만 아니라 확장되지 못한다. 이는 유아 발달에 결정적인 학습의 순간이 가치 있게 활용되지 못함을 의미하는 것이다. 따라서 영유아의 흥미와 발달에 적합한 놀잇감을 선택하고 제공하는 것은 영유아 발달에 매우 중요한 일이다.

1. 놀잇감 특징

놀잇감의 특징인 구조성과 복합성은 놀이에 영향을 미친다. 먼저 놀잇감의 구조성이란 놀잇감이 특정한 용도로 사용되는 정도를 의미한다(Johnson et al., 2006; 지성애, 2013). 블록, 모래, 플레이도우 등은 영유아의 발달 수준이나 이런 놀잇감으로 놀이해 본 경험에 따라 다양한 방법으로 사용된다. 이것들은 상황에 따라 다양한 의미로 사용할 수 있는 놀잇감이므로 구조성이 낮은 것이다. 반면에 퍼즐, 모형 음식, 장난감 전화기 등과 같이 하나의 방법으로 놀이하게 되는 놀잇감은 구조성이 높은 것이다.

구조화가 높은 놀잇감은 규정된 방법으로 놀이하므로 영유아의 숙달감 발달에 효과적이지만 제한된 방법으로만 놀이해야 하므로 종종 좌절하거나 지루해 할 수 있다. 반면에 구조화가 낮은 놀잇감은 다양한 범위의 놀이를 제공하므로 융통성과 상상력을 발달시킬 뿐만 아니라 문제 해결 능력 등 영유아의 창의적 측면에도 도움이 된다. 그러나 어느 정도 표상 능력이 발달되어야만 구조화가 낮은 놀잇감을 융통적으로 다양하게 놀이할 수 있으므로 영아보다는 유아에게 더 효과적이다. 즉, 전화하기 역할 놀이 시 영아는 모형 전화기 놀잇감이 더 효과적이지만, 유아는 블록이나 상자를 전화기처럼 사용하여 놀이할 수 있다. 놀잇감의 구조성에 따라 영유아의 놀이 유형, 놀이 행동, 놀이 수준, 놀이 주제의 다양성이 달라진다(엄정애, 1992).

놀이의 복합성이란 놀잇감이 얼마나 다양하게 조작 또는 변경되는지에 대한 개념이다(Johnson et al., 2006). 놀이성의 복합성 정도에 따라 단순한 놀잇감과 복잡한 놀잇감으로 나눌 수 있다. 단순한 놀잇감이란 형태가 규칙적이고 조각 개수가 적으며 부품 간 연결이 간단한 특징을 지닌 반면에, 복잡한 놀잇감이란 형태가 불규칙적이고 조각 개수가 많으며 부품 간 연결이 복잡한 특징을 지닌다(엄정애, 2009). 예를 들어, 모형 놀이 집을 복합성에 따라 구분지을 때, 단순히 창문과 문이 있는 집 모형이라면 집이나 방의 용도로만 사용할 수 있는 단순한 놀잇감이다. 반면에, 모형 놀이 집에 계단과 미끄럼틀이 연결되어 있고, 놀이 집 벽면에는 운전대, 전화기, 조작 놀이판 등이 부착되어 있다면 집이나 방 이외의 다양한 용도로 사용 가능하기 때문에 복잡한 놀잇감이다. 놀잇감의 복합성이 놀이 수준 및 놀이 참여도에 영향을 미칠 수 있다(김경연, 1999 재인용).

영유아의 놀이를 지원하기 위한 중요한 요인 중 하나는 영유아에게 적절한 놀잇감을 선택하는 것이다. 영유아는 하루 중 많은 시간을 영유아 교육 기관에서 보내므로 영유아의 놀이를 장려해 주고, 새로운 도전을 주고, 재미있게 학습을 확장하고, 새로움을 제공하며, 창의적이며, 문제 해결력을 높일 뿐만 아니라 혁신적이고, 독특한 방법으로 사용할 수 있는 놀잇감이 제공되어야 한다. 놀잇감 선택은 영유아의 연령, 프로그램의 목적 및 목표, 예산 등 다양한 요소를 토대로 선택할 수 있지만, 대체로 보편적인 영유아

교육 프로그램에서 놀잇감 선택 기준은 다음과 같이 요약해 볼 수 있다

첫째, 안전성이다. 영유아들이 놀잇감으로 놀이할 때 가장 중요한 것은 사고가 나지 않고 안전하게 놀이하는 것이다. 안전성은 인체에 무해함, 적당한 강도, 무게, 크기, 기울기, 균형, 모서리 등의 디자인적인 요소가 안전한지, 그리고 위생적인 측면의 점검도 포함된다.

둘째, 적합성이다. 놀잇감의 형태, 크기, 난이도가 영유아의 연령 및 발달 수준에 적합할 뿐만 아니라 흥미에도 적합해야 한다. 영유아의 발달 수준이나 흥미에 적합하지 않으면 영유아의 발달을 저해하고 놀이에 대한 흥미를 떨어뜨릴 수 있다. 그리고 건강한 성 역할 개념과 사회 문화적 가치가 내포되어 있어야 하고 공격성에 대한 측면도 점검해야 한다.

셋째, 교육성이다. 영유아는 놀이를 통해 배움이 일어나기 때문에 교육적인 측면이 충족되어야 한다. 다양한 감각적 탐색을 통한 정보 습득, 문제 해결력, 사고력을 촉진, 대소근육 발달과 협응력을 증진하는 신체발달을 활성화, 타인의 관점에서 생각하고 함께 놀이하면서 사회 정서적 발달도 충족 등을 고려해야 한다.

넷째, 내구성이다. 영유아는 놀잇감을 반복적으로 사용하기 때문에 견고해야 한다. 내구성에는 재질, 구조, 각 부품의 부착의 견고성, 보관과 관리의 용이함이 포함된다.

다섯째, 심미성이다. 영유아의 미적 감각을 고취하고 호기심이나 성취감을 만족시킬 만한 수준 높은 놀잇감이어야 한다. 영유아기의 경험은 이후 발달에 매우 중요한 영향을 미치기 때문에 놀이를 통해 풍부한 미적인 경험이 필요하다.

참고 자료

놀잇감 선택 지침

■ 놀잇감에 대한 초기 흥미가 높은가?

초기 흥미는 신기성, 매력적인 물리적 특성(색깔, 반짝이거나 주름 장식이 달리거나 신기한 소리를 내는 것 등), 그리고 영유아에게 주는 흥미(영유아의 기호에 부합하거나 친구들이 가지고 있거나 TV에서 봤던 것 등)에 의해 형성된다.

■ 놀잇감에 대한 흥미가 오래 지속되는가?

비싼 크리스마스 선물은 무시하고 선물이 들어 있던 상자를 더 좋아했다는 아이의 이야기를 들어 본 적이 있을 것이다. 상자는 흥미가 오래 지속되는 물건이다. 흥미가 오래 지속되는 놀잇감에는 블록, 크레용, 공, 레고 듀플로, 인형 등이 있다. 이런 놀잇감은 충분히 융통성이 있어 영유아들이 다양한 방식으로 사용할 수 있다.

■ 성인의 감독이 거의 없이 사용될 수 있는가?

놀잇감이 성인의 규칙을 융합하거나 갈등 해결을 위한 주의를 끊임없이 필요로 하거나 오용이나 파손을 예방하기 위해 성인의 면밀한 감독이 필요하다면 부적절하다.

■ 놀잇감이 자아 개념을 강화하는가?

영유아의 문화적, 신체적 특성을 반영하는 인형이 좋은 예이다. 영유아가 놀잇감에 긍정적으로 동일시할 수 있는가?

■ 놀잇감이 영유아의 타인에 대한 존중을 강화하는가?

고정 관념이 포함되지 않은 방식으로 놀잇감이 영유아를 다양성에 노출시키는가?

■ 놀잇감 갈등 및 논쟁을 해결할 수 있는 대안을 가르치는가?

많은 비디오게임이나 어떤 놀잇감은 영유아에게 힘만이 문제를 해결하는 방법이라고 가르친다. 그러나 좋은 놀잇감은 다른 해결 방법을 제공한다. 협력, 대등한 교환 등이 그것이다.

■ 놀잇감의 내구성이 높은가?

영유아들이 계속적으로 활발하게 사용해도 견딜 것인가? 시간이 지나도 유지될 것인가? 실외용이라면 실외에서도 유지될 것인가? 쉽게 수리될 수 있는가?

■ 용도가 넓고 다양한가?

다양한 방식으로 사용될 수 있는가? 영유아가 놀잇감에 자신만의 의미를 부여할 수 있는가?

■ 놀잇감이 적응성이 있고 점진적인가?
다양한 발달 수준의 영유아들이 사용할 수 있는가? 한 영유아가 점진적으로 더 어려운 방법으로 사용할 수 있는가? 예를 들면, 레고 블록은 색깔별로 분류하는 데, 단순한 구조물을 만드는 데, 미래의 우주선이나 책에서 본 복잡한 성을 본떠서 만드는 데 사용될 수 있다.

■ 깨끗하게 유지하기 쉬운가?
식기 세척기나 살균 소독기에 넣을 수 있는가? 쉽게 세탁할 수 있도록 천 부분이 탈부착되는가? 오염을 견디는가?

■ 놀잇감이 사회적 관계를 강화하는가?
보통 블록 놀이는 한 명 이상의 영유아가 놀이할 때 더 재미있다. 회전그네를 재미있게 타려면 역시 여러 명의 영유아가 필요하다.

■ 상상력과 창의력을 일으키는가?
역할 놀이 놀잇감이 좋은 예이다. 충분한 놀잇감이 제공되어야 하며 창의력과 상상력을 조장할 수 있는 환경이 필요하다. 놀이 시간 또한 복합적 놀이를 계획하고 실시하기에 충분할 만큼 길게 제공되어야 한다.

■ 놀잇감이 지적 발달을 돕는가?
언어 사용, 유사한 물체를 분류하기, 명칭 붙이기, 비교하기 등이 장려되는가? 기초 지식을 가르치는가?

■ 안전한가? 파손될 때 쉽사리 위험하게 될 수 있는가? 영유아가 놀잇감을 쉽게 올바르게 보관 장소로 돌려놓을 수 있는가?
작은 부속품이 많은 놀잇감은 원래대로 하기 어렵다.

■ 놀잇감이 발달적으로 적합한가?
영유아는 신체적, 사회적, 인지적 단계를 점진적으로 거치며 발달한다. 놀잇감은 이러한 단계에 부합하여야만 한다.

■ 구성 놀이를 하도록 자극하는가?
구성 놀이를 무엇인가를 만드는 것을 포함한다. 예를 들면, 블록, 목공, 페인팅, 만들기 등이다.

■ 영유아에게 놀잇감이 질 좋은 것을 보이는가?
잘 만들어졌는가? 들어 올렸을 때 견고하게 느껴지는가? 만드는 사람이 성심을 다해 만든 것처럼 보이는가? 시간이 흘러도 외관이 그대로 유지될 것인가?

■ 놀잇감이 대근육 및 소근육 발달과 눈과 손의 협응을 돕는가?

* 모든 놀잇감이 이 모든 준거에 부합될 수는 없다.

출처 : Johnson, Christie & Wardle(2006)

놀잇감 유형은 형태, 목적, 작동 원리, 연령, 흥미 영역 등 분류 기준에 따라 다양하게 범주화될 수 있다. 보편적으로는 모형 놀잇감, 학습 놀잇감, 구성 놀잇감, 대근육 놀잇감, 게임, 실물 놀잇감, 전자 놀잇감으로 분류하고 각 놀잇감의 특성에 대해 논의된다. 그러나 여기서는 놀잇감에 대한 내용을 영유아 교육 현장에 적용하기 쉽도록 흥미 영역에 따라 놀잇감을 분류하고 특성을 살펴보고자 한다. 영유아 학급의 흥미 영역으로 놀잇감을 분류하고 각 연령에 적절한 놀잇감의 특성을 살펴볼 것이다.

2. 영아 놀잇감

영아의 발달과 흥미에 적절한 놀잇감을 제공하기 위해서 교실 내 흥미 영역별 놀잇감 특성에 대해 아는 것이 중요하다. 각 흥미 영역별 놀잇감의 특성이 어떻게 영아의 발달을 지원하는지 안다면 영아의 놀이를 적절히 지원할 수 있기 때문이다. 따라서 영아 학급의 흥미 영역별로 신체 운동 영역 놀잇감, 감각 탐색 영역 놀잇감, 언어 영역(말) 놀잇감, 역할 쌓기 영역 놀잇감, 음률 영역 놀잇감, 미술 영역 놀잇감에 대해 알아보고자 한다.

1) 신체 운동 영역 놀잇감

영아기는 운동 발달이 급속도로 이루어지는데, 이를 성취하는 속도는 영아마다 개인차가 있으나 운동 발달을 성취하는 순서는 일정한 계열성을 갖고 있다. 이행 능력은 고개 들기, 뒤집기, 앉기, 기어 다니기, 일어서기, 걷기, 뛰기의 일정한 순서로 진행된다. 이와 같은 운동 발달을 지원할 수 있는 놀잇감을 고정형 운동 놀잇감, 밀고 당기는 놀잇감, 타는 놀잇감, 이동형 운동 놀잇감으로 나누어 살펴보고자 한다(김혜경 외, 2002).

(1) 운동 놀잇감

영아는 누워서 잡아당기거나 발로 차기, 붙잡고 서기, 걷기나 기어 오르기 등 대근육 놀이에 참여하므로 플레이 짐, 대형 스펀지 블록, 미끄럼틀, 그네, 기어 오름대, 터널, 놀이집 등이 필요하다. 영아는 신체 조절 능력이 미숙하기 때문에 너무 높거나 깊지 않은 것이 좋고, 재질은 금속보다는 나무나 플라스틱이 좋다. 미끄럼틀의 경우 계단이 3~4개 정도이고 50~90cm 높이의 양 옆에 손잡이 레일이 있는 것이 안전하다.

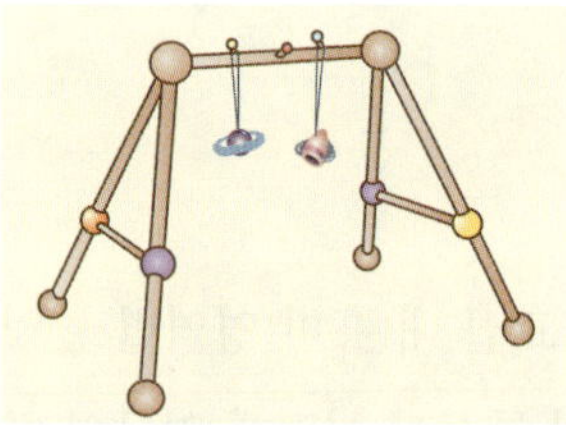

플레이 짐

대형 스펀지 블록으로 구성한 기어 오름대

영아용 미끄럼틀(3~4계단)

영아용 터널(길이 짧고 폭이 넓고 안에서 밖을 볼 수 있는 것이 좋음)

(2) 밀고 당기는 놀잇감

영아는 걷기 시작하면서 바퀴 달린 놀잇감을 이리저리 끌고 다니는 놀이를 즐긴다. 커다란 바퀴가 달려 끌고 당기기 쉽고 움직이면서 소리가 나거나 일부분이 특별한 작동을 하는 것이 좋다. 끌차, 인형 유모차, 모형 청소기 등이 적절하다.

끌차(바퀴가 큰 것이 좋다)

끌차

재활용 박스로 만든 끌차

애벌레 끌차(움직임이 재미있는 끌차)

게 끌차(움직임이 재미있는 끌차)

(3) 타는 놀잇감

영아가 올라타기 쉽고, 폭이 너무 넓지 않아서 편히 앉을 수 있어야 하고, 발이 바닥에 닿는 것이 적절하다. 혹은 물건을 담을 수 있는 바구니가 부착되었거나 밝은 색상의 재미있는 소리가 나는 것도 좋다. 보행기, 흔들 목마, 바퀴 4개 달린 자동차 등이 적절하다.

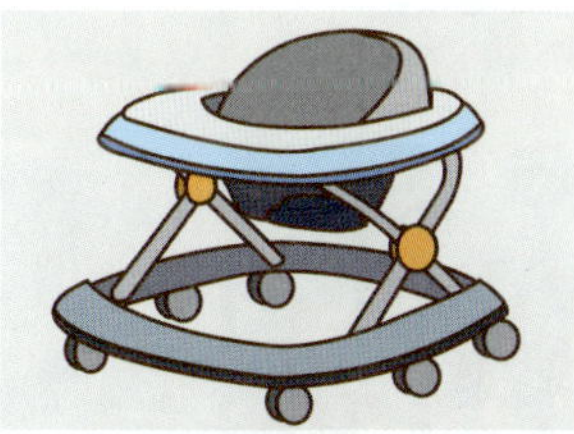

보행기

흔들말

바퀴가 4개인 붕붕차

(4) 공 운동 놀잇감

영아는 공놀이를 즐기는데, 1세 영아는 헝겊 공과 같이 부드럽고 천천히 굴러가는 공이 적절하고, 걸음마기 영아는 소리가 나거나 공의 움직임을 볼 수 있는 물체가 들어 있는 속이 투명한 공이 적절하다. 2세 영아는 공을 발로 차는 것을 즐기는데, 이를 위해서 지름이 25~30cm의 공이 적절하고 손으로 공을 잡기 위해서는 13~23cm 정도가 좋다.

헝겊공

손으로 잡기 쉬운 공

물체가 들어 있는 공

소리 나는 공

통 속에 공 넣기

강아지에게 먹이(공) 던져 주기

2) 언어 영역(말) 놀잇감

영아의 말 놀이는 환경의 영향을 많이 받는다. 영아의 말에 답해 주고 적절한 반응을 해주어야 말 놀이가 흥미롭게 지속되고 확장된다. 따라서 영아가 사물의 이름이나 단어를 말하고 자신의 생각이나 느낌을 자유롭게 표현하도록 돕는 놀잇감을 선택하여 제공해 주어야 한다.

(1) 그림책

0~1세경에는 문자에 대한 이해가 부족하므로 한 단어나 두 단어로 된 사물 그림책, 간단한 스토리가 있는 그림 위주의 그림책이 좋다. 쉽게 책장을 넘길 수 있도록 두꺼운 책장으로 된 그림책이나 헝겊이나 비닐로 만들어진 감각 그림책도 적절하다. 오감각을 사용하여 탐색할 수 있도록 그림과 관련된 소리나는 책, 냄새를 맡을 수 있는 책도 좋다.

두꺼운 책, 헝겊책, 소리 나는 책

2세경에는 이전 연령보다는 조금 더 긴 스토리의 이야기 있는 그림책이 적절하므로 각 그림마다 1~3 문장의 이야기가 있되 10~15페이지 내외의 길이가 좋다. 영아의 일상생활과 밀접한 관련이 있는 내용, 즉 밥 먹고 자고 씻는 등 하루 일과에 대한 것, 병원 진료, 가족 이야기 등의 내용이 단순하고 반복적으로 구성된 것이 바람직하다.

(2) 손 인형, 막대 인형, 융판 자료, 자석 자료

인형을 사용하면 영아와 자연스럽게 의사소통을 할 수 있으므로 손 인형, 손가락 인형, 까꿍 인형 또는 영아에게 친숙한 스토리의 등장인물 인형 등이 효과적이다. 부드러운 천으로 쉽게 손을 끼고 뺄 수 있도록 되어 있거나 막대 인형으로 만들면 영아가 직접 조작하면서 말 놀이를 할 수 있어서 좋다. 영아가 좋아하는 캐릭터나 사물을 붙였다 떼었다 할 수 있는 융판 자료, 자석 자료도 적절하다.

손 인형

손가락 인형

가족 손 인형

막대 인형

동물 인형 융판 자료

(3) 사진 자료

영아에게 친근한 자동차, 동물, 과일, 음식, 일상생활 용품 사진을 벽면에 게시하거나 책으로 제시하면 영아의 말 놀이가 확장된다. 특히, 영유아 교육 기관의 하루 일과 내용, 기본 생활 습관에 관련된 내용, 배변 훈련에 대한 내용을 사진으로 활용하면 영아 자신과 친구들에 대한 친근감으로 더 효과적이다. 가정에서의 생활 모습 사진을 협조받아서 활용하는 것도 좋다.

하루 일과 사진 자료

아빠 물건, 엄마 물건, 내 물건
사진 자료

3) 감각 탐색 영역 놀잇감

영아는 오감각을 자극하는 다양한 감각적 경험을 즐긴다. 시각을 자극하는 모빌, 청각을 자극하는 소리나는 놀잇감, 손, 발, 온몸으로 다양한 촉감을 경험하는 놀잇감 그리고 과일이나 음식 등 직접 냄새 맡고 먹어볼 수 있는 놀잇감이 적절하다.

흑백 모빌

동물 소리 음원과
동물 카드

촉감 장갑

촉감 인형

촉감 벽걸이

촉감 발판

소근육 발달과 눈과 손의 협응 능력이 점차 발달하여 누르고, 돌리고, 끼우는 등 손 조작 능력을 반복적으로 사용하는 놀이를 즐긴다. 또한, 자신의 행동으로 인해 결과가 즉각적으로 나타나는 것을 좋아해서 누르면 튀어나오는 까꿍 놀잇감과 같이 원인과 결과를 연결해 볼 수 있는 놀잇감이 적절하다. 모양 변별이 가능해서 모양에 맞추어 넣기나 손잡이가 달린 한 조각 퍼즐이나 2~3조각 퍼즐이 적절한데, 퍼즐은 모양이 크고 단순한 형태가 좋다.

다양한 조작 놀잇감

누르면 돌아가는 공

버튼 까꿍 놀잇감

맞는 크기 공 넣기

망치로 두드리기

쌓기 놀잇감

맞는 모양 넣기

모양 열쇠로 열기

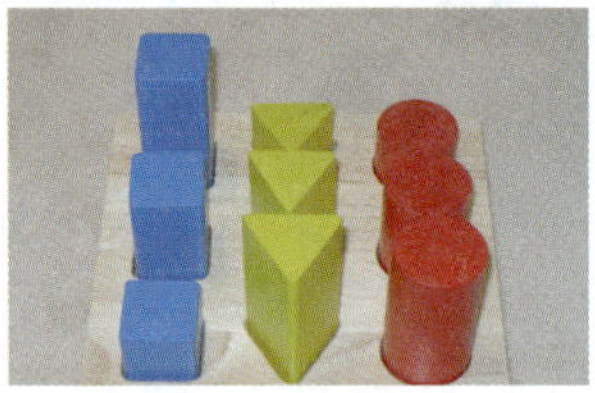
모양대로 꽂기

한 조각 퍼즐

패턴 퍼즐

공룡 알 옮기기

4) 역할 쌓기 영역 놀잇감

영아는 음식 먹기, 음식 만들기, 엄마 놀이, 아빠 놀이 등 초보적인 역할 놀이를 즐긴다. 따라서 간단한 소꿉놀이 소품과 모형 음식, 아기 인형, 유모차, 청소 도구 등이 적절한데, 영아가 실제로 사용하는 그릇, 숟가락과 유사한 크기가 적절하다. 핸드백, 가방, 구두, 선글라스, 엄마 옷, 아빠 옷 등은 영아의 신체 크기에 적절한 크기로 준비하되 의상은 찍찍이나 고무줄로 입고 벗기 편리하게 준비한다.

소꿉 그릇

모형 음식, 숟가락, 포크

모형 음식

사진기

생일 모자, 생일 케이크

핸드백, 헤어드라이어, 빗

아기 인형, 이불, 우유병

전화기

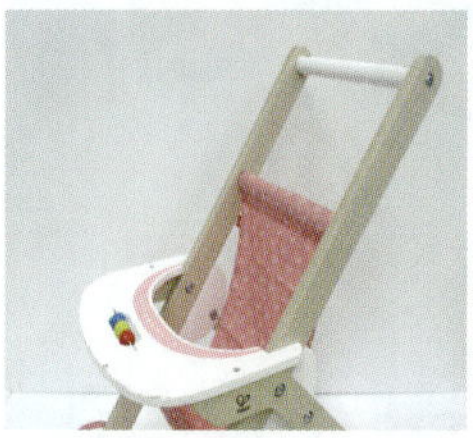

유모차

0~1세는 블록을 하나의 놀잇감으로 놀이하거나 이러저리 옮기는 놀이를 하므로 촉감이 부드러운 스펀지 블록이나 큰 종이 블록 등이 적절하다. 걸음마기나 2세경부터는 블록을 수평(바닥에) 혹은 수직(쌓기)으로 늘어놓는 초기 쌓기 수준으로 놀이한다. 2세 후반 즈음에는 2개의 블록을 이용해서 세 번째 블록이 넘어지지 않게 올려 다리나 문을 만들 수 있다. 종이 블록, 우레탄 블록 등이 적절하다. 또한, 실제 자동차와 같은 모형 자동차를 밀고 다니기를 좋아한다. 0~1세는 큰 자동차를 바닥에서 밀고 다니는 놀이가 가능하도록 25cm전후의 큰 사이즈가 적절하고, 2세는 블록으로 자동차 길을 길게 만들고 자동차를 밀고 다니는 놀이를 즐기므로 0~1세 보다 작은 10cm 정도의 놀잇감을 제공한다.

부드러운 스펀지 블록

종이 블록

우레탄 블록

2세경이면 끼우거나 쌓아서 간단한 구조물을 구성할 수 있는 레고 블록 등을 즐긴다.

레고 블록

동물 쌓기 블록

물고기 끼우기 블록

5) 음률 영역 놀잇감

영아들은 멜로디나 리듬이 나오면 본능적으로 몸을 움직이며 즐기므로 영아들이 좋아하는 노래 음원을 준비한다. 또 두드리거나 흔들어 소리 내기를 즐기므로 북, 마라카스, 탬버린 등의 리듬악기와 냄비 뚜껑, 나무 주걱과 같은 일상생활 용품을 활용한 리듬악기도 적절하다.

소리 막대

마라카스

탬버린

다양한 소리 타악기

빨래판 기로

영아들은 음악을 들으며 동작을 따라 하거나 동물 흉내 내기 등 간단한 신체 표현을 즐긴다. 따라서 신체 표현을 자극할 수 있는 동물 머리띠, 동물 꼬리, 동물 옷, 스카프, 리본 막대 등도 좋다.

리본 막대

꽃 수술

동물 모자

6) 미술 영역 놀잇감

1세경부터는 의도적으로 긁적거리기를 할 수 있으므로 무독성 크레용, 색연필, 수성 사인펜 등 그리기 도구와 다양한 재질의 종이가 적절한데, 연령이 어릴수록 큰 종이류를 제시하여 자유롭게 표현할 수 있도록 한다.

손가락 크레용

그리고 지우기

화이트보드

영아가 스스로 조작할 수 있도록 모양 도장, 장갑 도장, 롤러 등을 활용할 수 있고, 붓이 달린 물감통이나 도트 도장처럼 간단히 그리기 놀이를 할 수 있는 놀잇감도 적절하다. 도장을 물감에 찍기 위해서는 물감 접시가 필요한데, 물감 접시는 도장 크기를 고려하여 넉넉한 사이즈로 하고, 얇은 스펀지나 부직포 등에 물감을 충분히 적셔서 준비하는 것이 좋다.

모양 도장 찍기

막대 도장 찍기

스펀지 도장 찍기

장갑 도장 찍기

붓으로 색칠하기

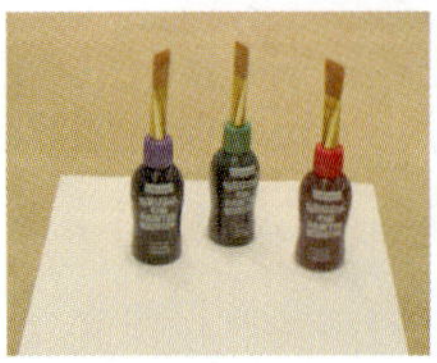
물감으로 색칠하기

밀대로 그리기

롤러 그리기

스티커나 마음에 드는 그림을 붙여서 꾸미기, 다양한 재질로 꾸미는 콜라주 자료도 영아가 마음대로 표현하기에 적절한 놀잇감이다.

모양 색종이로 꾸미기

색깔 스티커 붙이기

3. 유아 놀잇감

일반적인 유아 학급의 흥미 영역을 기준으로 쌓기 영역 놀잇감, 역할 영역 놀잇감, 언어 영역 놀잇감, 수・조작 영역 놀잇감, 과학 영역 놀잇감, 음률 영역 놀잇감, 미술 영역 놀잇감으로 나누어 각 놀잇감의 주요 특성에 대해 알아보고자 한다. 하루 종일 놀이를 즐기는 유아에게 적절한 놀잇감 제공은 유아의 놀이를 더 확장시키고 지속시키는 데 주요한 영향을 미친다.

1) 쌓기 영역 놀잇감

무엇인가를 구성하거나 구성물을 구성한 후 이와 관련된 상황을 주제로 한 놀이가 이루어지기 때문에 블록과 각 놀이에 필요한 소품들이 대표적인 놀잇감이다. 단위 블록, 속이 빈 큰 블록, 우레탄 블록, 테이블 블록 등의 블록과 쌓기 놀이를 자극하는 기본적인 소품에 대해 알아보고자 한다.

(1) 단위 블록

단위 블록은 단단한 나무로 만든 표준적 블록 세트이다. 하나의 단위(3.5×7×14cm)를 기초로 한 기본 단위 블록과 그것의 두 배, 세 배 등의 확대된 블록들과 원기둥, 커브 등의 단위 블록들이 구성된다.

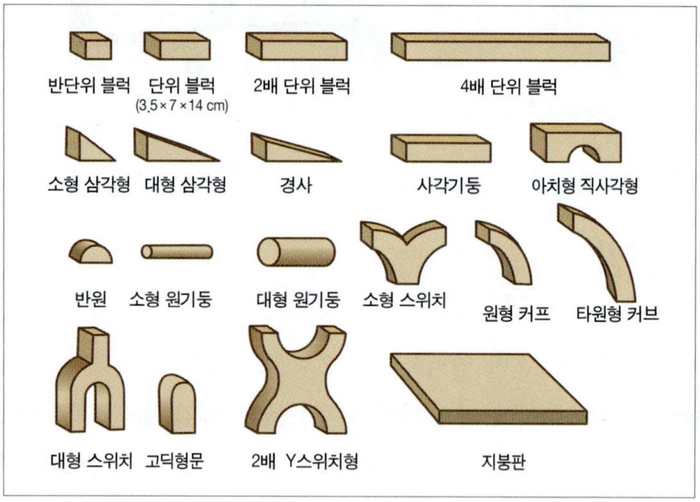

단단한 단풍나무나 자작나무로 만들어진 단위 블록은 표면이 매끄럽고 견고하여 유아가 구성물을 만들기 쉽고, 특히 단위 방식을 활용하여 구성하면서 곱하기에서 분수의 개념까지 학습할 수 있다. 일반적으로 유아들이 많이 사용하는 단위 블록은 기본 단위, 1/2 단위, 2배 단위, 1과 1/2 단위, 경사진 것, 지붕판 여섯 가지 모양이다.

단위 블록

(2) 속이 빈 큰 블록

속이 빈 큰 블록

크기가 매우 큰 블록으로 건물, 항공모함, 우주선 등의 큰 구조물을 구성할 때 주로 사용되는 블록이다. 유아가 양손을 써야만 들 수 있을 정도의 큰 크기와 무게를 가지기 때문에 영아들에게는 적합하지 않다. 속이 빈 큰 블록은 구성놀이를 할 때 단독으로 사용되기도 하고, 단위블록과 함께 사용하여 유아들의 구성놀이에 활용되기도 한다.

(3) 우레탄 블록

유아용 우레탄 블록

단위 블록, 속이 빈 큰 블록 등을 가볍고 부드러운 우레탄 재질로 만든 것인데, 회사마다 블록의 크기와 단위가 다를 수 있다. 우레탄 블록은 가볍고 부드러우며, 쌓았을 때 두 블록의 표면끼리 밀착되는 특성이 있어서 쌓거나 구성물을 만들기 쉽고, 다양한 색깔로 구성된 것이 장점이다. 이런 장점들 때문에 3세 유아나 신체 장애를 가진 유아에게 유용할 수 있다.

(4) 테이블 블록

책상 위에서 사용할 수 있는 작고 단위화된 블록이다. 대표적인 것이 레고 블록인데, 유아가 책상 위와 같이 작은 공간에서 자신이 원하는 구성물을 마음대로 구성할 수 있

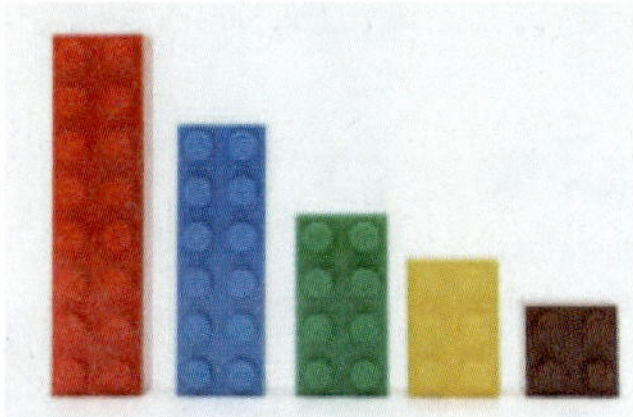

시스템 레고 블록

피라미드 블록

고, 각 블록의 독특한 기능을 토대로 구성함으로써 손 조작 능력이 숙달될 뿐만 아니라 창의적이고 문제 해결 능력 향상에도 도움이 된다.

(5) 소품들

사람이나 동물 혹은 유아들이 좋아하는 캐릭터 인형, 기차, 자동차, 트럭 등 교통수단 등의 모형 놀잇감은 블록 놀잇감들과 함께 사용된다. 그래서 판매되는 블록 세트에는 다양한 사람(엄마, 아빠, 아기, 할아버지, 할머니, 다양한 인종, 다양한 직업군 등),

동물 모형

공룡 모형

집 모형

사람 모형

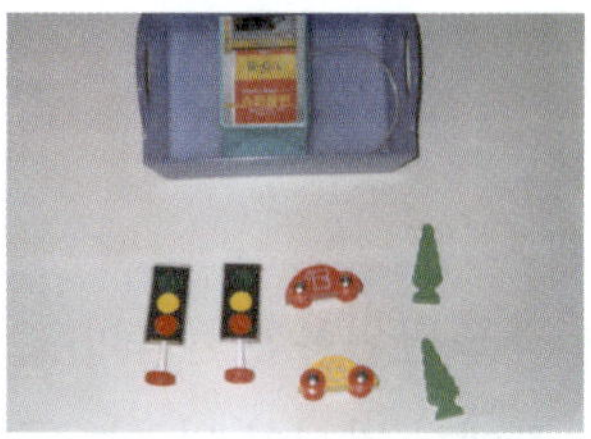

자동차, 신호등, 나무, 주유기

자동차 길, 다양한 트럭

나무, 기차, 자동차, 배, 비행기, 기차역 등을 구성할 때 필요한 소품들이 포함되어 있다. 특히, 기차놀이 세트와 같이 교통수단 놀잇감은 유아들에게 매우 인기 있는 놀잇감이다.

2) 역할 영역 놀잇감

유아가 역할 놀이를 더 잘하기 위해서는 주제와 관련된 역할과 내용을 잘 연상할 수 있는 소품들이 필요하다. 이 놀잇감들은 실제 사물의 축소판이어야 하고, 대체로 가정, 집과 관련된 소품이 대표적이다. 역할 놀이 주제에 따라서 해당 주제의 소품이 추가되거나 부족한 소품은 유아가 미술 영역에서 직접 제작하여 사용하도록 한다. 유아 학급의 역할 놀잇감은 대체로 다음과 같다.

- 인형과 인형 소품
- 주방 기기(그릇, 냄비, 팬, 접시들, 조리 도구들)
- 소형 탁자, 오븐, 냉장고
- 다리미, 다리미판, 빗자루, 청소기
- 유모차와 아기 침대
- 모형 전화기
- 역할 놀이용 의상들(엄마 옷, 아빠 옷, 다양한 직업 특성 옷 등), 모자 등
- 모형 음식이나 음식 만들기를 흉내 낼 수 있는 밀가루 반죽, 밀대, 모양 틀 등

요리사 의상

모형 음식

커피머신 모형, 토스터기 모형

역할 놀잇감은 병원, 경찰, 소방서, 우체국, 슈퍼마켓, 유람선, 우주선 등 다양한 주제나 유아의 흥미에 따라 필요한 각 의상, 소품들을 지원해야 유아의 역할 놀이가 활발하게 이루어진다. 특히, 교사는 남아들이 역할 놀이에 적극 참여할 수 있도록 남아들이 선호하는 소품과 놀잇감을 지원해야 한다.

3) 언어 영역 놀잇감

대표적인 놀잇감은 그림책, 동시, 동화, 그리고 문해 활동 자료이다. 다양한 주제의 동화를 즐기는 유아에게 그림책, 다양한 매체를 활용한 동화 자료와 동시판 등은 필수적인 놀잇감이다. 일상 생활에서 자주 접하게 되는 전단지, 쿠폰, 상품 용기(과자 상자, 음료수 병 등) 등도 문해 활동에 매우 좋은 놀잇감이다. 다양한 쓰기 도구와 종이는 유아의 모든 놀이에서 문해 활동을 포함시키게 하는 놀잇감이다. 예를 들어, 음식점 놀이를 하는 역할 놀이에서 주문서, 메뉴판 등을 유아가 직접 만들어 사용하기 때문이다. 언어 영역 놀잇감을 그림책 · 동화 · 동시, 쓰기 놀잇감, 문해 관련 자료로 나누어 살펴보면 다음과 같다.

(1) 그림책 · 동화 · 동시, 단어 카드

- 그림책 : 전래 동화, 창작 동화, 그림만 있는 책(그림만 보고 유아가 스토리를 만든다), 입체 그림책 등
- 동화 : 낱장 그림 동화, 융판 동화, 자석 동화, 막대 동화, 그림자 동화 등
- 손 인형 : 동화의 등장인물 인형, 유아에게 친숙한 캐릭터 인형 등
- 동시 : 반복적인 후렴구가 있는 동시, 그림 동시판, 조작 기능이 포함된 동시판 등

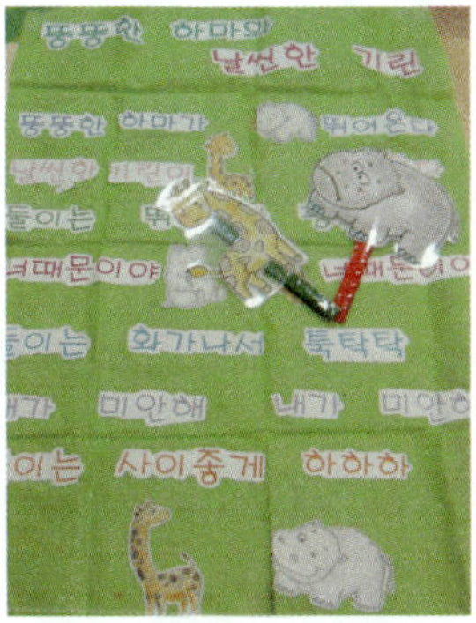

'뚱뚱한 하마와 날씬한 기린'
노랫말과 막대 인형

수수께끼 단어 카드, 그림책

(2) 쓰기 놀잇감

- 쓰기 도구 : 색연필, 연필, 사인펜, 매직, 다양한 종류의 종이 등
- 글자 놀잇감 : 글자 모양대로 선 긋기 재료, 단어 카드 등
- 책 만들기 재료 : 디자인된 책 모형, 책의 내용과 관련된 그림, 사진 등

(3) 문해 관련 자료

- 역할 놀이 : 역할 놀이 주제에 적합한 문해 자료(병원 놀이 시, 예약 노트, 접수처, 진료실 · 주사실 등의 표지판, 환자 차트, 처방전, 신용 카드 계산기, 대기실 잡지 등).
- 쌓기 놀이 : 놀이 주제에 따른 각종 표지판(동물원 입구, 수차상, 교통 표지판 등), 안내문(놀이 방법, 입장 안내 등) 등
- 수 · 조작, 과학 놀이 : 관찰한 내용 기록장, 게임 점수판, 게임 방법, 요리 순서도 등
- 미술 놀이 : 작품명, 작가 이름(유아 이름), 작품에 대한 설명 등
- 일상 생활 : 기본 생활 규칙 안내, 하루 일과 안내, 놀이 순서 안내, 유아 이름표 등
- 기타 : 전단지, 카탈로그, 안내 책자, 잡지, 요리책, 신문, 포장지, 포장 용기 등

4) 수 · 조작 놀잇감

유아 시기에는 수 놀이와 탐색 및 조작 놀이를 좋아하고 즐긴다. 일대일 대응, 분류, 비교, 서열, 부분과 전체, 무게나 부피나 길이 측정, 공간과 형태 개념의 수 놀잇감과 퍼즐, 게임, 그리고 다양하게 조작하면서 문제를 해결하는 놀잇감이 대표적이다.

- 수 놀잇감 : 일대일 대응, 분류, 비교, 서열, 부분과 전체에 대한 놀잇감, 무게나 부피나 길이 측정 도구, 도형과 관련된 놀잇감, 그래프 그리기 등
- 퍼즐 : 대체로 3세는 10~15조각, 4세는 15~20조각, 5세는 20~25조각 정도이지만 개인차를 고려하여 융통성 있게 함
- 게임 : 빙고 게임, 카드 짝 맞추기, 할리 갈리, 보드 게임, 주사위 게임 등
- 조작 놀잇감 : 바느질 하기, 너트와 볼트 등

수 세기 놀잇감

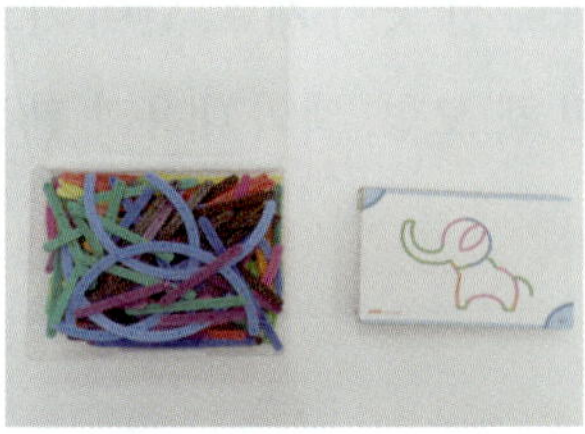

지오스틱

실 꿰기

육면체 퍼즐

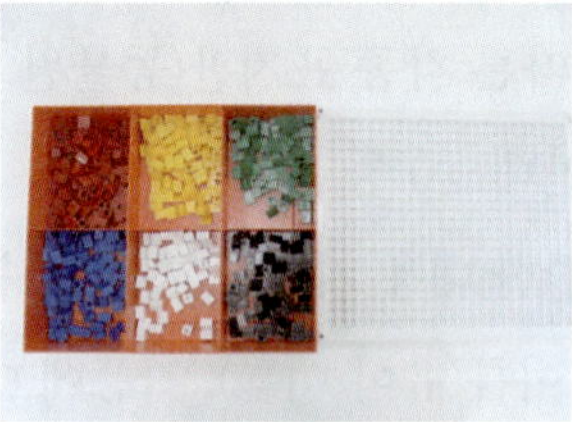

아트 블록

체스

기어 블록

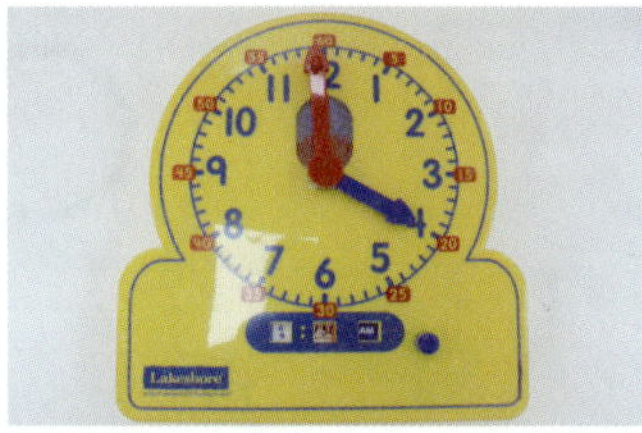

시계

5) 과학 놀잇감

주변 환경이나 사물, 생명체에 관심을 가지고 지속적으로 탐색하고 실험할 수 있는 놀잇감이 좋다. 놀잇감과 재료에 따라서 교실 내에 비치하거나 실외 놀이터에 비치할 수 있다.

- 계절 및 유아가 흥미 있어 하는 주제에 기초하여 다양한 자연물(나뭇잎, 열매, 씨앗, 조개껍데기 등), 동물(거북이, 달팽이, 물고기, 햄스터 등), 식물(계절별 꽃, 채소 등), 어항, 개미집, 동식물 도감이나 그림책, 사진 등이 필요하다.
- 시계, 자, 저울, 온도계, 돋보기 등과 궁금한 자료를 검색해 볼 수 있는 도구들과 컴퓨터, 프린터가 필요하고 유아의 생각이나 관찰한 내용 등을 기록할 수 있는 도구, 책자 등을 준비하는 것이 좋다.
- 과학 실험 활동은 최대한 유아가 개별적으로 참여해 볼 수 있도록 안전한 놀잇감과 재료를 준비하되, 안전한 실험 방법과 주의 사항 등을 사전에 숙지할 수 있도록 안내해야 한다. 안전상 순서를 숙지하는 것이 필요한 경우는 사전에 안내문을 그림과 글로 작성하여 유아가 잘 볼 수 있도록 게시하는 것이 좋다.

식물 표본

돋보기

망원경

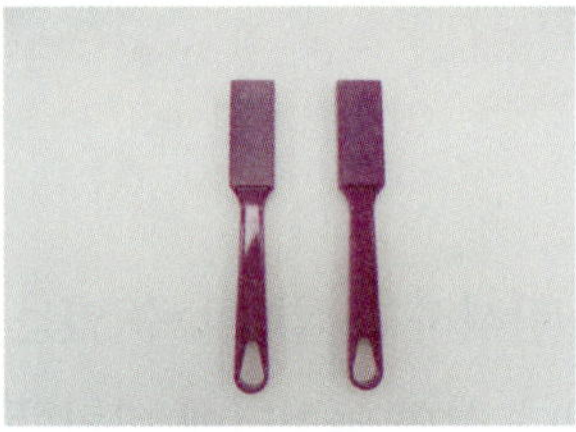

막대자석

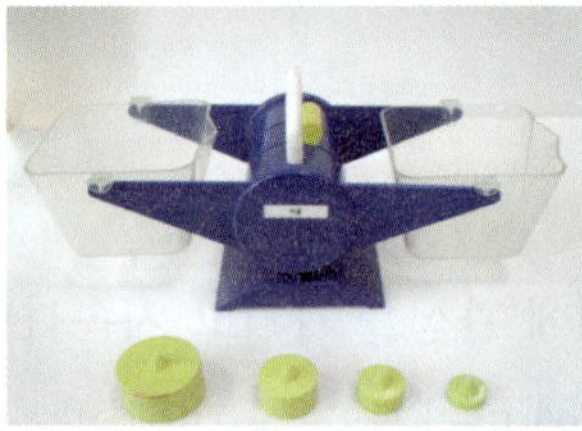

양팔 저울

만화경

6) 음률 놀잇감

음악을 듣고 노래를 부르며 여러 가지 악기를 다루고 창의적인 신체 표현을 할 수 있는 놀잇감 및 재료가 필요하다.

- 노래 : 노래 음원(동요, 전통 민요, 서양 고전 음악, 현대 음악 등), 음원 플레이어, 그림 노랫말 악보, 반주용 악기(키보드, 우크렐레 등)
- 악기 : 실로폰, 북, 심벌즈, 트라이앵글, 핸드벨, 장구, 소고, 꽹과리 등
- 신체 표현 재료 : 리본 막대, 스카프, 탈, 한삼 등

개구리 귀로

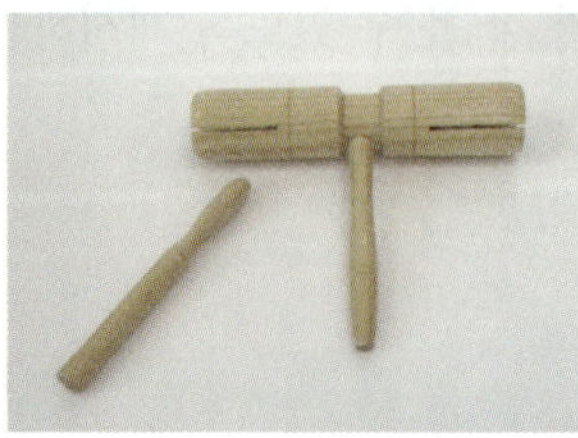

우드블록

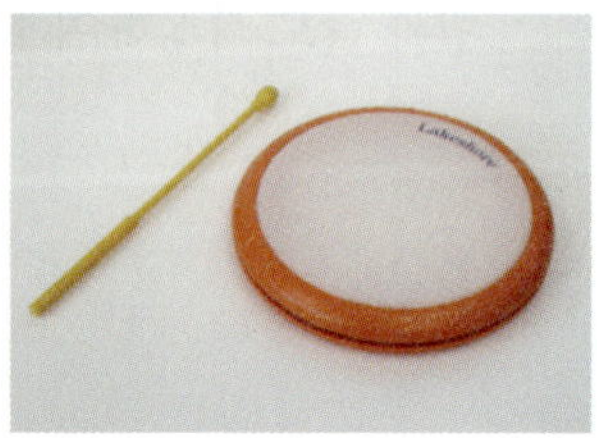

핸드 드럼

트라이앵글

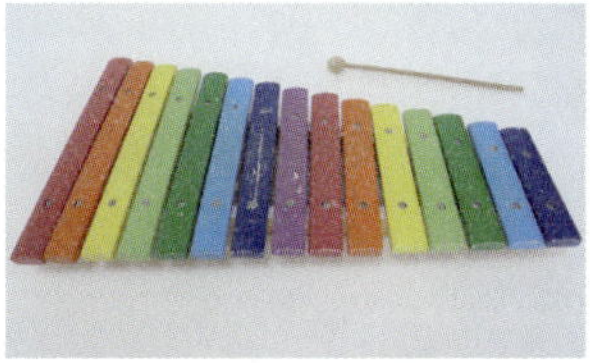
실로폰

리본 팔찌

7) 미술 놀잇감

여러가지 미술 재료를 탐색하고 각 재료의 특성을 활용하여 다양한 방법으로 표현할 수 있는 놀잇감과 이를 통해 아름다운 미술 작품을 감상하며 심미감을 증진하는 경험이 필요하다.

- 크레용, 색연필, 물감, 아크릴 물감, 사인펜, 매직, 파스텔, 분필, 핑거 페인팅, 먹물 등
- 도화지 색종이 등 색깔과 질감이 다른 다양한 종이, 가위, 테이프, 풀, 모양 펀치, 목공 풀, 수수깡, 솜공 등
- 재활용 상자, 플라스틱 통, 스트로폼 접시, 작은 상자 등
- 찰흙, 플레이도우, 석고 가루, 찰흙 칼과 도구, 찍기 틀 등
- 다양한 뜨개실과 천, 콜라주를 위한 다양한 재료 등

풀, 목공풀, 가위

물감 옷

물감 놀이 도구들

종이접기

밀대와 도마

찰흙 자르는 칼

모양 찍기 틀

CHAPTER

8

놀이 관찰과 놀이 지원

영유아의 놀이에 긍정적인 영향력을 최대화하기 위해서는 영유아의 흥미 및 관심을 유지하면서 놀이 경험이 풍부해지도록 지원해야 한다. 다음 그림 8-1과 같이 먼저 영유아의 놀이를 세심하게 관찰한 다음, 놀이를 위한 자원을 제공하거나 영유아 놀이에 개입하는 상호 작용을 하는 것이 효과적이다.

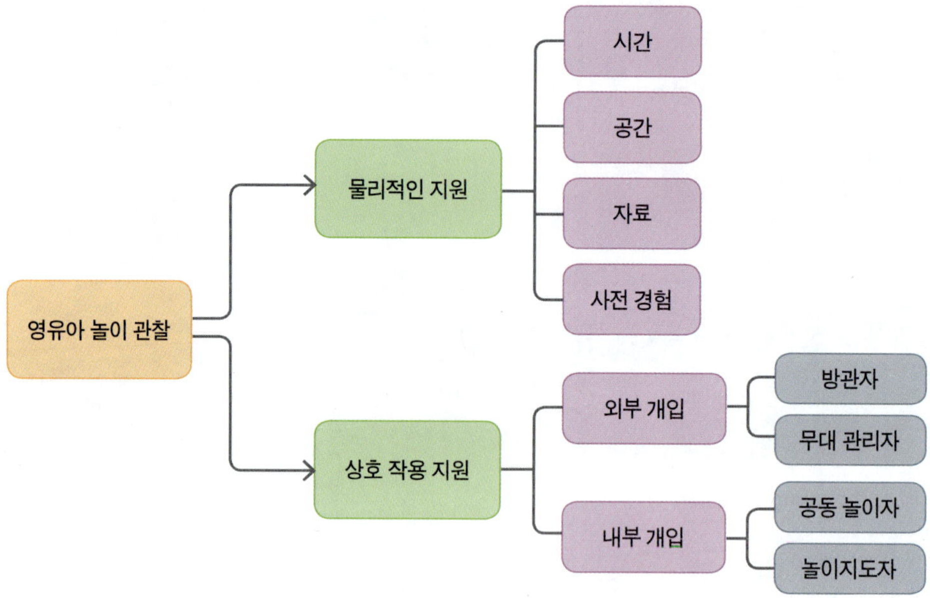

그림 8-1 영유아 놀이 관찰 및 지원

영유아 놀이 관찰 내용에 따라 물리적 지원을 할지, 상호 작용 지원을 할지를 결정해야 한다. 그러나 여기서는 편의상 물리적 지원에 대한 내용을 먼저 살펴보고, 이어서 상호 작용 지원에 대해서 살펴보고자 한다.

1. 놀이 관찰과 물리적 지원

영유아 흥미와 관심을 토대로 놀이가 계획되고 진행되고 있더라도 교사는 영유아의 놀이를 관찰하고 이를 토대로 영유아 스스로 놀이에 집중하고 즐기고 있는지 확인해야 한다. 또한, 관찰한 내용을 토대로 영유아가 놀이에 좀 더 집중하고 확장할 수 있도록 하기 위해 필요한 것들이 있다면 지원하여 영유아의 놀이가 좀 더 풍부하게 되도록 해야 한다. 그리핑(Griffing, 1983)은 시간, 공간, 자료, 사전 경험이 영유아의 놀이를 지원할 수 있다고 하였다(Johnson, Christie, & Yawkey, 2001 재인용).

(1) 시간

영유아의 놀이가 시작되기 위해서는 충분한 시간이 필요하다. 놀잇감이나 놀이 재료를 충분히 탐색하고 스스로의 놀이 경험 및 정보와 연관 지으며 놀이 방법을 생각해 내고 놀이 참여자를 구성하는 등 여러 과정들이 일어나야 하기 때문이다. 따라서 대부분의 전문가들은 유아의 경우 최소한 1시간 이상 지속되는 놀이 시간이 필요하다고 한다. 영유아 교육 현장에서는 각 연령마다 하루 일과가 시간대별로 정해져 있다. 대체로 즉, 자유 놀이 시간 다음에 정리 시간이 있고, 이어서 대집단 활동이나 실외 놀이로 운영된다. 교사가 현재 영유아가 집중하는 놀이보다 다음 일과를 진행하는 것에 더 중점을 두고 놀이를 중단하도록 한다면 놀이하면서 느끼는 즐거움뿐 아니라 다양한 경험을 통한 의미있는 배움의 기회가 상실될 수 있다. 또한, 이런 일이 반복되면 유아는 점점 놀이를 계획하거나 시도하지도 않게 된다. 따라서 영유아의 놀이 시간은 상황에 따라 융통성 있기 운영되어야만 하고, 발달 수준에 적절하게 충분히 계획되어야 한다.

① 상황에 따라 융통성 있게 운영한다.

> 유아들이 배를 물에 띄워 보는 놀이를 하다가 상자를 이용하여 직접 탈 수 있는 배를 만들고 싶어하여 놀이 시간을 계획한 시간보다 연장하였다.

출처 : 2019 개정 누리과정 현장 지원 자료–놀이 실행 자료(p.28)

위의 사례는 배에 대한 유아들의 흥미에 따라 배를 만들어서 물에 띄워 보는 놀이를 계획하여 실행하는 과정에서 유아들이 자신들이 탈 수 있는 '큰 배 만들기' 놀이로 확장된 상황이다. 배를 만들어서 물에 띄워 보는 놀이만 한다면 계획된 자유 놀이 시간만으로도 충분했겠지만, 또 다른 유아의 흥미와 관심에 따라 '큰 배 만들기' 놀이가 시작되었기 때문에 계획된 자유 놀이 시간만으로는 부족하다. 유아들이 서로 협의하면서 '큰 배 만들기' 놀이에 몰입하면서 배움의 기회를 가질 수 있기 때문에 그다음 일과 시간을 융통성 있게 조정하는 것이 적절하다. 즉, 이와 같은 상황에서는 집단 활동을 생략하거나 실외 놀이 시간을 조정하여 유아의 놀이 흐름이 중단되지 않도록 해야 한다.

② 일과 계획의 변화를 관찰하여 일과 운영에 반영한다.

영유아의 놀이에 중점을 두어 일과를 운영하면서 특정 일과가 좀 더 길게 운영되고, 이로 인해 특정 일과가 생략되는 일이 반복되고 있다면 일과 계획 및 운영의 실제를 일주일 정도 관찰 기록한다.

놀이실행자료

▨ 일과계획의 변화를 기록하고 일과 운영을 간단히 평가한 예

3세 바다반 일일교육계획안

일자	20**년 *월 *일 *요일	수업일수	○○○/○○○일
일과 시간표	09:00~ 등원 09:10~ 실내놀이 10:10~ 오전간식 10:40~ 바깥놀이 ~~11:40~ 화장실 다녀오기~~ 12:10~ 화장실 다녀오기 ~~11:50~ 이야기나누기 '주말 지낸 이야기'~~ ~~12:05~ 점심식사~~ 12:20~ 점심식사 ~~13:05~ 동화 '구름'~~ 13:25~ 귀가지도 및 하원		
누리과정 운영 평가	• 나뭇가지를 탐색하고, 스카프를 활용하여 놀이하는 시간이 길어져서 바깥놀이 시간을 연장함. • 계획해둔 이야기나누기와 동화 활동은 반드시 진행하지 않아도 되는 활동이라고 판단함. • 점심식사 시간을 여유 있게 계획 해두었기 때문에 식사 시작시간을 늦추어도 무리가 없다고 판단함.		

96

출처 : 2019 개정 누리과정 현장 지원 자료–놀이 실행 자료(p.96)

위에 제시된 예시와 같이 하루 일과를 관찰한 결과들을 분석해 보면, 최근 유아들이 바깥 놀이를 집중하여 즐기고 있어서 바깥 놀이 시간이 더 필요하다는 것을 알 수 있다. 바깥 놀이 시간을 좀 더 늘리기 위해 이야기 나누기와 동화 시간을 생략할 수 있다. 또는 오전 실내 자유 놀이 시간이 적절한지 검토해 보는 것도 좋은 접근 방법이다. 예를 들어, 오전 실내 자유 놀이보다 유아들이 바깥 놀이를 더 원한다면 당분간은 오전 자유 놀이 시간을 조금 축소 운영하는 것도 필요하기 때문이다. 이와 같이 일과 운영 변경에 대해 고민이 되거나 일과 운영 시간을 변경할 경우에 바깥 놀이터 사용으로 인해 다른 학급의 협조가 필요하다면 동료 교직원들과 함께 효과적인 방법을 협의한다.

영유아의 수준 높은 놀이를 위한 충분한 시간을 마련해 주기 위한 지원을 요약해 보면 다음과 같다.

- 영유아 발달 수준에 적절하게 자유 놀이 시간을 영아는 바깥놀이 포함하여 2시간 30분 이상, 유아는 바깥놀이 시간 포함하여 3시간 이상 계획한다(교육부, 2024).
- 놀이 시간을 여러 차례로 나누기보다는 오전 자유 놀이 시간, 오후 자유 놀이 시간과 같이 모아서 한 번에 긴 놀이 시간으로 운영되도록 한다.
- 상황과 영유아의 흥미에 따라 매일 융통성 있게 하루 일과를 조정하여 운영한다.
- 만약 놀이가 복합적이면서 지속적으로 이어져야 하는 상황이라면 다음 날까지 놀이가 계속될 수 있도록 한다. 예를 들면, 복합적인 블록 구조물의 완성이 하루 놀이 시간만으로 부족하다면 블록 구조물 놀이가 마무리될 때까지 치우지 않고 유지하도록 한다.

(2) 공간

영유아가 자유롭게 놀이하기 위해서는 충분한 공간과 공간 배치가 중요하다. 놀이 방법에 따라 점점 넓은 공간이 필요할 수도 있고, 놀이 방법이 확장되면서 처음에 시작한 놀이 외의 다른 놀이 방법을 추가한다면 이를 위한 새로운 놀이 공간이 필요하기 때문이다. 따라서 영유아가 놀이에 몰입할 수 있도록 최대한의 공간을 확보해 주어야 놀이 참여를 증진시킬 수 있다.

대체로 역할 놀이 영역과 블록 영역이 근처에 위치하도록 배치한다. 이는 영유아의 역할 놀이와 블록 놀이가 통합되어 이루어지기 때문이다. 어떤 특정 주제나 혹은 흥미에 따라 놀이가 전개될 때, 영유아가 특정 영역의 놀잇감을 함께 사용해야만 한다면 놀이 공간을 근접하게 재배치함으로써 놀이의 몰입을 높여 학습의 기회가 확장되도록 하는 것이 좋다.

① 놀이 진행에 따라 공간을 확장한다.

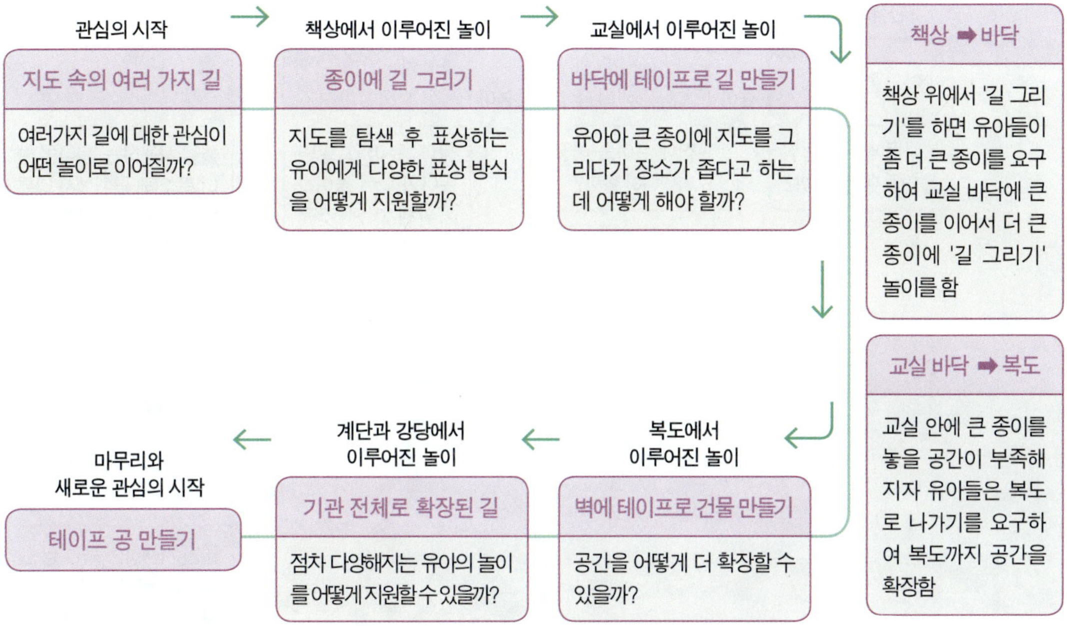

출처 : 2019 개정 누리과정 현장 지원 자료–놀이 실행 자료(p.103~106)

위의 사례와 같이 영유아들이 놀이에 몰입하면 자신의 놀이 방법을 실행하기 위해서 점점 더 많은 공간이 필요해진다. 이때 대부분의 영유아들이 해당 놀이에 참여하게 된다면 많은 영유가 함께 놀이할 수 있도록 더 큰 공간을 마련해 주어야 놀이의 흐름이 끊기지 않을 뿐만 아니라 창의적인 놀이가 이루어질 수 있다.

② 놀이 흐름이 끊기지 않도록 공간을 재배치하거나 놀이 영역을 옮길 수 있다.

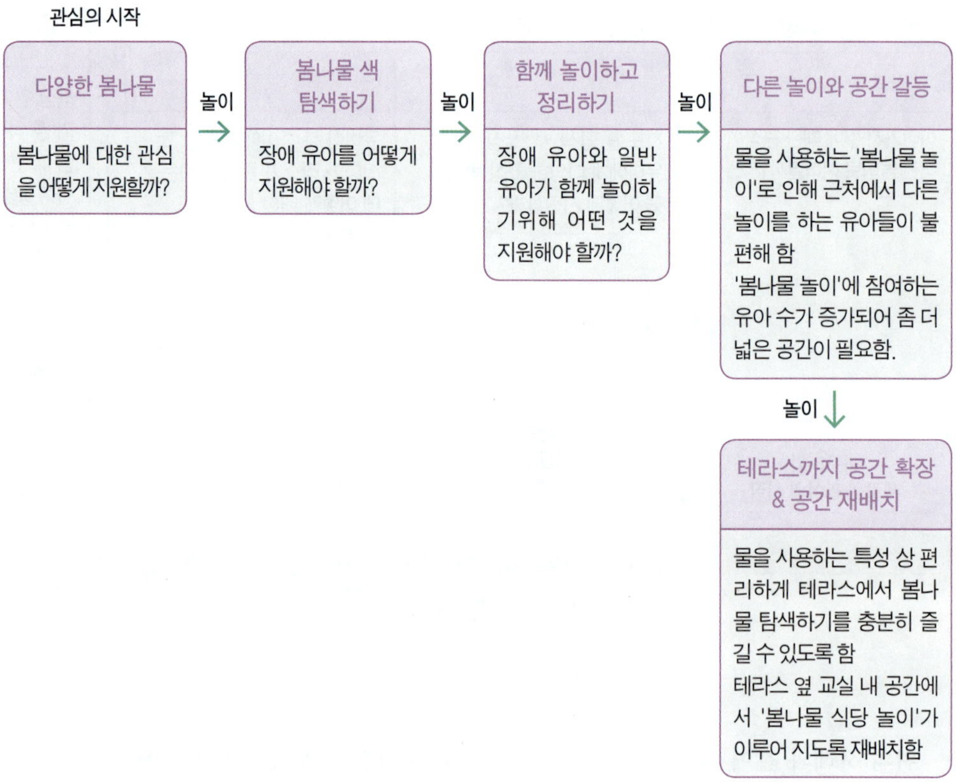

출처 : 2019 개정 누리과정 현장 지원 자료–놀이 실행 자료(p.151~157)

위의 사례처럼 다른 유아들의 놀이에 방해가 되지 않도록 공간을 적절히 재배치함으로써 학급 내 모든 유아가 각자 선택한 놀이에 몰입할 수 있도록 지원해야 한다.

또한, 흥미 영역별 공간 배치가 적절한지 주기적으로 관찰하고 분석한 후 융통성 있게 조절해 주어야 한다. 다음은 영아반과 유아반 흥미 영역을 관찰하여, 각 영역의 적절성을 ○, △, ×로 표시하고 부적절한 요소에 대한 관찰 내용을 토대로 공간 재구성을 계획한 예이다.

2세 영아반 실내 생활 영역 및 흥미 영역 구성 적절성 관찰 예

관찰자 : ○ ○ ○					관찰 일시 : ○○○○년 ○월 ○일 ○요일				
관찰 기관 :	○○ 어린이집				관찰 학급 :		반 : 만 2세		
영역	간식	낮잠	대소변 가리기	신체	언어	감각 · 탐색	역할 · 쌓기	미술	음률
관찰 결과	○	○	○	○	○	○	○	△	X
관찰 내용	• 미술 영역에서 다양한 질감의 콜라주 재료를 탐색하는 놀이에 참여하는 영아 수가 많아 비좁은 공간으로 인해 종종 갈등이 발생함 • 신체 영역에 붕붕차를 미끄럼틀 옆 벽에 정리하고 있으나 정리하는 위치가 정확하게 표시되어 있지 않음								
해석 및 적용	• 붕붕차를 정리할 위치에 붕붕차 그림이나 주차 표시를 제시하고 차 크기와 유사한 면적을 표시하여 영아가 쉽게 정리할 수 있도록 보완해야 함 • 콜라주 재료에 대한 흥미로 인해 미술 놀이가 많이 이루어지는 반면에, 음률 놀이에 참여하는 영아가 없으므로 당분간은 미술 영역을 확장시키고 음률 영역을 축소하여 운영함								

유아반 실내 흥미 영역 구성 적절성 관찰 예

관찰자 : ○ ○ ○				관찰 일시 : ○○○○년 ○월 ○일 ○요일				
관찰 기관 :	○○ 어린이집			관찰 학급 :		반 : 만 5세		
영역	쌓기 놀이 영역	역할 놀이 영역	미술 영역	언어 영역	수 · 조작 영역	과학 영역	음률 영역	컴퓨터 영역
관찰 결과	○	○	△	○	○	○	○	○
관찰 내용	• 위생 및 안전 : 각 흥미 영역의 가구 및 바닥이 청결하고 유아들의 동선이 편리하게 구성되어 있음. 뒷면이 없는 교구장 등으로 영역이 구성되어 있어 교사가 어떤 위치에서도 교실 전체를 볼 수 있음 • 공간의 크기 : '이웃사촌' 주제에 대한 흥미가 집중되어 역할극 놀이가 활발하게 이루어지고 있어 역할 놀이 영역과 쌓기 놀이 영역이 가장 크게 배치되었음							

관찰 내용	• 영역 위치의 적절성 : 역할 놀이와 쌓기 놀이 중 종이, 쓰기 도구, 풀, 테이프 등이 필요하여 미술 영역으로 유아의 왕래가 많음. 이로 인해 주변 유아들의 놀이가 방해됨 • 미술 영역에 교구장 외에 재활용품 수납장이 비치되어 있는데, 불투명한 서랍장에 수납되어 있어 물건을 확인하기 위해서 매번 서랍을 열어야 하는 것이 불편함
해석 및 적용	• 현재 진행되는 놀이 주제로 인해 역할 · 쌓기 영역과 미술 영역이 가깝게 배치되는 것이 적절하지만 미술 영역을 모두 이동시키기보다는 역할 놀이에서 자주 사용되는 미술 도구들을 바구니나 작은 장에 담아 역할 · 쌓기 영역에 배치하도록 함 • 역할 · 쌓기 놀이에 참여하고자 하는 유아의 수가 더 증가할 것이 예상되므로 흥미 영역별 놀이 참여 정도를 관찰하여 참여도가 가장 낮은 영역의 공간을 조정해야 함 • 미술 영역에 수납되어야 할 재활용품의 수가 많고 크기가 다양해서 서랍장을 활용하였으나, 속이 비치는 서랍장으로 수납하거나 각 서랍 칸에 수납되어 있는 물건의 사진이나 이름을 부착하여 유아가 활용하기 용이하도록 해야 함

영유아의 수준 높은 놀이를 위한 공간에 대한 지원을 요약해 보면 다음과 같다.

- 현재 학급에서 이루어지고 있는 각 놀이에 참여하는 영유아의 수와 공간을 관찰하여 적절한지 살펴보고 융통성 있게 조절한다. 많은 유아가 참여하는 놀이는 좀 더 공간을 확장시키되, 근처에서 놀이하고 있는 유아들을 방해하지 않도록 주의한다.
- 영유아의 놀이 흥미에 따라 사전에 계획된 흥미 영역을 일시적으로 축소 또는 폐쇄하거나 놀이 영역의 위치를 바꿀 수 있다.
- 영유아의 놀이가 확장되면서 더 넓은 공간으로 확장해야 한다면 반드시 안전한지 확인해야 한다. 즉, 교실 밖 복도, 계단 공간으로의 확장이나 또 다른 공간으로 확장해야 한다면 해당 공간이 놀이하기에 안전한지, 교사의 감독이 적절히 이루어져야 하는지 먼저 점검한다.

(3) 자료

영유아의 놀이의 주제나 놀이 몰입에 놀잇감이나 자료가 미치는 영향은 매우 크다. 교통 수단에 대한 유아의 흥미를 고려하여 다양한 교통 기관 사진 자료, 각 교통 기관을 이용하는 방법에 대한 안내 책자, 각 교통 기관 운전자의 의상이나 모자, 각 교통 기관을 보다 실제적으로 구성하기 위해 필요한 소품 등을 제시하면 유아는 적극적으로 교통수단과 관련된 놀이에 몰입할 뿐만 아니라 보다 많은 유아가 교통수단과 관련된 놀이에 참여하고 다양한 방법으로 놀이를 확장하기 때문이다. 또한, 영유아가 흥미를 가지고 탐색하는 놀이 재료가 있다면 관련된 놀잇감이나 놀이 재료를 다양하게 준비해 줌으로써 흥미를 충족시킬 뿐만 아니라 다양한 인지적 확장이 이루어질 수 있다.

① 영유아가 흥미를 가지고 놀이하는 것을 세심히 관찰한 후, 좀 더 구체적이고 세부적인 놀이 경험을 할 수 있는 놀잇감이나 놀이 재료를 제시한다.

〈관찰 내용〉 2세의 소방차 놀이
소방대원 119에 대한 흥미가 생긴 2세 남아 2명이 "삐뽀삐뽀—" 하면서 소방차 트럭을 교실 바닥에 밀고 다닌다. 이리 저리 밀고 다니며 "삐뽀삐뽀—, 불났어요"를 반복하고 있다.

위에 제시된 관찰 내용을 토대로 2세 남아는 소방차가 출동하는 놀이에 흥미를 가지고 집중하고 있음을 알 수 있다. 따라서 이 흥미가 놀이 경험으로 구체화될 수 있도록 소방관 모자와 소장관 의상을 준비한다. 또한, 모형 운전대를 준비하여 블록으로 소방차를 만들고 그 위에서 소방차 운전하기를 흉내 낼 수 있도록 한다. 교사의 이러한 놀잇감 지원을 통해 소방차 자동차를 밀고 다니기만 하던 영아가 소방관 모자와 옷을 입고 소방관 역할을 좀 더 실제적으로 표현할 수 있고 블록으로 구성한 소방차 위에서 운전하는 흉내를 내면서 운전하는 소방관 역할을 경험해 볼 수 있다.

② 영유아가 흥미를 보이는 놀이 재료가 있다면 충분히 탐색할 수 있도록 재료와 놀잇감을 준비하고 흥미를 토대로 다양한 재료를 추가하여 제시한다.

흙 관련 동화 듣고 이야기 나누기

↓

흙과 물 섞어 보기

흙에 대한 작은 관심이 자연스럽게 지속될 수 있도록 바깥 놀이 시간에 색깔이 선명한 황토를 제공하였다.
비에 젖은 흙을 경험하고 진흙 놀이에 대한 동화를 들은 유아들은 자연스럽게 물을 달라고 요청하였고, 직접 물을 부어 보도록 하였다.
유아들은 황토에 물을 부어 섞어 황토물을 만들며 물의 양에 따른 농도의 변화, 촉감과 색을 경험하였다.

"흙이 녹으면 물감이 되죠?"
"선생님, 물 더 부어 주세요."

"눈 감아 봐. 미끌거리지?"
"와아, 간지러워. 미꾸라지 같아."

→

흙물에 천 염색하기

광목을 준비하여 흙물의 색깔, 주무르는 시간에 따라 천이 염색되는 것 경험하기

다양한 흙 탐색하기

다양한 흙을 준비하여 색깔, 모양, 질감 등의 차이점 경험하기

출처 : 2019 개정 누리과정 현장 지원 자료–놀이 실행 자료(p.127~132)

위의 사례처럼 흙에 대한 유아의 흥미를 토대로 광목, 다양한 흙 놀이 재료를 제시해 줌으로써 흙과 관련된 놀이 경험이 확장되도록 할 수 있다.

또한, 흥미 영역 놀잇감을 정기적으로 관찰하면서 영유아의 흥미와 맞지 않는 놀잇감을 치우고 새로운 놀잇감 제공을 계획해야 한다. 영유아의 흥미와 관심은 계속 변화되기 때문에 이 적절한 놀잇감과 놀이 재료를 준비해야 한다.

(4) 사전 경험

영유아가 막연하게 알고 있는 지식이나 개념에 대한 견학, 자원 인사 초청, 관련된 비디오 자료 등을 통해 실제적인 사전 경험을 제공하면 해당 주제와 관련된 놀이가 보다 명확하고 구체적으로 전개됨으로써 놀이에 대한 몰입이 높아진다. 영유아가 흥미 있어 하는 놀이 주제라도 이에 대한 지식이나 정보가 제한되어 있다면 놀이가 풍부하게 이루어질 수 없기 때문이다.

① 사전 경험을 토대로 한 놀이는 오래 지속될 뿐만 아니라 구체적이고 다양하게 이루어진다.

지역사회 '과학체험관'을 방문하고 돌아온 경험이 놀이로 이어져 도르래와 지렛대 놀이가 6주간 전개되었다. 지렛대 놀이는 부모참여 수업을 거치면서 스프링의 원리와 연계하는 형태로 발전하였다. 이러한 놀이 맥락을 반영하여 총 8주에 걸쳐 실행된 교육과정에 맞추어 계획안을 수정하고 평가를 함께 기록하였다.

		도르래	지렛대	스프링	생활에서 불편한 점
놀이	실내	엘리베이터 만들기	→ 지렛대 놀이	→ 스프링발사대 놀이	
		엘리베이터 놀이하기	자석낚시놀이		
		물건 수수께끼		←	지렛대 놀이가 발현되어 다음 주 추가 계획됨
		톱니바퀴만들기	지렛대 원리 물건 찾기	스프링이 들어간 물건 찾기	
	실외	〈잔디 마당〉 축구하기 〈자전거 길〉 세발 자전거 타기			
		〈대근육 놀이〉 복합놀이기구 이용하기 〈물·모래놀이〉 자연물 이용해서 물·모래놀이 하기			
		〈데크/그늘영역〉 돌탑 쌓기 놀이 〈작은 정원〉 동식물 관찰하고 돌보기			
활동		엘리베이터 놀이를 하려면?	지렛대는 어떻게 이용될까?	스프링은 어떤 물건에 들어있을까?	교시에서 불편한 점을 해결하려면? 만일 편리한 물건이 없다면?
				동화) 쭉 늘어났다 팅 줄어드네	
			노래) 지렛대		유아의 흥미 및 놀이 발현에 따라 수정하여 진행
		00과학체험관		00과학체험관 재방문	
누리과정 운영 평가		도르래에 대한 흥미는 블록으로 엘리베이터를 구성하는 놀이로 나타났고, 우연히 시작된 지렛대 놀이를 지원하기 위해 복도를 놀이공간으로 확장하고 유아들이 요구하는 자료를 제공하였더니 유아들 간 상호작용이 활발해지면서 놀이가 2주 이상 지속되었다. 학부모 참여 수업과 연결되며 스프링에 대한 관심이 놀이로 이어져 의미 있었다.			

출처 : 2019 개정 누리과정 현장 지원 자료–놀이 실행 자료(p.146)

'과학 체험관' 사전 경험을 토대로 유아들이 지렛대 원리에 대한 흥미가 집중되어 적절한 놀잇감을 제공하자 6주 동안 지렛대 관련 놀이에 몰입하는 위의 사례처럼 사전 경험은 영유아의 놀이에 많은 영향을 준다. 따라서 놀이 주제에 따라 영유아가 경험할 수 있는 사전 경험이 있는지 적극적으로 검토하여 다양한 경험을 많이 하도록 한다면 영유아의 놀이가 활발하게 이루어질 것이다.

2. 놀이 관찰과 상호 작용 지원

교사가 영유아와 상호 작용하면서 놀이에 개입하는 목적은, 첫째 영유아의 놀이 참여와 사회적 참여를 증진하기 위해, 둘째 영유아의 놀이 기술을 증진하기 위해, 셋째 영유아의 학습을 위한 결정적인 순간에 도움을 주기 위해, 넷째 영유아와 개별적인 접촉을 통해 친밀감을 형성하기 위함이다(신지연 외, 2018). 따라서 영유아가 주도적으로 탐색하며 놀이하면서 또래와 상호 작용하거나 스스로 문제를 해결하고자 시도하는 상황에서는 가능한 놀이에 개입하지 않는 것이 더 좋다. 그림 8-2와 같이 영유아 놀이에 개입하기 전에 먼저 놀이 상황을 관찰하고 개입이 영유아 놀이를 촉진할 수 있다고 판단되었을 때 가장 적절한 방법으로 개입해야 한다.

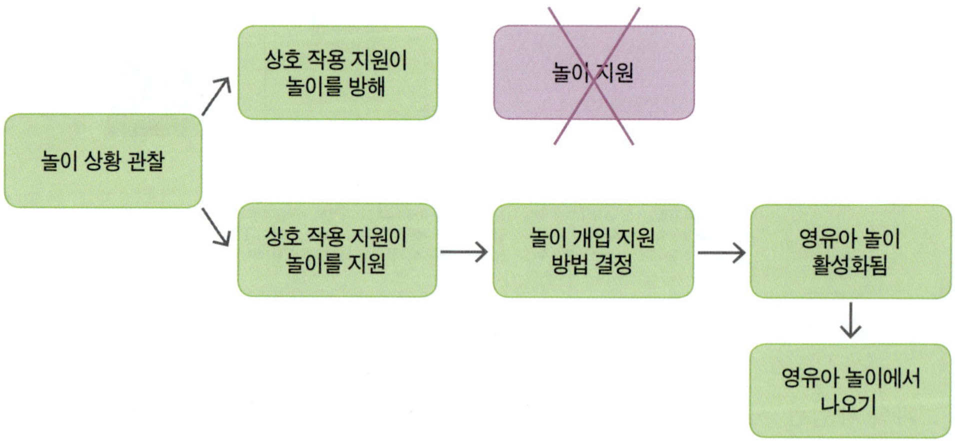

그림 8-2 관찰을 토대로 한 교사-영유아 상호 작용 지원

교사와 영유아의 상호작용 중 놀이 개입의 형태를 다음 그림 8-3과 같이 나누어볼 수 있다(Johnson, Christie, & Yawkey, 2001 재인용).

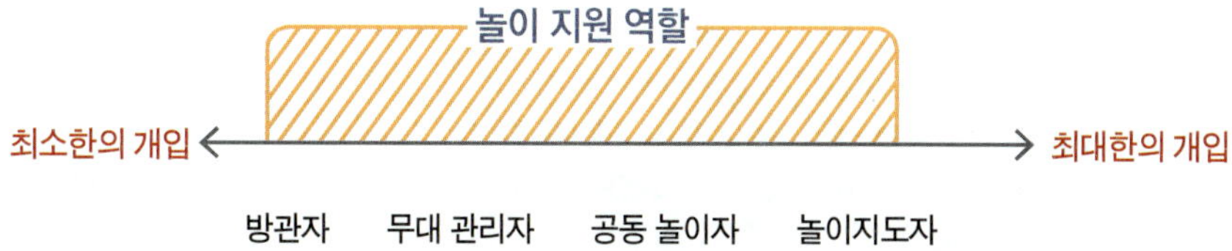

- 방관자 : 영유아의 놀이를 지켜본다.
- 무대 관리자 : 영유아의 놀이 준비를 도와주고, 놀이가 진행되면 도움을 제공한다.
- 공동 놀이자 : 영유아 놀이에 참여하고, 놀이 파트너가 된다.
- 놀이지도자 : 놀이에 참여하고, 놀이를 풍부하게 하고 확장시키기 위해 적극적 시도를 한다.

그림 8-3 교사-영유아 상호 작용 시 놀이 지원 역할

교사가 영유아와 상호 작용하면서 개입하는 방법은 외부 개입과 내부 개입으로 구분지어 볼 수 있다. 영유아의 놀이에 직접 참여하지 않고 외부에서 지원하는 상호 작용은 외부 개입이고, 교사가 직접 놀이에 참여하며 놀이를 확장하고 지원하는 상호 작용은 내부 개입이다. 각각의 개입 정도, 상호 작용의 특성을 살펴보면 다음과 같다.

(1) 외부 개입

외부 개입으로서의 교사-영유아 상호 작용 방법은 영유아의 놀이 행동, 태도 등을 세밀히 관찰하면서 놀이 행동을 지지하거나 보다 효과적인 놀이 방법을 안내하는 것으로 '방관자' 역할과 '무대 관리자' 역할로 나누어 볼 수 있다.

① 방관자

영유아가 놀이하는 근처에서 놀이를 지켜보면 비언어적으로 혹은 언어적으로 영유아의 놀이에 관심을 보인다. 예를 들어 미소 짓거나 고개를 끄덕이는 것으로 영유아를 지지한다. 영아의 경우에는 영아가 하고 있는 놀이 행동과 상황 등을 말로 표현해 줌으로써 놀이에 관심을 보일 수 있다. 방관자 역할은 영유아 놀이를 관찰하되 놀이에 참여

하지 않으며 놀이에 방해가 되는 것도 하지 않는다. 이와 같이 관심을 보여주는 방관자적 개입 방법은 영유아로 하여금 자신이 선택한 놀이를 의미있게 느끼도록 하여 놀이의 몰입도를 높이는데 도움을 준다.

〈예화 1〉 모양 구멍에 모양 조각 넣는 놀이를 하는 영아를 관찰한다.
영아 : (네모 조각을 네모 구멍에 이리저리 맞추며 조작하다가 조각이 구멍 안으로 들어갔다.)
교사 : 와, 네모가 네모 구멍으로 쏘—옥 들어갔네!
영아 : (교사를 바라보며 웃는다. 교사도 영아와 마주 보며 웃는다.)
영아 : (세모 조각을 집어 든다.)
교사 : 이번에는 세모를 넣어 볼까? 세모 집은 어디일까요?
영아 : (한 손에는 세모 모양을 들고, 다른 한 손으로 세모 구멍을 가리키며 웃는다.)

〈예화 2〉 그림을 그리고 있는 3세 유아를 관찰한다.
그림을 그리던 유아와 교사의 눈이 마주치자 교사는 미소를 짓는다.
유아 : 선생님, 이게 뭐게요? (자신의 그림을 들어 올려 보여 준다.)
교사 : 글쎄, 무엇을 그린 걸까?
유아 : 꽃이에요
(교사와 유아는 마주 보며 웃는다.)
유아 : 이건 노란 꽃이고요, 빨간 꽃도 그려야지! 어제 엄마랑 마트에서 예쁜 꽃을 많이 봤어요.
교사 : 마트에서 꽃을 봤구나. 마트에는 어떤 꽃들이 있었니?
유아 : 음, 아주 많이 있었어요. 빨간 꽃, 노란 꽃! (그림 그리기에 집중한다.)

② 무대 관리자

영유아가 놀이하는 근처에서 놀이를 관찰하되 영유아의 놀이에 참여하지는 않는다. 다만, 방관자와 달리 영유아의 놀이 준비를 적극적으로 돕는다. 놀이를 위해 영유아가 필요로 하는 놀잇감을 제공하고, 놀이에 필요한 놀이 소품 만들기를 도와주기도 한다. 영유아 놀이가 진행되면 놀이를 관찰하다가 놀이 방법이 확장될 수 있도록 놀이 방법을 제안하거나 새로운 놀잇감이나 놀이 재료를 제공할 수 있다.

〈예화 1〉 아기 인형에게 우유병으로 우유 먹이는 역할 놀이를 하는 영아를 관찰한다.
교사 : 아가에게 우유를 먹이고 있군요.
영아 : (교사를 바라보고 웃으며 고개를 끄덕인다.)
교사 : (영아가 우유 먹이는 모습을 잠시 바라보다가) 이제 우유를 다 먹었나 봐요. 맘마 잘 먹었네! 하면서 등을 두드려 주면 아가가 편안해진대요.
영아 : (교사를 바라보며 웃으며 아기 인형을 안고 토닥토닥 등을 두드린다.)
영아 : (교사를 바라보며) 코, 자!
교사 : 아, 아가가 잠들었군요. (교사는 모형 이불과 배개를 영아가 잘 보이는 곳에 놓아준다)
영아 : (교사가 준비해 준 이불 위에 아가를 눕히고 이불을 덮어 준다.)

〈예화 2〉 자석으로 물고기 낚시 놀이를 하고 있는 유아들을 관찰한다.
유아 1 : (낚시로 잡은 물고기를 손에 들고 먹는 흉내 내기 놀이를 한다.)
교사 : 물고기를 많이 잡았군요. 생선으로 요리를 했나봐요
유아 2 : 네, 아주 많이 잡아서 여러 가지 생선 요리를 해야 해요.
교사 : (모형 싱크대 쪽을 가르키며) 저기 부엌에서 생선도 손질하고 여러 가지 채소도 넣어서 맛있는 요리를 만드는 것은 어때요?
유아 1, 2 : (모형 싱크대로 가서 음식 만드는 놀이를 한다.)
교사 : 이렇게 큰 생선 요리를 하려면 아주 큰 냄비가 필요할 것 같은데…….
유아 2 : 그런데 여기는 큰 냄비가 없어요.
교사 : (교실에 있던 재활용 플라스틱 접시를 가져와 유아가 잘 보이는 곳에 놓아준다.)
유아 2 : 생선이 다 들어가요!
교사 : 이번 생선 요리에는 어떤 재료들이 들어가나요?
유아 1 : 음, 오이랑, 사과랑 당근이요. 원래 당근은 맛이 없는데 생선에 넣으면 맛있어진대요. 아주 맛있는 요리가 될 거에요!

(2) 내부 개입

내부 개입으로서의 교사–영유아 상호 작용 방법은 교사가 놀이에 직접적으로 참여하여 영유아와 상호 작용하면서 놀이를 지원하는 방법이다. '공동 놀이자' 역할과 '놀이 교수자' 역할 두 가지 방법이 있는데 교사가 개입하는 정도가 다르다.

① 공동 놀이자

영유아의 놀이에 적극적으로 참여하는 것이다. 영유아와 동등한 놀이 파트너가 되어 놀이 중 하나의 역할을 담당하고 담당한 역할의 놀이 행동을 실행한다. 단, 담당한 역할을 실행하되 놀이의 주도권은 영유아가 끌고 가도록 한다. 즉, 영유아가 주도하는 놀이 흐름에 따라가면서 재미있는 놀이 파트너가 되어준다.

〈예화 1〉 교사는 밀가루 반죽을 손으로 주무르고 있는 영아 옆에 앉아 밀가루 반죽 놀이를 시작한다.
교사 : (밀가루 반죽을 주무르며) 나는 이렇게 길게 길게 만들었다!
영아 : (교사를 바라보고 웃는다. 자신의 밀가루 반죽을 두 손으로 잡아당긴다.)
교사 : (길게 늘린 밀가루 반죽을 영아에게 보여 주며) 이것 좀 봐! 길어졌지?
영아 : (교사에게 자신의 밀가루 반죽을 보여 주며 웃는다.)
교사 : 우와, ㅇㅇ의 반죽도 길어졌구나!
영아 : (반죽을 그릇에 담는다.)
교사 : 어떤 음식을 만들었나요?
영아 : 국수!
교사 : 맛있는 국수를 만들었구나! 나는 이걸 칼로 잘라서 빵을 만들 거야.
영아 : (교사의 놀이 행동을 지켜본다.)

〈예화 2〉 교사와 유아가 주사위로 하는 보드게임을 하고 있다.
교사 : (주사위 던질 준비를 하며) 이번에 4가 나와야 하는데. 그래야 내 앞에 있는 저 파란색 말을 잡을 수 있는데! 제발 4가 나오기를…….
유아 : (교사를 바라보고 웃으며) 아이, 안돼요. 그럼 내 말이 잡히잖아요. 절대 4가 나오면 안돼요. 4는 안돼.
교사 : (주사위를 던진다) 아, 아쉽다. 3이 나왔어. 파란 말을 잡지는 못했지만 바로 뒷자리까지 따라 잡았어!
유아: (웃으며) 그것 봐요. 내가 안된다고 했잖아요! 나는 제일 큰 수가 나와서 멀리 도망가야지!
교사 : 제일 큰 수라면 몇이 나왔으면 좋겠는데?
유아 : (주사위를 탐색하며) 음, 5! 아니, 아니, 6이요. 제발 6이 나와라. 얏!
유아 : (던져진 주사위를 보며) 앗싸, 5가 나왔어! 난 이―만큼 멀리 갔어요!
교사 : 이번에는 내 차례지? 어떤 수가 나와야지 따라잡을 수 있을까?
유아 : (손가락으로 보드판의 칸 수를 집으면서) 제가 알려 줄게요. 하나, 둘, 셋―.

② 놀이지도자

공동 놀이자처럼 영유아의 놀이에 적극적으로 참여한다. 다만 공동 놀이자보다 놀이에 더 많은 영향력을 발휘한다. 놀이 주제, 놀이 방법 등에 대해 제안하고, 놀이 방법을 좀 더 정교화하기 위해 놀이 방법을 수정하거나 놀잇감을 추가하기도 한다. 즉, 영유아의 놀이가 확장되고 좀 더 구체적이고 실제적인 놀이 경험이 이루어지도록 적극적인 역할을 하는 것이다. 놀이 지도자로서의 개입은 영유아 스스로 놀이를 진행하기 어려운 상황이거나 새로운 개념이나 놀이 방법으로 놀이하느라 놀이 진행이 어색할 때 교사가 구체적으로 알려 주며 영유아가 놀이할 수 있도록 지도하고 모델링하는 개입이다.

〈예화 1〉 교사는 아기 인형에게 우유를 먹인 후 이불을 덮어 주는 놀이만 반복하는 영아의 놀이에 참여한다.
교사 : 아빠다, 아빠가 집에 왔어! 우리 아가가 자고 있군요. (이불에 누워 있는 아기 인형 머리를 만지며) 엄마, 이리 와 봐요. 아가 머리가 뜨거워요. 열이 나는 것 같아요.
영아 : (아기 인형을 손으로 만지며) 열이 나!
교사 : 아가가 아픈 것 같아요. 빨리 병원에 가야 해요.
영아 : (아기 인형을 안는다.)
교사 : 빨리 가야 하니까 자동차를 타고 가요. (블록 영역으로 가서 블록 3개를 길게 놓은 후 그 위에 앉는다.) 여기 자동차에 아가랑 빨리 타요!
영아 : (아기 인형을 안고 블록 위에 눕히고 블록 위에 앉아 운전하는 흉내를 낸다.) 부웅—.
교사 : (모형 운전대를 영아에게 제시하면서) 엄마가 운전해서 병원으로 가는구나. 사고 나지 않게 조심조심 운전해 주세요.
영아 : (모형 운전대를 들고 운전하기 놀이를 한다.) 부웅—, 부웅—.

〈예화 2〉 불났다고 신고하는 전화를 받고, 신고를 받은 119 대원들이 "삐뽀삐뽀—" 소리를 내면서 출동하는 역할 놀이를 반복하는 3세 유아 놀이에 참여한다.
교사 : (블록으로 만든 119 자동차 위에 소방관 복장을 하고 앉아서 "삐뽀삐뽀—" 소리를 내기만 반복하고 있는 유아들을 보며) 대장님! 불난 건물에 도착했습니다. 저기 건물 위에서 사람들이 소리치고 있어요. 건물 위로 올라가서 사람들을 구해 주어야 할 것 같아요.
유아 1 : 119가 도착했다. 빨리 사람들을 구하자! 저기로 가야 돼!
교사 : 저기 건물 위로 가려면 아주 긴 사다리가 필요합니다, 대장님!
유아 2 : 우리는 사다리가 없는데?
교사 : 가짜로 사다리라고 할 만 것이 있을까? 어떤 것을 사다리라고 할까?
(큰 와플 블록을 가져온다.) 이것을 연결해서 사다리라고 하면 어때?
유아 1, 2 : 좋아요! (와플 블록 2개를 연결해서 사다리처럼 만든다.) 여기 사다리가 있어요.
교사 : 대장님, 조심조심 올라가야 해요.
유아1 : 알았다, 여기 사다리로 올라가서 빨리 사람들을 구하자!

지금까지 살펴본 교사—영유아 상호 작용 놀이 개입 방법은 조금씩 다른 특성을 가지고 있다. 교사는 영유아 놀이를 주의 깊게 관찰하고 관찰한 내용을 토대로 진행 중인 놀이의 흥미와 상황에 적절한 상호 작용 방법을 선택해야 한다. 교사의 이런 능력은 영유아가 놀이에 몰입하도록 지원할 뿐만 아니라 놀이를 유지하고 확장하는데 도움을 주어 영유아의 배움을 촉진할 수 있다.

Play in Early Childhood Education

CHAPTER

9

영아 놀이 : 신체 운동 놀이, 감각 탐색 놀이

1. 신체 운동 놀이

신생아도 깨어 있는 동안은 자신의 몸을 움직이고 탐색하고 놀이한다. 고개를 들고 기어 다니다가 서고, 그리고 걷는 발달이 빠르게 이루어지는 영아기는 자신의 몸을 이동하는 능력을 활용하는 놀이를 즐기는 시기이다. 급속한 신체발달 및 신체 운동 능력이 발달하는 영아 시기 이므로 발달 수준에 따라 신체나 이동 능력을 활용하는 놀이에 대해 알아보고자 한다.

1) 연령별 신체 운동 놀이

- 0~1세 영아가 즐기는 신체 운동 놀이는 대체로 영아의 신체 운동 발달 능력를 토대로 한 놀이이다. 0~1세 영아는 이동 능력이 발달되지 않은 시기에도 발차기, 팔 흔들기와 같은 놀이를 즐기고, 배밀이와 기어 다닐 수 있게 되면 양육자를 향해 가거나 흥미로운 물건을 향해 배밀이하거나 기어가면서 놀이하기를 즐긴다. 또한, 붙잡고 설 수 있게 되거나 걸을 수 있게 되면 끊임없이 넘어지면서도 다시 붙잡고 서거나 걷기를 반복적으로 시도하면 즐긴다. 이 모든 과정이 영아의 신체 운동을 활용한 놀이이다. 또한, 손으로 잡고 던질 수 있는 능력이 발달하면서 영아는 물건을 잡거나 던지는 놀이도 즐기게 된다.

0~1세 영아의 신체 운동 놀이 예

★★★ 둥둥 서 보아요.

영아의 겨드랑이를 붙잡고 세워 주면 영아는 다리와 발에 힘을 주며 서는 흉내를 낸다. 이때 발아래에 쿠션이나 매트를 놓아서 영아가 발로 쿠션이나 매트를 차 보도록 하면 좀 더 즐겁게 놀이한다.

★★★ 잡아 주면 설 수 있어요.

일어나서 서려고 하는 영아의 손을 잡아 일어서도록 도와준다. 잠시 혼자 서 있을 수 있는 영아라면 일어선 다음에 영아의 손을 잠시 놓아서 스스로 서 보도록 할 수 있다.

★★★ 선생님께 엉금엉금 기어가요. / 거북이에게 엉금엉금 기어가요.

- 교사는 영아 앞에서 영아의 이름을 부르거나 손뼉을 치면서 엉금엉금 기어 오는 동작을 격려하고 기어 온 영아를 안아 주며 영아의 성취를 함께 기뻐한다.
- 기어가기가 능숙한 영아라면 재미있는 놀잇감을 향해 기어가도록 하거나 움직이는 놀잇감을 따라 기어가도록 격려한다. 목표 지점까지 기어 온 영아의 행동을 함께 기뻐하여 기어가기 놀이를 즐기도록 한다.

★★★ 박스 터널을 기어가요.

교사는 빈 박스로 만든 터널 맞은 편에서 영아의 이름을 부르면서 교사에게 기어 오도록 격려한다. 이때 바닥에는 매트를 깔아서 안전하게 기어 올 수 있도록 한다.

★★★ 계단과 경사로를 기어가요.

경사로와 계단 등의 매트를 활용하여 다양한 방법으로 기어가는 놀이 기구를 구성하고 이를 활용하여 여러 가지 방법으로 기어가는 놀이를 즐기도록 한다.

★★★ 끌차를 끌어요.

걷기가 능숙해진 1세 영아는 끌고 다니는 놀잇감을 끌면서 걸어 다니는 놀이를 즐긴다.

- 기초 운동 능력이 능숙해진 2세는 간단한 동작 놀이, 공, 끌차, 붕붕차, 미끄럼틀 등의 놀이를 즐긴다. 2세 영아는 걷고 뛸 수 있을 뿐만 아니라 스스로 몸의 균형 잡기, 물건 잡기와 던지기 등 다양한 기초 운동 능력을 활용하는 놀이를 좋아한다. 또 자신이 원하는대로 몸을 움직일 수 있게 되어서 자신의 능력보다 약간 어려운 신체 동작, 장애물 건너가기 등의 놀이를 즐긴다. 모든 영아가 함께 뛰어가서 풍선이나 과자를 따 오는 것과 같은 간단한 신체 게임 놀이도 가능하다.

2세 영아의 신체 운동 놀이 예

★★★ 붕붕차를 타요.

1세 후반부터 발로 미는 자동차 타기 놀이를 즐기다가 2세가 되면 능숙하게 붕붕차를 탈 수 있어서 속도를 조절할 수도 있고 장애물을 피해 갈 수도 있다.

안전한 놀이가 될 수 있도록 붕붕차가 다닐 수 있는 영역을 지정해 주고 바닥에 자동차 길을 만들어 주면 자동차 길 위에서 놀이할 수 있다.

★★★ 징검다리를 건너요.

바닥에서 10~15cm 높이의 안정적인 매트로 징검다리를 만들어서 징검다리를 제시하면 영아는 몸을 중심을 잡으며 징검다리 건너기 놀이를 즐긴다. 이때 터널이나 미끄럼틀 등 다른 놀이 기구와 연결하여 장애물 놀이로 할 수도 있다.

★★★ 울퉁불퉁 장애물을 지나요.

만 1세의 놀이보다 좀 더 급한 경사로, 곡선의 오르기 매트, 요철 모양의 매트 등은 2세 영아가 스스로 신체를 어떻게 조절할지 생각하고 도전하면서 놀이할 수 있다.

★★★ 볼링 놀이해요.

공 굴리기 능력이 능숙해진 영아는 목표를 향해 공을 굴리기를 즐긴다. 공으로 목표물을 맞출 수 있다면 공을 굴리는 거리를 조금씩 멀리하면서 놀이하도록 한다.

★★★ 풍선채 치기

매달려 있는 풍선을 풍선채로 정확히 맞추기를 즐기면서 세게 쳤을 때와 약하게 쳤을 때 풍선의 움직임을 관찰하고 즐기도록 한다.

★★★ 친구랑 공을 굴리고 받아요.

또래와 함께 놀이하기를 좋아하는 2세는 친구와 마주앉아 공을 굴려서 주고받는 놀이를 즐긴다.

★★★ 선 따라 걸어요.

바닥에 테이프로 선을 만들어 주면 몸의 중심을 유지하면서 선 따라 걷기 놀이를 즐긴다.

실외에서는 분필을 영아에게 제공하여 영아 스스로 바닥에 선을 그린 후, 그 위를 걷는 놀이를 할 수 있다.

★★★ 계단이나 약간 높은 단에서 점프해요.

바닥에 매트를 깔고 계단의 한 칸 위, 혹은 계단 높이만큼의 안전한 상자나 단 위에서 뛰어내리는 놀이를 즐긴다.

2) 0~1세 신체 운동 놀이 지원 방법의 예

공 굴리기와 공 던지기 놀이에 흥미가 많아진 1세 영아반 교사는 벽에 낮은 골대를 준비하고 공 넣는 놀이를 계획하고 영아의 놀이를 관찰하면서 다양한 영아의 흥미에 따라 각각 지원한다.

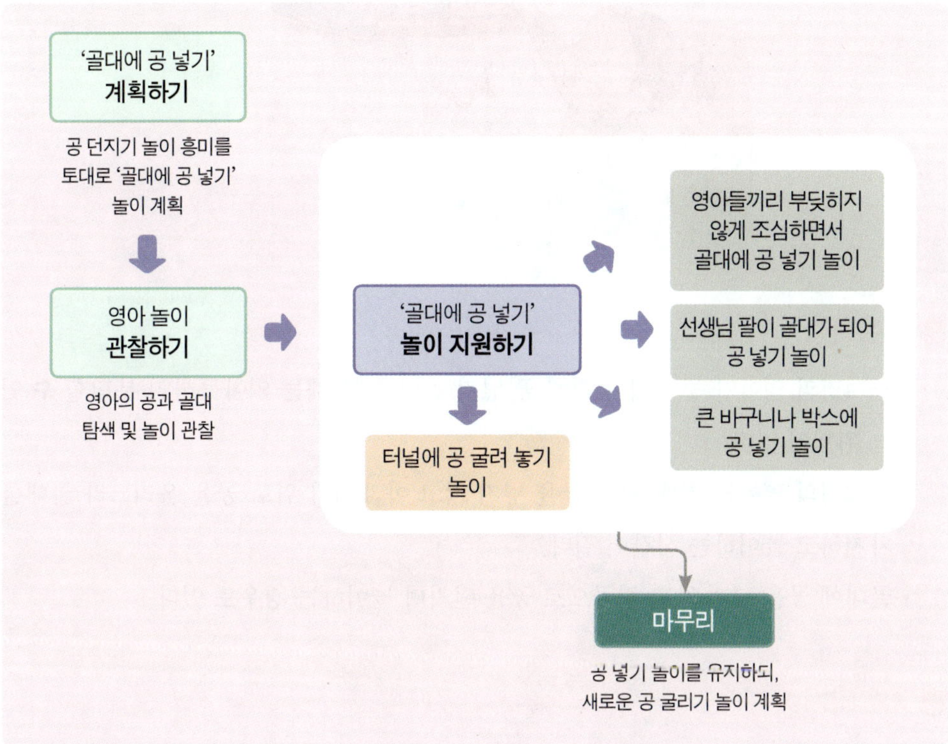

계획하기

• 공과 골대를 탐색하는 영아에게 골대 안으로 공 넣기 시범을 보여 준다.

–(골대를 보며) 이것은 무엇일까요?

–동그렇게 생긴 골대란다.

–여기에 공을 쏙옥 넣어 볼까?

–(골대에 공 넣기 시범을 보이며) 공이 쏘옥 나왔네.

–(영아가 공을 넣으면) 공이 쏘옥 나왔네!

관찰하기

- 3~4명의 영아가 동시에 골대에 공 넣기 놀이를 할 때는 영아들끼리 부딪힐 수 있는 위험이 있다.
- 1~2명의 영아는 골대 위로 공을 넣지 않고 아래에서 위로 공을 올리느라 골대를 차지하고 놀이하는 시간이 길다.
- 골대에 공을 넣지 않고 허공으로 공을 던지며 놀이하는 경우도 있다.

지원하기

〈골대에 공 넣기 놀이〉

- 골대를 여러 개 준비하되 골대 간의 간격을 충분히 둠으로써 공을 넣는 영아들이 부딪히지 않도록 한다.
- 공을 들고 골대로 달려가는 영아들에게 비어 있는 골대의 위치를 이야기해 줌으로써 부딪히지 않고 각각 골대에 공 넣기를 즐길 수 있도록 한다.

• 골대에 공이 들어갈 때 "공이 쏘옥 들어갔네" 혹은 "골인!"이라고 말해 주면서 골대에 공을 넣은 영아의 행동을 격려하고 함께 기뻐한다. 이런 교사의 격려와 지지로 인해 영아들은 더 즐겁게 골대에 공 넣기를 즐긴다.

〈선생님 팔이 골대가 되어 공 넣기 놀이〉

• 골대 위로 공을 넣지 않고 골대 아래에서 위로 공을 넣으려는 영아를 발견하고 영아의 의도대로 공을 넣을 수 있도록 도와준다. 골대 아래에서 위로 넣기에는 영아의 키가 작아서 어려운 경우 교사는 자신의 두 팔을 골대처럼 만들어 영아가 공을 아래에서 위로 넣어 보도록 한다.
  – 선생님 팔이 골대가 되었어. 여기에 넣어 볼까요?
• 그다음 날에 영아가 원하는 방법대로 골대 아래에서 위로 공을 넣을 수 있도록 기존의 골대 위치보다 낮은 높이로 조정하여 놀이하도록 한다.

〈바구니에 공 넣기 놀이〉

• 허공을 향해 공을 던지는 영아에게 커다란 바구니나 상자를 제시하고 그곳에 공 넣기를 시범 보인다.
  – 선생님은 여기에 공을 넣어야지! 슛, 골인!
  – (교사의 공 넣기를 모방하여 영아가 바구니에 공을 넣는다.) 우와! ○○도 바구니에 공을 넣었네! 선생님이랑 같이 슛, 골인할까요?
• 영아가 바구니에 공 넣기가 익숙해지면 바구니를 조금 멀리 두고 넣어 보도록 한다.
  –(바구니를 조금 더 먼 위치로 옮기며) 이렇게 멀리 두어도 공을 넣을 수 있을까?
  –선생님은 하나, 둘, 셋, 슛, 골인!

–(영아가 교사를 모방하여 공 넣기를 한다.)

〈기어가는 터널에 공 넣기 놀이〉

- 신체 놀이 영역의 터널 안으로 공을 굴려 들어가는 것을 보고 흥미로워 하는 영아를 발견하고 터널 안으로 공을 굴려 넣기 놀이를 제안한다.
  - 선생님이 이 터널 안으로 공을 굴려 봐야지! 하나, 둘, 셋, 우와, 공이 들어갔네!
  - (영아가 교사를 모방하며 공을 터널 안으로 넣는다.) 우와, 공이 떼구르르 굴러 들어갔네!
- 터널에 공 넣기 놀이를 원하는 영아들을 위해 공을 넉넉히 준비한다.
- 터널 안으로 공을 모두 굴려 넣었다면 터널 안의 공을 꺼내 오는 놀이를 할 수도 있다.

마무리

〈'공을 굴리는 볼링하기' 놀이 시작〉

- 교사는 터널에 공 넣기 놀이는 유지하되, 공을 굴려 사물을 쓰러뜨리는 놀이에 관심이 생긴 영아를 위해 새로운 공 굴리기 놀이를 모색한다. 공을 굴려서 볼링핀을 넘어뜨리는 '동물 볼링하기' 놀이를 계획한다.

3) 2세 신체 운동 놀이 지원 방법의 예

음악에 맞추어 몸 흔들기, 음악에 맞추어 체조하기를 즐기는 2세 반 교사는 응원술을 준비하여 영아가 창의적으로 몸을 움직여 보는 놀이를 계획하고, 영아의 놀이를 관찰하면서 다양한 영아의 흥미에 따라 각각 지원한다.

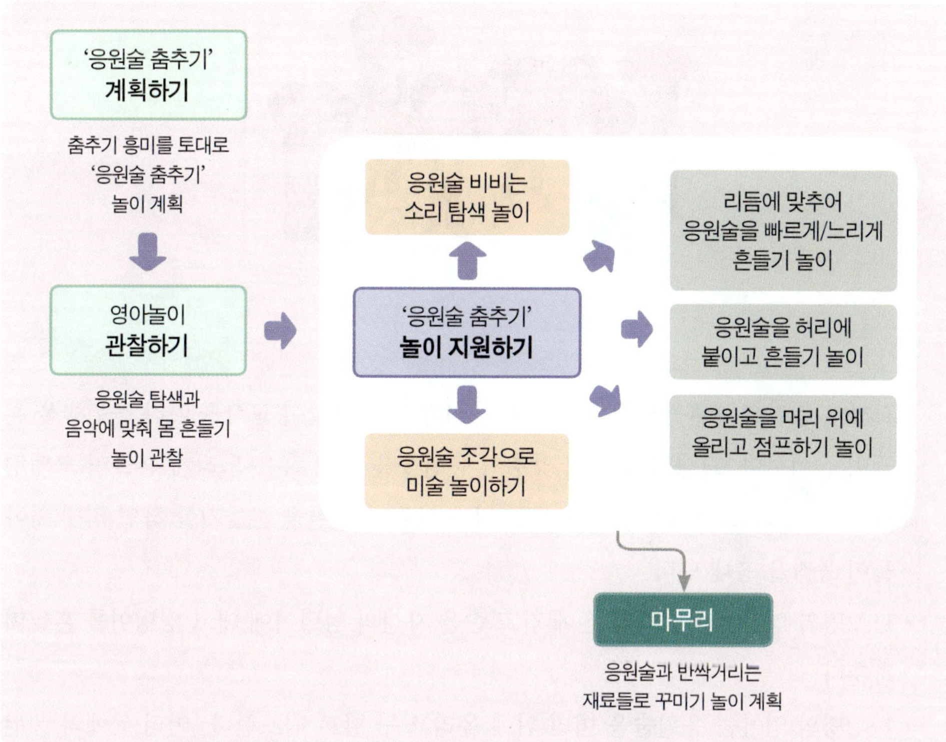

계획하기

- 응원술을 보여 주며 탐색하도록 한다.

–(응원술을 보여 주며) 와, 이것이 무엇일까?

–한번 만져 볼까? 어떤 느낌이지요?

–선생님은 이렇게 흔들어 봐야지!

• 신나는 음악에 맞추어 응원술을 흔들며 춤을 춘다.

–(교사가 모델링 보이며) 우와, 선생님은 이렇게 높이 흔들면서 춤을 추어야지!

–○○는 옆으로 빙글빙글 돌리면서 춤을 추는구나.

관찰하기

- 교사가 응원술을 흔들면서 음악을 틀자 대부분 영아들이 교사를 따라 응원술을 흔들며 놀이한다. 교사가 리듬에 맞추어 응원술을 빨리 혹은 느리게 흔들며 모델링한다. 혹은 몸을 크게 만들거나 몸을 작게 만들어 응원술 흔들기를 하면 몇몇 영아들이 동작을 흉내 낸다.
- 1~2명의 영아가 응원술을 손에 잡고 손을 자신의 엉덩이에 대고 엉덩이를 흔들며 춤춘다.
- 1~2명의 영아는 응원술을 머리 위에 올리고 두 발로 점프한다. 머리 위에의 응원술은 아래로 떨어진다.
- 몇몇 영아는 바닥에 앉아 응원술을 두 손으로 비비면서 소리 내기를 즐긴다. 2개의 응원술을 서로 부딪히듯이 비비기도 하고 1개 응원술을 두 손으로 비벼서 소리를 낸다.
- 바닥에 떨어진 응원술을 줍던 영아가 바닥에 떨어진 응원술 조각을 집어서 탐색하더니 만들기 책상으로 가서 색도화지 위에 응원술 조각을 올려놓는다.

지원하기

〈리듬에 맞추어 응원술 춤추기 놀이〉

- 음악에 맞추어 응원술을 신나게 흔드는 영아들이 다른 영아와 부딪히지 않도록 하기 위해 영아들의 간격을 적절히 조절해 준다.
  - (영아에게 모델링하며) 선생님처럼 이쪽에서 흔들어 보자! 이렇게 위로 신나게! 아래로 신나게!
- 응원술로 춤추기 놀이를 원하는 영아들이 많아지면 넓은 공간인 블록 카펫에 응원술을 주어 넓은 공간에서 마음대로 몸을 움직여 볼 수 있도록 한다.
  - (블록 카펫에 응원술이 담긴 바구니를 놓으면서) 응원술이 필요한 친구들은 여기에 있어요. 이곳으로 오세요!

〈응원술 허리에 붙이고 엉덩이로 춤추기 놀이〉

- 허리에 응원술을 대고 엉덩이 춤을 추던 영아가 한숨을 내쉬며 힘들어 한다. 교사는 영아의 요구를 살핀다
  - 자꾸 응원술이 떨어져서 속상해요?
  - 응원술이 여기(허리)에 붙어 있으면 좋겠니?
  - (영아의 요구에 따라 교사는 응원술 사이에 끈을 넣은 후, 끈을 허리에 묶어서 응원술이 떨어지지 않도록 한다.) 어때? 맘에 들어요? 이제 마음껏 춤을 출까요?
- 허리에 응원술을 고정하고 춤 추는 영아를 격려한다.
  - 우와, ㅇㅇ처럼 엉덩이로도 춤을 출 수 있어! 선생님도 따라 해봐야지!
- 영아의 요구를 반영하여 응원술을 끈으로 엮어서 응원술 치마를 준비하여 제공한다.

〈응원술을 머리 위에 올리고 점프하기 놀이〉

- 응원술을 머리 위에 놓고 점프를 즐기는 영아를 위해 보육실의 직사각형 매트를 준비하여 안전하게 점프할 수 있도록 한다.

– 여기에 더 높이 점프할 수 있는 곳을 만들었단다.
– 여기서 깡총! 점프하면 머리 위에 응원술이 어떻게 될까?

• 점프하기를 원하는 영아들이 많아져서 직사각형 매트를 1개 더 연장해서 점프하기 놀이 공간을 넓게 확보한다.

〈응원술 비비며 소리 탐색 놀이〉

• 앉아서 응원술을 비비며 소리를 탐색하는 영아는 다른 영아들과 부딪히지 않도록 위치를 조정한다.
  – (옆의 공간으로 안내하며) 여기에 앉아서 비벼 볼까? 어떤 소리가 날까?
  – 우와, 바스락바스락 소리가 나네.
• 응원술을 비비는 소리 탐색을 격려한다.
  – 힘차게 비비면 어떨까?
  – 응원술 비비는 소리랑 비슷한 소리는 어떤 것이 있을까?
  – (영아가 색종이 2장을 비비면서 소리가 나는지 탐색한다.) 우와, 소리가 나는데! 어떤 소리가 나니?
  – (교사가 비닐봉지를 비비면서) 어, 소리가 나는데? 이것은 어떤 소리일까?
  – (영아도 교사처럼 비닐봉지를 비벼 본다.)
  – (영아가 자신의 두 손을 비비면서 소리를 들어 본다.) 이렇게 두 손으로도 소리가 나네!

〈반짝이는 응원술 조각으로 꾸미기 놀이〉

• 바닥에 떨어진 응원술 조각을 도화지 위에 올려놓고 감상하는 영아를 격려한다.
  – 우와, 검은색 도화지 위에 반짝이는 응원술 조각이 있으니까 예쁘다!
  – 반짝반짝하네!
• 응원술 조각 및 다양한 재료로 꾸미기를 할 수 있도록 지원한다.

- (영아가 응원술 조각들을 모아 도화지 위에 올려놓고 바라보다가 도화지를 들어 올리자 응원술 조각들이 모두 떨어졌다.) 아이구, 도화지 위에 있던 응원술이 다 떨어졌네!
- (영아가 풀을 가지고 와서 도화지에 응원술을 붙인다.) 응원술 조각들이 이제 안 떨어지겠네!
- 도화지에 또 어떤 것을 놓아 볼까?

마무리

〈'반짝이는 것들로 꾸미기' 놀이 시작〉

- 교사는 응원술 춤추기 놀이는 유지하되, 반짝이는 것들 찾기에 관심이 높아진 영아들을 위해 여러 가지 반짝이는 재료들을 준비한다.
- 영아들이 탐색해 볼 수 있는 주변의 반짝이는 재료들(포장지, 은박지, 반짝이 풀 등)을 준비하여 영아가 마음대로 탐색한다.

4) 영아 신체 운동 놀이를 지원하는 교사

- 각 영아의 신체 운동 발달 수준을 잘 관찰하여 안전하게 신체 운동 놀이를 할 수 있는 환경을 제공한다. 특히, 새로운 동작을 시도하는 영아를 위해 안전하게 놀이할 수 있도록 수시로 안전을 점검하고 위험하지 않은 놀이 방법으로 시도하도록 도와준다.
- 영아가 반복적으로 시도하는 몸 놀이가 있다면 안전하게 반복할 수 있도록 적절한 놀이 기구나 놀이 방법을 안내한다. 예를 들어, 붙잡고 서기를 반복한다면 적절한 놀이 기구를 제공하거나 안전한 방법을 안내한다.
- 각 영아가 현재 즐기며 반복하는 신체 운동 놀이는 충분히 경험할 수 있도록 반복할 수 있는 환경을 제공하고, 해당 놀이에 익숙해져서 흥미가 조금 떨어진 것이 발

견되면 그 놀이 방법보다 조금 더 어려운 수준의 놀이를 모델링하거나 안내한다. 이를 위해 영아의 신체 운동 놀이를 정기적으로 관찰하여 기록해 두는 것이 좋다.

- 신체발달이 중요한 시기이므로 영아가 깨어 있는 동안에는 적극적으로 신체 운동 놀이를 할 수 있도록 이름을 부르거나 조금 가까운 곳에 흥미로운 놀잇감을 두어 영아가 스스로 이동하거나 팔을 뻗는 행동을 해볼 수 있게 도와준다.
- 영아가 자신의 몸을 사용하여 새로운 동작이나 자세를 시도하면 격려해 주고 지지해 주면 몸을 이용하는 놀이에 더 집중하고 즐겁게 참여한다.
- 교사가 모델링을 하여 영아 스스로 다양한 동작하기, 또는 음률에 맞추어 몸 움직이기 등의 놀이를 즐겁게 할 수 있도록 돕는다.

2. 감각 탐색 놀이

영아는 보고, 듣고, 만지고, 냄새 맡아 보는 등 오감각을 활용하여 사물에 대한 정보나 지식을 습득한다. 사물을 탐색하고 조작해 보는 경험은 새로운 개념 형성이나 문제해결 능력 등 인지발달에 도움이 된다. 영아는 본능적으로 주변 사물과 환경에 호기심이 많고 자신의 호기심을 해결하기 위해 탐색하는 과정을 놀이로 즐긴다. 또한, 사물을 조작하면서 발달하게 되는 소근육 발달과 눈과 손의 협응 능력 등은 이후 발달에 중요한 기능으로 활용된다. 따라서 영아의 감각 탐색 놀이는 영아의 전반적인 발달에 매우 중요한 요소이므로 건강한 영아의 성장을 위해 모든 영아가 즐기는 감각 탐색 놀이의 특성과 놀이를 지원하는 방법을 알아보고자 한다.

1) 연령별 감각 탐색 놀이

- 0~1세 영아가 즐기는 감각 탐색 놀이 대체로 교사가 오감각을 활용하여 경험할 수 있도록 놀잇감을 제공해 주어 온몸으로 감각을 경험하는 놀이이다. 0~1세 영

아는 사물은 쥐는 능력이 능숙하지 않아서 손바닥 전체로 치거나 만지기 등의 방법으로 놀이하다가 1세가 되어 엄지손가락을 사용할 수 있게 되면서부터 사물을 잡고 간단히 조작하는 놀이를 즐긴다. 또한, 무엇이든지 입으로 탐색하기를 즐기는 시기이므로 대부분의 영아는 물건을 보면 잡고 입에 넣기를 즐긴다. 따라서 영아의 놀잇감은 청결하고 안전하게 유지될 수 있도록 한다.

0~1세 영아의 감각 탐색 놀이 예

★★★ 모빌 움직임을 보고 잡아 보아요.

누워 있는 영아가 잘 볼 수 있는 위치에 모빌을 달아 주어 모빌의 움직임을 보거나 모빌에서 나는 소리 듣기를 즐긴다. 모빌을 향해 손을 뻗거나 손으로 잡아 보는 놀이를 한다.

★★★ 만져 보아요.

다양한 느낌을 직물이나 촉감을 손으로 만져 볼 수 있는 놀이를 즐긴다. 0~1세의 경우에는 촉감을 느낄 수 있는 교구 위에 앉거나 엎드려 마음대로 만져 볼 수 있다면 촉감 놀이에 더 집중할 수 있다.

★★★ 온몸으로 느껴요.

부드러운 담요나 큰 인형 등에 몸을 굴려 보기, 몸에 둘러 보기 등을 통해 촉감을 느끼는 놀이를 즐긴다. 부드러운 촉감을 느끼는 놀이를 영아의 정서적 안정에 도움이 된다.

★★★ 손으로 움직여 보아요.

누르고, 올리고, 돌리는 등 다양한 방법으로 물건을 조작할 수 있는 놀잇감을 활용해 반복적으로 손으로 조작하는 놀이를 즐긴다.

★★★ 한 조각 퍼즐 맞추어요.

조각이 큰 한 조각 퍼즐 맞추기를 즐긴다. 퍼즉 조각에 손잡이가 있거나 퍼즐판보다 조각의 크기가 크면 영아가 쉽게 퍼즐 조각을 잡고 놀이할 수 있다.

★★★ 통 속에 모형 과자 넣어요.

구멍 안에 물건 넣기를 즐기는 시기이므로 구멍의 크기에 적절한 물건을 넣는 놀이를 반복적으로 즐긴다.

★★★ 꽃, 나무 등 자연을 봐요.

실외를 산책하면서 자연물에 관심을 가지고 살펴볼 수 있도록 안내하면 영아는 자연물을 바라고 만져 보는 등 탐색 놀이를 즐긴다.

★★★ 낙엽비가 내려요.

산책할 때 주워온 낙엽을 물놀이 통에 담아서 영아가 그 안에서 마음대로 낙엽을 만져 보고 온몸으로 느껴 보기, 낙엽을 뿌리기 등을 놀이한다.

낙엽 외에 영아가 즐길 수 있는 다른 재료를 사용하여 놀이할 수 있다.

★★★ 숨기고 찾아요.

담요나 방석 등을 이용하여 영아가 손에 쥘 수 있는 크기의 물건을 숨기고 영아가 찾는 놀이를 반복한다.

★★★ 까꿍 놀이해요.

영아가 놀이집 문 뒤 혹은 이불 뒤에 숨게 한 후, 영아를 찾으며 까꿍하기, 영아 앞에서 두 손으로 얼굴을 가렸다가 나타내면서 까꿍하기 놀이를 즐긴다.

★★★ 모래 놀이해요.

손으로 느끼는 모래의 촉감 놀이, 모래를 쌓기, 모래 파 보기, 그릇으로 모양 만들기 등을 통해 공간, 모양 등에 대한 놀이를 즐길 수 있다.

- 호기심이 많은 2세는 주변의 모든 사물을 탐색하기 즐긴다. 오감각을 활용하여 탐색할 뿐만 아니라 지금까지 알게 된 방법으로도 궁금한 것을 탐색하고 조작하는 놀이를 즐긴다. 즉, 2세아는 깨어 있는 시간 대부분 탐색 놀이와 조작 놀이를 즐긴다.

2세 영아의 감각 탐색 놀이 예

★★★ 담고 쏟아요.

마카로니를 담은 큰 통에서 그릇, 깔대기, 숟가락 등으로 담고 쏟기 놀이를 즐긴다.

마카로니 외에 실내 놀이용 인조 모래나 물, 플레이콘 등을 이용해서 담고 쏟으며 그릇의 크기, 많고 적음을 경험하는 놀이를 할 수 있다.

★★★ 물고기 관찰해요.

수족관이나 교실 내 어항에서 움직이는 물고기를 관찰하면서 같은 물고기 찾기, 물고기가 맘마 먹는 모습 관찰하고 흉내 내는 놀이 등을 한다.

★★★ 낚시 놀이해요.

자석이 부착된 막대로 클립이 끼워진 모형 물고기를 잡는 놀이를 즐긴다. 낚시꾼 흉내 내기도 즐기고, 막대 끝의 자석에 물고기가 붙는 것, 붙은 물고기를 떨어뜨리지 않고 잘 옮기는 과정을 즐거워한다.

★★★ 모양대로 꽂아요.

○, △, □ 기본 도형의 모양을 구분할 수 있어서 각 모양대로 넣기 놀이를 즐긴다. 또한, 넣기 놀이하면서 조각의 크기와 구멍의 크기가 적절한지 탐색하며 놀이한다.

★★★ 페그보드 꽂아요.

각 구멍에 맞추어 페그보드를 정확히 끼우기를 즐긴다. 페그보드를 끼운 후 페그보드를 생일 초로 가작화하여 생일 축하 역할 놀이를 할 수 있다.

★★★ 다른 크기 조각들을 꽂아요.

크기와 모양에 대한 흥미가 높아진 2세는 막대에 조각을 꽂는 등의 조작 놀이를 하면서 조각의 크기와 모양을 비교하며 놀이하기를 즐긴다.

★★★ 집게로 물건 옮겨요.

손가락 및 손을 사용하는 능력이 능숙해져서 집게를 사용하여 물건을 옮기는 놀이를 즐긴다. 플라스틱으로 된 안전한 집게를 사용하도록 하고, 영아가 옮기는 물건은 떨어뜨렸을 때 쉽게 잡을 수 있는 것이 적절하다.

★★★ 똑딱이 단추 놀이해요.

손가락 및 손을 사용하는 능력이 능숙해져서 똑딱이 잠그고 열기, 크기가 큰 단추 잠그고 열기, 끈에 사물 꿰기 등의 놀이를 즐긴다.

★★★ 퍼즐 맞추기 해요.

영아가 좋아하고 익숙한 사물, 그림의 퍼즐 맞추기를 즐긴다. 모양, 색깔 등의 단서를 활용하여 조각 맞추기를 즐긴다.

★★★ 비밀 주머니 놀이해요.

손을 넣고 빼기 편하게 제작된 비밀 주머니 안에 영아에게 익숙한 물건들 혹은 다양한 촉감의 물건들을 넣어 놓고 손으로 만져 본 후, 꺼내기 놀이를 즐긴다.

★★★ 촉감 발자국 놀이해요.

다양한 촉감의 발자국을 만들어서 길은 만든 후, 영아가 발자국을 밟으며 걷되, 다양한 촉감을 느껴 보고 촉감에 대해 말하는 놀이를 즐긴다.

★★★ 과일 주스 만들어요.

딸기, 바나나, 사과 등 과일의 모양, 냄새, 맛 등을 탐색하는 놀이를 하고, 기구를 이용해 과일 조각들이 주스로 만들어지는 과정 관찰하기와 맛보기를 즐긴다.

★★★ 산책 가요.

가까운 공원이나 실외 놀이터의 자연물들과 하늘 모양, 바람의 세기 등을 관찰해 볼 수 있는 기회를 제공하면 영아는 오감각을 활용하여 세밀하게 탐색하는 놀이를 즐긴다.

2) 0~1세 감각 탐색 놀이 지원 방법의 예

가을에 바깥 놀이터 산책을 하며 낙엽과 도토리 등을 줍고 탐색하는 놀이를 즐기는 영아를 위해 주워 온 낙엽들과 함께 왕밤을 제시하고 왕밤 줍기 놀이를 계획한다.

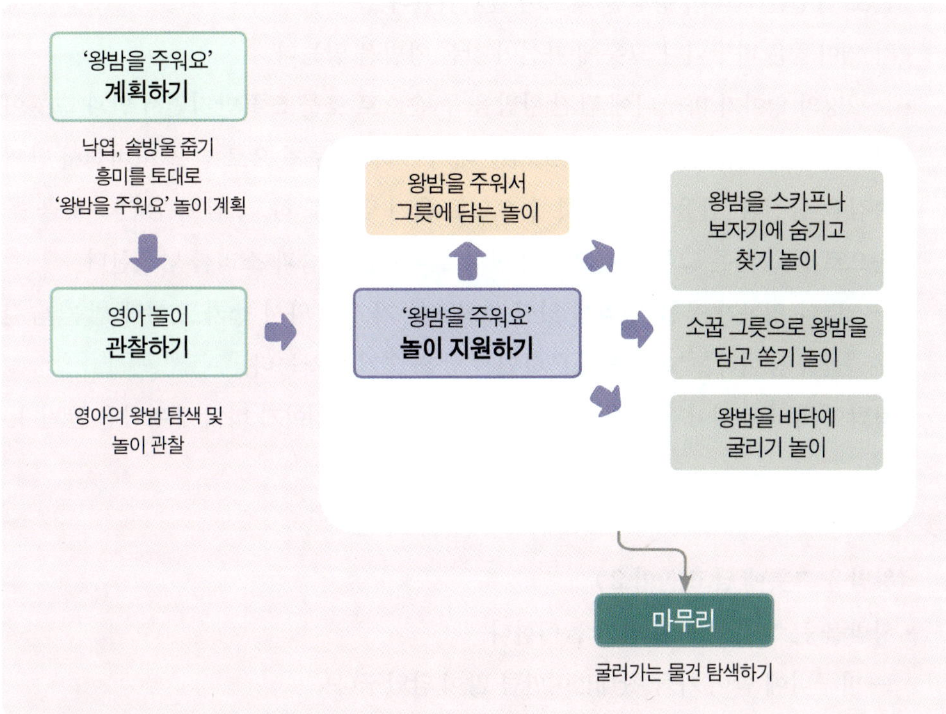

계획하기

- 낙엽들 사이 사이에 있는 밤을 영아와 함께 찾는다.
  - (단풍잎, 은행잎 사이 사이에 있는 밤을 보며) 여기 밤이 있네요. 밤을 주워 보자!
  - (그릇을 건네주며) 자기 밤은 자기 그릇에 담아 볼까?
- (노래 부르듯이) 꼭꼭 숨어라! ㅇㅇ가 찾는다.
  - ㅇㅇ가 밤을 많이 주웠구나.

– ㅁㅁ 그릇은 밤으로 가득 찼네요.

관찰하기

- 교사가 단풍잎, 은행잎, 낙엽들 속에서 왕밤을 찾는 놀이를 모델링하자 몇몇 영아들도 낙엽들 속에서 왕밤을 찾으며 즐거워한다.
- 각 영아들은 바구니나 그릇에 자신이 찾은 왕밤을 담는다.
- 1~2명의 영아가 바구니에 담긴 왕밤을 두 손으로 조물조물 만지면서 밤과 그릇이 부딪히는 소리를 듣고 더 크게 소리를 내기도 하고, 두 손으로 밤을 비비면서 밤의 촉감을 즐긴다. 밤을 다른 그릇에 손으로 옮겨 담기도 하고, 밤이 담긴 그릇을 두 손으로 들고 다른 그릇에 쏟으면서 밤이 떨어지는 모습과 소리를 탐색한다.
- 1~2명의 영아가 음률 영역에 있던 스카프를 가지고 와서 스카프 아래 밤을 숨긴 후, "꼭꼭 숨어라", "여기 있네!" 하면서 밤을 숨기고 찾는다.
- 왕밤이 바닥에 떨어져서 떼구루루 구르는 모습을 본 영아가 바닥에 왕밤을 굴린다.

지원하기

〈왕밤을 그릇에 담고 쏟아요〉

- 왕밤을 큰 그릇에 옮겨 담기 놀이한다.
  – 바구니에 밤이 가득 찼네!! 이만큼 많이 담았구나!
  – (그릇을 제시하며) 여기에 담아 볼까? 어떤 그릇에 담아 볼까?
- 밤을 옮겨 담으며 왕밤의 양, 그릇의 크기 등에 대해 생각해 보도록 상호 작용한다.
  – (밤이 그릇 밖으로 떨어지는 것을 보며) 너무 많아서 그릇 밖으로 떨어지네. 어떤 그릇에 밤을 담을까? 어떤 그릇에 밤을 담으면 다 담을 수 있을까?
  – (영아가 선택한 그릇에 밤을 옮겨 담는다.) 우와, 이렇게 많은 밤이 모두 들어갔네. 밤을 다 넣고도 이만큼(그릇의 빈 공간 만큼을 손으로 만지며)이 남았네!

〈스카프나 보자기에 숨기고 찾아요〉

• 음률 영역의 스카프로 밤을 숨긴 후 찾기 놀이한다.
  – (노래를 교사가 함께 부르며 밤을 숨기는 놀이를 격려한다.) 꼭꼭 숨어라. ○○가 찾는다.
  – (밤을 모두 숨긴 후) 이제 찾아볼까?
  – (영아가 밤을 찾는 행동을 격려한다.) 여기, 찾았다!

• 영아가 왕밤 숨기기를 좋아한다면 영아가 숨기고 교사가 찾는 놀이를, 영아가 왕밤 찾기를 즐긴다면 교사가 숨기고 영아가 찾는 놀이를 한다.

• 3~4명 영아가 왕밤 숨기고 찾기 놀이를 원한다면 영아들이 뒤돌아서 노래를 부르는 동안에 교사가 밤을 숨기고 영아들이 찾는다.
  – 뒤돌아서서 '도토리' 노래를 부르자. 선생님이 그동안 밤을 꼭꼭 숨길께!
  – 자, 이제 밤을 찾아보세요! 밤이 어디에 있을까?

• 1세 영아에게는 흥미 영역 중 1~2 영역 이내 공간에 밤을 숨기고 찾는 놀이가 적절하다.

〈왕밤을 굴려요〉

• 왕밤을 바닥에 굴린다.

(바닥에 왕밤을 굴리는 영아를 보며) 오, 밤이 데굴데굴 굴러가네!

(다른 영아도 밤을 굴린다) 오, ○○ 밤도 데굴데굴 굴러가네. 저만큼 멀리 갔네!

• 왕밤을 세게 굴리기 또는 약하게 굴리기 한다.
  – 선생님은 이렇게 살짝 굴려 봐야지. 어떻게 굴러가는지 보자! 살짝 굴리니까 조금만 굴러가네!
  – 이번에는 멀리 굴려 볼까? 하나, 둘, 셋.

• 미끄럼틀 위에서 왕밤을 굴린다.
  – (미끄럼틀 위에서 왕밤을 굴리는 영아를 보며) 우와, 밤이 미끄럼틀을 타고 떼

굴떼굴 내려와요. 얼마나 멀리 갔는지 볼까요?

– 미끄럼틀 타고 내려오는 밤이 떼굴떼굴 소리가 아주 크게 나네요.

– (굴러가는 왕밤을 잘 관찰할 수 있도록 격려한다.)

마무리

〈'굴러가는 물건 찾기' 놀이 시작〉

- 왕밤을 멀리 굴리기, 높은 곳에서 굴려 보기 등의 놀이를 하던 영아들이 공, 블록, 인형 등을 미끄럼틀 위에서 굴리는 놀이를 한다.
- 교사는 '왕밤을 주워요', '왕밤을 숨기고 찾기' 놀이를 유지하되, 교실 내 놀잇감을 안전하게 굴려 보는 놀이를 계획한다.

3) 2세 감각 · 탐색 놀이 지원 방법의 예

더운 여름 날씨 때문에 정수기에서 나오는 시원한 물을 마시며 시원한 물에 흥미가 높아졌다. 교사는 2세 영아에게 다양한 모양과 크기의 얼음을 제공하고 얼음 탐색 놀이를 계획한다.

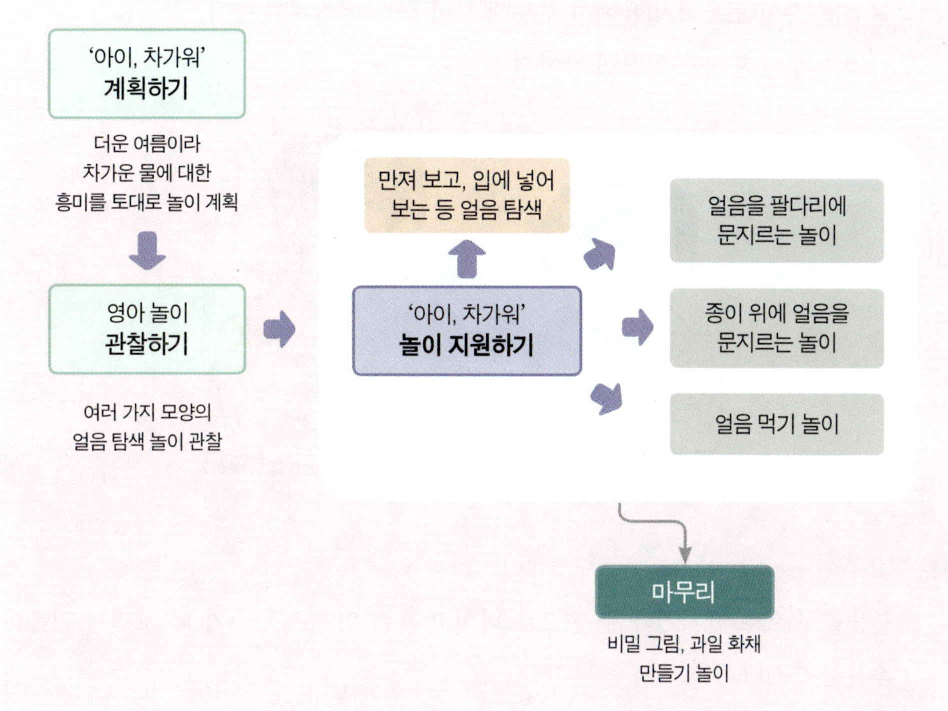

계획하기

- 여러 가지 모양과 크기의 얼음을 다양한 방법으로 탐색한다.
  - 동그라미 얼음, 하트 얼음, 별 얼음이 있네.
  - 얼을 만져 보니 어때? 아이, 차가워!
  - (얼음을 두 손으로 쥐고 얼음의 촉감을 느끼는 영아에게) 얼음이 미끌미끌하구나.

- 얼음을 손으로 만지면서 얼음의 변화를 살펴보면서 말로 표현한다.
  - ㅇㅇ처럼 손 위에 얼음을 놓고 기다려 볼까?
  - 손바닥 느낌 어때?
  - 선생님은 아주 차가워! 아이, 차가워!

– ㅁㅁ 손의 초록색 얼음에서 초록색 물이 뚝뚝 떨어지고 있어.
– ㅁㅁ가 만진 하트 얼음이 작아졌네.

관찰하기

• 얼음을 손으로 만지거나 두 손으로 비비고 혹은 입에 넣었다가 빼 보면서 얼음의 촉감을 즐긴다
• 1~2명의 영아는 얼음을 자신의 팔이나 다리, 얼굴에 비비면서 시원함을 즐긴다. 이 과정에서 바닥에 얼음이 녹은 물이 떨어지므로 매트 위에서 놀이하도록 안내한다.
• 1~2명의 영아가 얼음을 도화지 위에 문지르면서 얼음이 점점 작아지는 것을 흥미로워 한다. 얼음을 많이 문질러서 도화지가 찢어지기도 한다.
• 영아가 얼음을 너무 많이 먹는 것을 방지하고 얼음 맛을 다른 맛과 비교해 볼 수 있도록 얼음과 간식으로 제공되었던 과일을 함께 먹어 볼 수 있도록 한다.

지원하기

〈팔다리에 얼음 문질러요〉

• 매트 위해서 팔과 다리에 마음대로 얼음을 문지르면서 얼음의 감촉을 탐색한다.
  – (팔과 다리에 얼음을 문지르는 영아를 보며) 아이, 차가워! 팔에 문지르니까 어때? 시원하니?

- 얼음을 문질렀던 팔과 다른 팔을 만져 보며 차가움을 비교해 보도록 한다.
  - (얼음을 문질렀던 팔을 만지면서) 여기는 차가운데, 다른 팔은 안 차가워! 왜 그럴까? 왜 여기만 차가울까?(영아의 반응을 말해 준다.) 얼음을 놓았던 곳이라 차갑구나!!
  - 다리에도 얼음을 대어 볼까? 어떤 느낌일까?
- 얼음이 녹아서 작아진 것과 영아들이 놀이한 바닥에 물이 있는 것을 탐색하도록 한다.
  - (작아진 얼음을 보면서) 얼음 크기가 이렇게 작아졌어! 처음에 얼만큼 컸더라?
  - (물이 떨어진 바닥을 가르키며) 여기 물이 있어. 여기 물은 왜 생겼을까? (얼음에서 물이 떨어지는 것을 보며) 얼음에서 물이 떨어지는구나.
  - (그릇에 담겨진 얼음이 물로 변화된 것을 보며) 여기 좀 봐! 얼음이 없어졌네! 얼음은 없고 물만 남았어. 얼음이 점점 작아지면서 물이 생기는구나.

〈종이 위에 색얼음 문질러요〉

- 만들기 영역의 도화지 위해 얼음을 문지르며 탐색한다.
  - 검은색 종이에 얼음을 문지르니까 어떻게 되었니?
  - 얼음이 점점 작아지네!
  - 도화지에 그림이 그려지니?
- 도화지가 젖어서 얼음 문지르기가 잘 안될 경우, 비닐 매트를 제공하여 얼음을 문지르면서 그림 그리기를 할 수 있게 한다.
  - (비닐 매트를 제공하면서) 여기에 문질러 볼까? 이것도 얼음으로 문지르면 도화지처럼 축축해질까?
  - 어때? 여기도 색얼음으로 그림이 그려지니?
- 흰색 크레용으로 밑그림을 그린 흰색 도화지와 색깔 얼음을 제공하여 '비밀 그림 그리기' 놀이를 한다.

- (흰색이나 초로 그림을 그린 흰색 도화지를 주면서) 여기에 이 색깔 얼음을 문질러 볼까?
- 어떻게 되었니? (흰색 크레용으로 그려진 곰돌이가 나타난 종이를 보면) 우와, 곰돌이가 나타났어!

• '비밀 그림 그리기' 놀이를 충분히 즐긴 영아는 영아 스스로 흰색 크레용으로 도화지에 그림을 그린 후, 색깔 얼음으로 그림 그리기를 해볼 수 있다.

〈얼음 먹어요〉

• 얼음 먹기를 원하는 영아에게는 작은 크기의 먹을 수 있는 얼음을 따로 준비하여 먹어 보도록 한다.
  - (그릇에 담긴 작은 얼음을 숟가락으로 입에 넣어 주며) 얼음을 먹어 볼까? ○○ 입에서 하얀 연기가 나네!
  - (교사가 얼음을 씹으며) 얼음을 씹으니까 소리가 나네!
  - 얼음을 먹으니까 어때? 시원해? 차가워? 선생님은 아이, 차가워!

• 얼음 먹기에 집중하는 영아가 얼음을 너무 많이 먹지 않도록 간식으로 제공되었던 딸기나 사과를 얼음과 함께 먹어 보도록 한다.
  - 사과를 씹으면 소리가 어때? 사과의 촉감은 어떠니? 얼음처럼 미끄럽니?
  - 얼음 맛이 어때?
  - 무엇이 가장 맛있니?
  - 무엇이 가장 시원하니?

마무리

〈'과일 화채 만들어요' 놀이 시작〉

• 비밀 그림 그리기 놀이에 집중하는 영아가 많아져서 2~3가지 색깔 얼음과 다양한 밑그림이 그려진 도화지를 준비하여 비밀 그림 그리기 놀이를 유지한다.

- 얼음과 과일 조각을 함께 먹기 놀이에 관심이 집중되어, 교사는 여름 음식인 화채 만들기를 계획한다. 2~3 종류의 과일과 얼음 탐색을 한 후, 과일과 얼음, 그리고 우유, 사이다를 넣고 화채 만들기를 한다.

4) 영아 감각 탐색 놀이를 지원하는 교사

- 대상 영속성을 발달시키는 시기이므로 물건을 숨기고 찾는 놀이, 까꿍 놀이를 충분히 즐길 수 있도록 지원한다. 이때 교사가 "어디에 있지? 없네!", "여기 있다!"와 같이 언어적으로 상호 작용해 주는 것이 효과적이다.
- 영아가 다양한 사물을 다양한 방법으로 탐색할 때 개방형 질문을 하면 놀이 과정에서 영아가 경험하는 인지적 개념을 형성할 수 있을 뿐만 아니라 교사와 즐거운 놀이 경험을 쌓을 수 있다.
- 영아의 오감각을 활용한 시각적, 촉각적 놀잇감을 제공하여 적극적으로 탐색할 수 있도록 한다. 또한 주변의 자연환경과 일상생활 속의 다양한 물건들을 적극적으로 탐색해 볼 수 있도록 모델링하고 안내한다.
- 영아가 탐색 놀이를 즐길 때 교사는 주의 깊게 관찰하고 있다가 영아가 관심을 보이는 것에 몸짓, 표정, 언어를 통해 적극적으로 상호 작용하면서 격려해 주면 영아는 자신이 놀이에 더 집중하며 놀이를 즐긴다.
- 영아가 흥미를 보이는 물건이나 재료는 스스로 탐색할 수 있도록 제공하되, 안전하고 위생적으로 탐색 놀이가 이루어지도록 한다. 영아는 스스로 세상을 탐색해 보려는 욕구가 강하기 때문이다.
- 영아는 새로운 자극이나 교육적 경험은 익숙해질 때까지 반복하는 경향이 있다. 따라서 영아가 즐기는 탐색 조작 놀이라면 영아가 흥미를 보이지 않을 때까지 반복할 수 있도록 환경을 제공하고 반복하는 영아의 놀이 행동을 적극적으로 격려한다. 교사의 격려를 통해 영아는 놀이에 집중할 수 있을 뿐만 아니라 영아 스스로 새로운 방법으로 놀이를 변화시킬 수 있기 때문이다.

CHAPTER

10

영아 놀이 : 말 놀이, 역할 · 쌓기 놀이

1. 말 놀이

아주 어린 영아도 교사나 양육자가 하는 말이 어떤 내용인지 모르지만 말소리에 귀 기울여 듣고 들은 후에는 표정과 몸짓으로 반응하거나 소리 내기를 즐긴다. 옹알이를 시작한 영아는 교사나 양육자가 옹알이 소리를 따라 하면서 그 소리와 리듬을 반복해서 소리 내기를 즐긴다. 이와 같이 아주 어린 영아 시기부터 상대방에게 말하고 상대방의 말소리를 들으며 주고받는 말 놀이를 즐긴다. 1~2 단어로 말할 수 있게 된 영아는 사물의 이름 말하기, 리듬에 따라 말하기, 의성어와 의태어로 말하기 등을 즐기며 점차 많은 단어와 복잡한 문장들로 말하기를 즐긴다. 단, 영아는 혼자서 말하기보다는 상대와 주고받는 말 놀이하기를 더 즐거워한다. 따라서 영아의 의사소통 능력과 단어 및 문법 등의 발달을 토대로 한 영아의 말 놀이를 지원하는 것은 영아의 건강한 성장에 매우 중요한 일이다. 성인의 주입식으로 말하기와 언어를 학습하는 것이 아니고 영아가 즐기는 놀이를 통해 자연스럽게 학습하며 발달할 수 있기 때문이다.

0~1세와 2세의 대표적인 말 놀이를 알아보면 다음과 같다.

1) 연령별 말 놀이

- 0~1세 영아가 즐기는 말 놀이는 소리나 말을 듣고 얼굴 표정, 손짓, 몸짓 등 온몸으로 표현하는 놀이이다. 특히, 반복적이고 리듬감 있는 말 놀이를 즐긴다.

0~1세 영아의 말 놀이 예

★★★ 옹알이해요.

영아와 마주 보고 영아가 내는 소리를 따라 하거나 영아에게 이야기해 주면 영아는 듣고 말소리를 따라 하거나 표정과 몸짓으로 대답하기를 즐긴다. 말의 내용을 이해하는 것보다는 영아는 주고받는 것을 즐긴다.

★★★ 코코코 해요.

교사가 '코코코……입(손가락으로 코를 두드리다가 입을 가르킨다)' 하는 놀이 행동을 영아는 그대로 따라 하며 즐긴다. 놀이에 익숙해지면 입이라고 말하면서 손가락은 머리를 가르키며 일부러 틀리는 행동을 하면 영아는 더 즐거워한다.

★★★ 이거 뭐야?

영아는 새롭고 흥미로운 물건을 보면 "이거 뭐야?"라고 묻고, 질문에 대한 답 듣기를 즐긴다. 물건의 이름을 따라 말하기도 하고, 고개만 끄떡이면서 반복적으로 물건의 이름을 물으며 "이거 뭐야?"라는 말을 반복하기를 즐긴다. 혹은 교사가 "이거 뭐야?"라고 물으면 자신이 알고 있는 이름을 말하기를 즐기기도 한다.

★★★ 헝겊책 보아요.

처음으로 책장을 넘기면서 그림을 보는 영아는 넘기기 쉽고 마음대로 조작할 수 있는 헝겊책 보기를 즐긴다. 책장을 마음대로 넘기면서 그림을 볼 때 그림 속의 사물의 이름을 이야기해 주면 사물의 이름 듣기를 즐긴다. 또는 영아가 헝겊책의 다양한 촉감을 즐길 때 촉감에 대해 이야기해 주면 들으면서 촉감 느끼기를 즐긴다.

★★★ 까꿍! 우리 가족들

까꿍판 안에 영아의 가족사진을 넣어 두고 까꿍판 덮개를 열면서 "누굴까?" 하면 영아는 "엄마", "아빠"를 말하며 덮개를 닫았다가 열면서 엄마, 아빠 말하기를 즐긴다. 또는 교사가 엄마, 아빠와 함께 찍은 가족사진에 대해 이야기해 주면 영아는 듣기를 즐긴다.

★★★ 손 흔들어 안녕!

손을 흔들 수 있는 인형으로 등원할 때, 하원할 때, 친구를 만났을 때 등 인사하는 상황에서 손을 흔들어 인사하기를 보여 주면 영아는 인사하기 놀이를 즐긴다. 손에 손 인형을 끼고 인사하기 놀이를 할 수도 있다.

★★★ 소리 나는 그림책을 보아요.

책장을 넘기며 그림에 대해 이야기 나누기 놀이, 버튼을 누른 후 소리를 듣고 어떤 소리인지 이야기해 보기, 소리과 그림 속의 사물과 관련지어 이야기해 보기 등의 놀이를 반복적으로 즐긴다.

★★★ 반복해서 읽어 주어요.

1세의 일상생활이나 익숙한 경험에 대한 내용의 그림책을 반복해서 듣기를 즐긴다. 책 속의 그림을 보면서 읽어 주는 말의 내용을 반복적으로 듣기를 좋아한다.

★★★ 동시 : 아기 웃음

영아가 조작해(눈, 코, 입, 귀 모양을 붙이고 떼기) 할 수 있는 동시판으로 아기 웃음 동시를 낭독해 주면 동시를 들으면서 각 모양을 조작하는 놀이를 즐긴다.

★★★ 놀이하는 사진을 보아요.

자신과 또래의 놀이하는 사진을 보며 사진 속에 누가 있는지, 무엇이 있는지, 어떤 놀이를 하는지 등에 대해 말하기를 즐긴다. 친구의 이름 말하거나 친구 이름을 듣고 어디에 있는지 찾아보기 놀이를 즐긴다.

★★★ 큰 종이에 끼적여요.

커다란 종이에 여러 가지 쓰기 도구로 마음대로 끼적기리기를 즐긴다. 0~1세의 특성상 영아가 종이 위에 올라가서 그릴 수 있을 정도의 큰 종이에 끼적거리기를 즐긴다.

• 0~1세보다 말하기 능력이 우수해진 2세는 놀잇감을 활용하여 스스로 말하기를 즐긴다. 이야기가 있는 그림책 보기를 좋아하여 자신이 좋아하는 그림책을 반복하여 읽어 달라는 요구가 많다. 2세아가 새로운 그림책에 관심을 돌릴 때까지 충분히 반복해 주어야 한다.

2세 영아의 말 놀이 예

★★★ 동물 소리 들어요.

녹음된 동물 소리를 듣고 해당되는 동물 그림을 찾기 놀이를 반복적으로 즐긴다. 동물 소리를 듣고 소리를 흉내 내기, 동물 소리 내며 동물 모습을 흉내 내기 놀이를 즐긴다.

★★★ 나들이 사진 보며 이야기해요.

가족들과 혹은 또래들과 나들이 갔던 사진을 보며 사진 속 내용을 이야기하기를 즐긴다. 사진 속의 누가 있는지 찾고 말하기를 즐긴다.

★★★ 융판 동화 들어요.

영아가 즐기는 그림책 내용을 융판 동화로 제작하여 들려주거나, 영아가 융판 자료를 조작하면서 스스로 그림책 이야기해 말해 보기를 즐긴다.

★★★ 손 인형으로 말해요.

손에 동물 인형을 끼고 동물처럼 흉내 내며 말하기를 즐긴다. 교사가 동물 인형처럼 말하면 영아는 이에 적절히 반응하며 대화하기를 즐긴다.

★★★ 움직이는 그림책 봐요.

'달님 안녕'과 같이 스토리에 따라 등장인물이나 사물을 움직일 수 있는 교구로 실감나게 이야기를 들려준다. 또는 영아가 직접 교구를 조작하면서 스토리를 이야기해 보도록 한다.

★★★ 모형 과일 보고 말해요.

다양한 모형 과일을 보면서 각 과일의 이름, 어떤 맛이었는지, 어떤 과일을 좋아하는지, 언제 누구랑 먹어 봤는지 등 과일과 관련된 자신의 경험을 이야기하기를 즐긴다.

★★★ 냄새 맡고 말해요.

과일 등 주변의 다양한 물건의 냄새를 맡아 보고 어떤 냄새인지, 언제 이런 냄새를 맡은 적이 있는지 등을 이야기하기를 즐긴다. 냄새와 관련된 이야기를 자유롭게 말할 수 있도록 질문하거나 격려한다. 촉감 느끼고 말하기, 소리 듣고 말하기 놀이로 확장할 수 있다.

★★★ 의성어, 의태어를 즐겨요.

동시에서 표현된 의성어, 의태어를 리듬 있게 말하기를 즐기므로 다양한 동시 듣고 따라 하기 놀이를 반복적으로 즐긴다. 또는 알고 있는 의성어와 의태어로 자신의 경험이나 상황을 이야기하기를 즐길 수 있도록 격려한다.

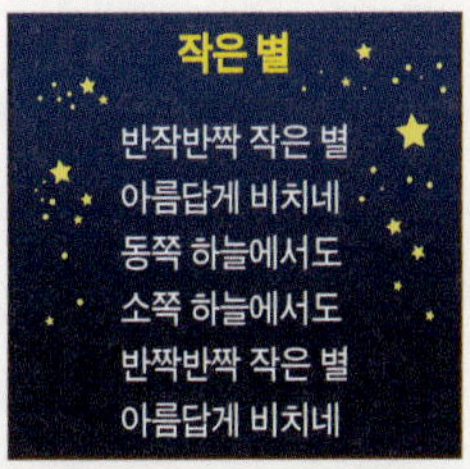

★★★ 여러 가지 모양 위에 끼적여요.

○, △, □ 등 여러 도형 위에 끼적거리기, 혹은 그림 위에 끼적거리기를 한 후, 자신이 그린 그림에 대해서 이야기하기를 즐긴다.

★★★ 하루 일과 사진 순서대로 말해요.

자신의 하루 일과 사진들을 보고 무엇을 하고 있는 사진인지 이야기하고, 자신이 지내는 하루를 떠올리면서 순서대로 사진을 놓아 보기를 즐긴다.

2) 1세 말 놀이 지원 방법의 예

배변 훈련에 관심을 갖고 편안하게 배변 훈련이 일상생활에서 이루어질 수 있도록 영아의 흥미를 끌기 위해서 '배변 그림책(끙끙 응가 놀이) 보기' 놀이를 계획하였다.

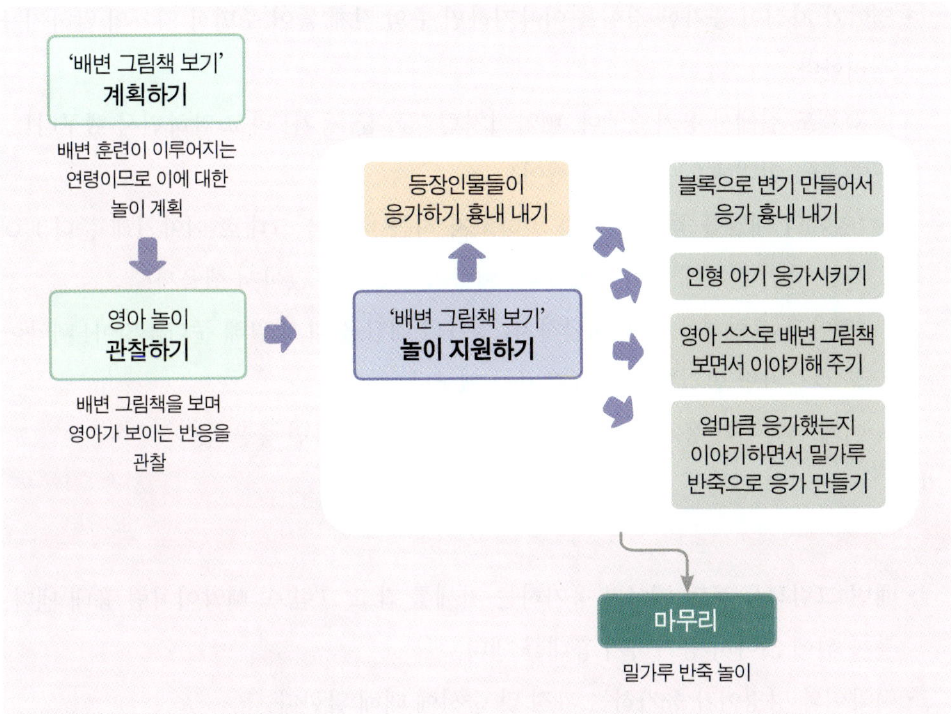

계획하기

- 편안하게 앉아 배변 그림책을 영아와 함께 본다.
  - (삐약이가 응가하는 그림을 보며) 삐약이가 무엇을 하고 있니?
  - (영아가 말한 내용을 반복하면서) 삐약이가 응가를 하고 있구나.
  - (응가하는 흉내를 내면서) 삐약이가 끙, 끙, 응가를 하네!
  - (영아가 응가 흉내를 낸다.)
  - 다음 장으로 넘겨 볼까? 다음 장에는 누가 무엇을 하고 있을까?
  - (영아가 이야기한 내용을 말해 주면서) 그래……, 멍멍이가 응가를 하고 있구나.
  - 멍멍이가 응가를 잘할 수 있도록 "끙, 끙, 응가!"라고 말해 주자.
  - (교사는 영아들을 따라서 "끙, 끙, 응가!"라고 말한다.)

- 영아가 자신이 응가한 경험을 이야기하면 주의 깊게 들어 주면서 영아의 말하기를 격려한다.
  - ㅇㅇ도 집에서 응가했구나. 삐약이처럼 "끙, 끙, 응가!"라고 말하면서 했구나!
  - ㅇㅇ는 어디에 앉아서 응가했어?
  - (영아의 대답을 듣고 영아가 말하고자 하는 내용을 그대로 이야기해 준다.) ㅇㅇ는 아기 변기에 앉아서 했구나. 삐약이도 변기에 앉아서 했을까?
  - (영아가 그림책을 보며 대답하자, 영아의 대답을 다시 말해 준다.) 맞아! 삐약이도 ㅇㅇ처럼 변기에 앉아서 응가를 했구나.
  - 이제 삐약이가 응가를 다 했대! 그다음에 어떻게 하면 좋을까?

관찰하기

- 배변 그림책을 보던 영아가 응가하는 자세를 잡고 그림 속 삐약이처럼 흉내 낸다. 블록 위에 앉아서 응가하기 흉내를 낸다.
- 삐약이와 멍멍이가 응가하는 과정 및 순서에 대해 말한다.
- 영아 스스로 배변 그림책을 넘기면서 각 장의 스토리를 이야기한다.
- 몇몇 영아들은 자신의 응가가 얼마나 큰지 또는 얼마나 많은지 이야기한다.

지원하기

〈블록으로 변기 만들어서 응가해요〉

- 블록으로 아기 변기를 만들어서 응가 흉내 내기를 격려한다.
  - (블록으로 아기 변기를 만들어 준 후) 이것을 변기라고 할까? 멍멍이가 변기에서 어떻게 응가했더라?
  - (영아가 변기에 앉아 멍멍이처럼 응가 흉내를 낸다.) 멍멍이가 끙, 끙, 응가를 했구나. 응가를 다하면 휴지로 닦고 일어나서 옷을 입었구나. 멍멍이는 응가했으니까 손 씻으러 가야겠구나.

〈인형 아기 응가시켜요〉

- 인형 아기를 블록으로 만든 변기에 앉히고 아기 응가시키기 놀이한다.
  - (인형을 데려온 영아에게) 아가도 응가하고 싶대요? 여기 변기에 앉혀 볼까?
  - (인형 아기를 바라보며 영아들과 함께) 아가가 응가를 잘하도록 응원해 줄까? 끙, 끙, 응가하자, 아가야!
  - 우와, 아가가 응가를 다 했대! "아가, 잘했어요"라고 칭찬해 줄까?
- 응가하는 과정 및 순서에 대해 이야기해 본다.
  - 응가를 다한 인형 아가를 어떻게 해주면 좋을까요? (영아의 반응을 말로 표현해 주며) 그래 닦아 주고 바지를 입혀 줄까? ㅇㅇ도 인형 아기에게 잘했어라고 말해 주고, 닦아 주었구나!
  - 응가를 다한 인형 아기는 이제 무엇을 하고 놀이하면 좋을까?

〈배변 그림책 읽는 흉내 내요〉

- 그림책에 어떤 이야기가 있는지 영아에게 읽어 달라고 한다.
  - 이 책에는 어떤 내용이 있나요? 선생님과 친구들에게 읽어 주세요.
  - (영아가 펼치고 있는 그림을 함께 보며) 지금 삐약이가 무엇을 하고 있니?
  - (영아가 말하는 것을 듣고 영아의 말을 문장으로 다시 이야기해 준다.) 삐약이가 응가가 하고 싶대! 그래서 삐약이가 변기에 앉았구나. 그리고 삐약이는 무엇을 했어?
  - (영아가 끙, 끙, 소리 내며 응가 흉내 내기를 한다.) 삐약이가 끙, 끙, 응가를 하는구나. 삐약이에게 응가 잘하라고 응원해 주는 거야?
  - (영아가 책의 다음 페이지 그림을 보며 이야기에 대해 말한다.)

〈밀가루 반죽으로 응가 만들어요〉

- 응가를 많이 했다고 말하는 영아에게 밀가루 반죽으로 응가 만들기 놀이를 제안한다.

- (밀가루 반죽을 준비하여 주며) 삐약이가 응가한 응가를 만들어 볼까? 삐약이 응가가 어떤 모양이었더라?
- (밀가루 반죽을 작게 만든 영아가 자신이 만든 것을 보여 준다.) 삐약이 응가는 이렇게 작구나. 콩알처럼 아주 작아! 멍멍이 응가는 어떻게 생겼을까?

• 밀가루 반죽으로 만든 응가를 변기 모양 종이에 놓아 본다.
- (삐약이 변기, 멍멍이 변기를 블록으로 만들어 준 후) 삐약이 응가는 여기 삐약이 변기에 넣어 주세요. 멍멍이 응가는 멍멍이 변기에 넣어 주세요.

• 영아가 밀가루 반죽으로 만든 응가의 모양과 크기에 대해 이야기 나눈다.
- (멍멍이 응가를 만든 영아에게) 멍멍이 응가는 이렇게 동그란 모양이구나.
- (돌돌이 공룡 응가를 만든 영아에게) 돌돌이 응가는 많이 크네. 돌돌이는 응가를 많이 했구나! 이렇게 많이 했대!

마무리

〈'밀가루 반죽' 놀이 시작〉

• 밀가루 반죽으로 응가를 만들던 몇몇 영아들이 반죽으로 모양을 만들어 소꿉 그릇에 담아서 '맘마'라고 말하고 맘마 먹기 놀이를 한다.

• 옆에 있던 다른 영아들도 밀가루 반죽을 밀대로 밀며 피자라고 말한다. 교사는 영아들이 마음대로 음식 만들기 놀이를 할 수 있도록 2~3가지 색깔의 밀가루 반죽과 그릇 등 소품을 준비하고 음식 만들기, 음식 주문하기 등 놀이를 계획한다.

3) 2세 말 놀이 지원 방법의 예

마트 전단지의 상품 그림들에 관심을 보여서 전단지 상품 그림을 활용해 '내가 좋아하는 물건' 책 만들기 놀이를 계획한다.

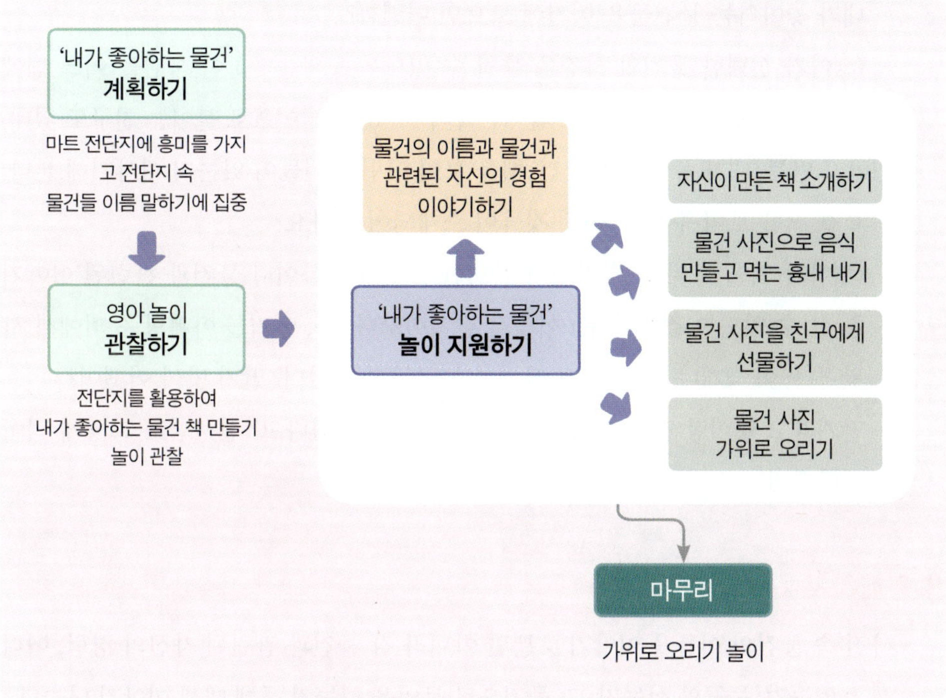

계획하기

- 마트 전단지를 탐색하며 각 그림 속의 물건 이름을 말해 본다.
  - (영아가 가르키는 물건을 보며) 이게 무엇일까? 초콜릿이구나.
- 영아가 각 물건과 관련된 영아 자신의 경험을 이야기해 보도록 한다.
  - (영아에게 초콜릿을 먹어 본 경험에 대해 이야기하는 영아의 말을 귀 기울여 듣는다.)
  - 네모 모양의 초콜릿을 먹었구나. 엄마가 슈퍼에서 사주신 초콜릿을 먹었구나.
  - ㅇㅇ는 할머니가 초콜릿을 사다 주셨구나. 동그라미 초콜릿!
- 영아가 선택한 물건의 그림들을 오려서 '내가 좋아하는 물건' 책 속지에 붙이도록 한다.

– 내가 좋아하는 물건들을 여기에 모으면 어떨까?

– (영아가 선택한 물건의 사진을 붙일 수 있도록 도와준다.) 이 사진을 어느 면에 붙일까? 무엇을 붙일까? 풀로 붙이는 친구도 있고, 테이프로 붙이는 친구도 있네.

• 영아가 만든 '내가 좋아하는 물건' 책을 보며 어떤 물건들이 있는지 이야기해 본다.

– ㅇㅇ 책을 보여 주세요. 어떤 것들이 소개되어 있나요?

– (영아가 책을 보여 주면 자신이 선택한 물건의 이름이나 물건과 관련된 이야기를 할 수 있도록 질문한다.) 이것은 딸기이구나. 아, 딸기를 아빠랑 슈퍼에서 사 왔구나. 아, 2개나 사 왔구나. 딸기를 누구하고 먹었니? 딸기 맛이 어땠어?

– 딸기라고 빵이랑 같이 먹었구나! 그래서 더 맛있었다고? 선생님도 그렇게 먹어 봐야겠네!

관찰하기

• 사진 속 물건의 이름을 이야기할 뿐만 아니라 각 물건과 관련된 자신의 경험, 어디서 보았는지, 누구와 샀는지, 그 물건으로 무엇을 했는지 등에 대해 이야기 나눈다.

• 자신이 만든 책을 자랑스러워 하며 교사에게 보여 준다.

• 음식 그림을 오린 몇몇 영아들은 음식 그림을 그릇에 담아서 먹는 흉내를 내거나 음식 만들기 흉내 낸다.

• 자신이 오린 사진을 옆의 친구에게 건네는 영아에게 "친구에게 선물로 주는 거야?"라고 물으니 영아가 고개를 끄덕인다. 이를 본 몇몇 영아들이 물건 사진을 올려서 친구에게 선물로 준다.

• 전단지를 오리던 몇몇 영아가 색종이와 수수깡을 가지고 와서 가위로 자른다.

지원하기

〈자신이 만든 책 소개해요〉

• 영아가 만든 '내가 좋아하는 물건' 책을 보여 달라고 요청한다.

– 어떤 물건들이 있는지 보여 줄래? 네가 만든 책을 보여 줄래?
– (영아가 만든 책을 또래가 잘 볼 수 있도록 도움을 준다.)
– 우와, ㅇㅇ 책에 무엇이 있는 볼까? 어떤 것들을 좋아하는지 이야기해 준대. 잘 들어보자.

• 영아가 보여 주면서 이야기해 준 책 내용을 문장으로 다듬어서 다른 영아들이 이해하기 쉬운 문장으로 이야기해 준다.
– ㅇㅇ는 풍선, 딸기, 곰돌이 인형을 좋아한대. 그래서 풍선, 딸기, 곰돌이 인형 그림으로 책을 만들었구나.

• 또래가 소개하는 물건에 대한 이야기를 듣고 자신이 좋아하는 물건 이야기를 하는 영아의 말을 수용해 주고 반응해 준다.
– ㅇㅇ처럼 딸기를 좋아하는구나. 딸기는 좋아하는 친구는 또 누가 있을까? ㅇㅇ, ㅁㅁ, △△도 딸기를 좋아하는구나. 선생님도 딸기를 좋아해. 우리 모두 똑같이 딸기를 좋아하네!

• 또래들에게 자신의 책을 소개하고 싶은 다른 영아의 책 보기를 한다.

〈물건 사진으로 음식 먹거나 만들어요〉

• 음식 사진을 소꿉 그릇에 넣는 영아에게 무엇을 하는지 질문하여 역할 놀이를 시작한다.
– (음식 사진을 그릇에 넣는 영아에게) 무엇을 만들고 있나요?
– (영아의 대답을 들은 후) 맛있는 국수를 만들고 있군요. 엄마가 국수를 끓이고 있군요. 엄마, 뜨거우니까 조심하세요.

• 영아가 만든 음식을 먹는 역할 놀이를 한다.
– 우와, 맛있는 국수가 다 되었군요. 먹어도 되나요? 숟가락과 젓가락을 주세요.
– 너무 뜨거워요. 호호 불면서 먹어야 할 것 같아요.
– 물도 주시겠어요? 국수가 뜨거워서 물도 한 번 먹어야 할 것 같아요.

- 여러 가지 음식 그림들로 상을 차린 영아를 격려한다.
  - 맛있는 음식들이 너무 많네요!
  - 가장 좋아하는 음식은 어떤 것인가요?
  - 맛있게 잘 먹겠습니다!
- 영아가 원하면 밀가루 반죽으로 원하는 음식을 만들어서 상을 차릴 수 있도록 한다.

〈친구에게 선물해요〉

- 영아가 또래에게 전단지에서 오린 그림을 건네는 모습을 보고 친구에게 선물하는 것인지 물어본다.
  - 이 귤을 친구에게 선물하는 거니?
  - (영아가 고개를 끄덕인다.) 우와, 맛있는 귤을 선물하는구나.
  - (선물 받은 또래를 보며) 우와, 좋겠다. 맛있는 귤을 받았으니 고마워라고 말해 볼까?
- 친구에게 선물하고, 선물 받기 놀이를 하도록 격려한다.
  - (또래에게 선물을 받는는 영아에게) 친구가 멋진 자동차를 주었구나. 선물을 준 고마운 친구에게 선물할 수도 있어. 선물을 한다면 무엇을 선물하고 싶니?
  - (영아가 전단지에서 물건 사진을 고르고 오리도록 도와준다.) 친구에게 멋진 곰돌이를 선물하고 싶구나. 친구에게 "선물 줘서 고마워! 이것은 내 선물이야"라고 말하면 줄 수 있단다.
- 또래들끼리 선물을 주고받기를 격려하면서 선물에 대해 고마음을 표현할 수 있도록 안내한다.

〈가위로 오려요〉

- 전단지의 물건 사진을 오리기에만 집중하는 영아에게 다양한 종이나 재질을 가위로 오려 보도록 한다.

- (영아들이 가위로 오리기 쉽게 물건들이 1줄로 나란히 있는 모양으로 전단지를 잘라서 제시해준다.) 이 중에서 어떤 물건을 원하니? 원하는 물건을 가위로 자를 수 있단다.

- 영아가 전단지 물건보다는 가위로 자르기에 집중하는 놀이를 한다면 기다란 종이나 자를 수 있는 다른 재질의 물건들을 제시하여 영아가 쉽게 가위질할 수 있도록 한다.
  - 가위로 자르는 것이 재미있구나. 여기 긴 종이를 잘라 볼까?
  - 이렇게 긴 밀가루 반죽도 가위로 자를 수 있을까? 우와, 가위로 반죽을 싹뚝 자를 수 있네!
- 골판지, 수수깡, 플레이도우 등 다양한 재질의 물건들을 길게 제시하여 영아가 가위로 자르기를 즐길 수 있도록 한다.

마무리

〈'가위로 자르기' 놀이 시작〉

- 전단지 물건을 오리던 영아들이 다양한 재질을 가위질 하면서 재질에 따라 가위질의 힘을 조절해 본다. 가위로 자르기를 즐기는 영아를 위해 안전하게 가위질할 수 있는 다양한 것들을 준비한다.
- 가위로 자른 조각들을 탐색하고 다양한 조각들로 꾸미기 활동을 할 수 있도록 한다.

4) 영아 말 놀이를 지원하는 교사

- 영아의 언어적 혹은 비언어적 시도에 반드시 반응해 준다. 영아가 무엇인가를 표현하려는 몸짓, 표정, 말소리 등에서 다른 사람과 의사소통하는 방법을 연습하고 배울 수 있기 때문이다.

- 말 놀이를 즐기는 방법은 상대의 말과 소리를 잘 듣고 적절한 시기에 적절한 방법으로 반응하는 방법이다. 영아가 이와 같이 주고받는 식의 말 놀이를 즐기는 것은 상대의 말과 의도에 집중해서 듣고 자신의 생각과 의견을 적절히 표현하는 다양한 기술을 학습할 수 있는 중요한 기회이다.
- 영아가 보고 있는 사물, 상황에 대해 자세히 말로 표현해 줌으로써 영아의 관심과 흥미, 영아의 경험이 말로 표현되는 과정을 즐길 수 있도록 한다. 그 과정에서 영아는 다양한 단어와 표현, 상황에 적절한 표현 등을 학습할 수 있을 뿐만 아니라 자신의 생각과 감정, 욕구 등을 표현하는 쾌감을 경험할 수 있다.
- 놀이하면서 영아가 혼잣말하기를 즐길 수 있도록 격려할 뿐만 아니라 영아의 혼잣말에 교사가 적절히 반응하여 사회적 언어로 확장해 주면 영아는 말 놀이에 더 집중하게 된다. 영아 시기에는 혼잣말을 하면서 자신의 생각과 상황을 언어화하는 놀이를 즐기는데, 이 과정에서 보다 적절한 언어적, 비언어적 표현을 모델링해 준다.
- 연령에 적합한 그림책, 그림 자료, 끼적거리기 자료 등을 충분히 준비한다. 사물의 이름 알기를 즐기는 0~1세 영아, 각 상황에 대해 말하기를 즐기며 스토리가 있는 그림책 보기를 즐기는 2세 영아, 교사처럼 글쓰기 흉내 내기를 즐기는 영아의 문해 활동을 격려하기 위한 적절한 환경 구성은 영아가 즐겁게 놀이하면서 언어발달을 이룰 수 있는 효과적인 방법이다.

2. 역할 · 쌓기 놀이

12개월경이면 잠자는 흉내 내기, 유모차에 탄 아기 인형을 밀어 주기 등과 같이 일상생활에서 자주 경험하는 행동을 구체적으로 모방하되 단순한 역할 놀이를 한다. 이는 누군가가 영아에게 이런 역할 놀이를 요구해서 일어나는 것이 아니라 영아가 누군가를 모방하기를 즐기기 때문에 주로 자신이 행위자가 되어 모방하고자 하는 행위를 하기 때문이다. 18개월경에는 외부 지향적인 가작화가 가능해져서 영아 자신이 아니라 인형 아기가 모형 과일을 먹기, 인형 아기가 전화기로 전화하는 흉내 내기 역할 놀이가 가능하다. 2세경에는 점차 복잡하고 세련된 가작화를 할 수 있게 되어 다양한 사물을 대체하여 역할 놀이를 할 수 있고 엄마, 아빠 놀이뿐만 아니라 자신이 경험한 친숙한 주제에 대한 역할 놀이를 즐긴다. 영아는 자신이 경험한 역할을 모방하기(엄마가 아기 돌보기 등)과 사물을 보면 연관되어 생각나는 행위를 모방하기(유모차를 보면 아기 인형을 태우고 밀어 주기 등), 그리고 엄마–아빠–아기, 아내–남편과 같은 관계적 역할을 모방하기 놀이를 주로 한다. 이와 같은 역할 놀이를 즐기면서 영아는 다른 사람에 대한 인식과 역할 속성, 역할 관계, 역할에 적절한 행위를 경험하여 학습한다.

사물을 가지고 놀이하기를 즐기는 영아는 블록을 가지고 놀이하는 것도 매우 좋아한다. 12~18개월 영아는 비록 블록으로 무엇인가를 만들지는 못하지만 블록을 1개의 사물로 가지고 놀이한다. 18~24개월 영아는 블록을 한 줄로 늘어놓거나 단순한 탑 쌓기를 즐긴다. 또는 블록을 쌓아 놓은 후 무너뜨리는 놀이를 즐기기도 한다. 2세 후반기가 되면 블록으로 폐쇄 공간 만들기를 시도하면서 본격적으로 블록 놀이를 즐긴다. 간단한 공간을 만든 후 공간 안과 밖을 구분하여 놀이 할 수 있고, 자신이 경험했던 사물

표 10–1 역할 놀이의 발달 단계

범주	설명	사례
전–가작화	유사한 가작과 활동에 참여하지만 가작화 한다는 확실한 증거는 없다.	단순히 전화기를 귀에 댄다. 인형의 입에 젖병을 댄다.
자기–가작화	명백한 가작화 활동에 참여하고 자기를 향하여 진행되는 명확한 가작화를 한다.	컵을 들어 입에 대고 마시는 소리를 낸다.
타인–가작화	자기로부터 벗어나 다른 사람을 향하여 진행되는 가작화 행동에 참여한다. 다른 사람의 행동을 가작화한다.	모형 젖병이나 컵으로 인형에게 젖을 먹인다. 모형 트럭을 밀면서 자동차 소리를 낸다.

출처 : Johnson, Christie, & Yawkey,(2005)

들을 상상해서 구성할 수도 있다. 예를 들어, 블록으로 네모 공간을 만든 후 집이라 상상하며 집 안으로 등장인물이 들어가거나 나오는 역할 놀이를 하기도 하고, 블록을 길게 늘어놓은 후 버스라고 상상하면서 블록으로 만든 버스를 타고 어린이집이나 마트에 가는 놀이를 한다. 이와 같이 영아는 블록 놀이와 역할 놀이를 자연스럽게 연결하여 즐길 뿐만 아니라 이런 놀이 경험을 반복하면서 점차 실제 사물과 유사하게 구성하려고 노력하면서 표상 능력을 발달시킨다. 영아기에 반복적으로 경험하는 역할 놀이와 블록 놀이는 이후 유아기의 정교하고 복잡한 놀이를 위한 기초 능력을 발달시키므로 충분히 경험하고 즐길 수 있도록 해주어야 한다.

1) 연령별 역할 쌓기 놀이

- 0~1세 영아는 간단한 행위를 모방하거나 묘사는 단순한 역할 놀이와 블록을 하나의 사물처럼 일렬로 늘어놓기 놀이를 즐긴다.

0~1세 영아의 역할 · 쌓기 놀이 예

★★★ 얌얌 음식을 먹어요.

모형 음식과 그릇을 보면 그릇에 음식을 담기도 하고, 숟가락 및 포크로 음식을 먹는 모습을 흉내 내기 놀이를 즐긴다. 실물과 유사한 모형 음식을 준비하여 음식 먹기 흉내 내기, 음식 먹여 주기 흉내 내기 놀이를 즐기도록 한다.

★★★ 보글보글 음식을 만들어요.

소꿉 그릇, 냄비, 싱크대 등의 놀잇감이 제공되면 빈 냄비나 프라이팬을 가스레인지 위에 올려놓고 음식 만들기 놀이를 흉내 낸다. 음식 만들기가 끝나면 만든 음식 먹기를 흉내 내기를 한다.

★★★ 모형 음식으로 상을 차려요.

블록으로 상을 만들어 놓고 그 위에 모형 음식과 그릇들을 놓으면서 간단한 상차림 놀이를 즐긴다. 영아가 차려 놓은 음식들이 무엇인지 이야기해 보고, 얌얌 먹는 흉내 내기 놀이한다.

★★★ 아가를 업어 줘요, 재워요.

인형 아기를 업고 달래는 흉내 내기, 잠든 인형 아기를 눕히는 놀이, 인형 아기 기저귀를 갈아 주는 흉내 내기 등 아가를 돌보는 역할 놀이를 한다.

★★★ 우유 먹여요.

인형 아기 혹은 동물 인형을 안고 우유 먹이는 흉내 내기를 즐긴다. 우유를 다 먹인 후에 인형 아기 입을 닦아 주거나, 우유 먹다가 잠든 인형 아기는 조심스럽게 눕히고 이불을 덮어 주는 놀이를 즐기도록 한다.

★★★ 유모차를 밀어요.

인형 아기와 유모차를 보면, 인형 아기를 유모차에 태우고 유모차를 밀어 주는 흉내 내기 놀이를 즐긴다. 유모차에 아가를 태우고 어디 가는지 등을 질문하여 유모차 놀이를 즐기도록 한다.

★★★ 아픈 아가를 진찰해요.

청진기, 주사기 등을 제시해 주면 청진기를 귀에 꽂고 인형 아기를 진찰하는 흉내 내기를 즐긴다. 아가가 아픈 곳을 손으로 표시하게 해본다.

★★★ 엄마 구두 신고 가방 메고 출근해요.

성인 구두, 핸드백 등을 제시해 주면 영아는 엄마처럼 구두 신고 핸드백을 메고 외출하거나 출근하는 흉내 내기를 즐긴다. 교실 한 바퀴를 돌고 오면 '엄마, 다녀오셨어요!'라고 인사하여 영아가 엄마 역할 흉내 내기를 즐기도록 한다.

★★★ 동물 흉내 내요.

동물 사진이나 동영상을 보며 동물의 소리, 움직임에 관심을 가지고 살펴보도록 한다. 동물 소리 내기, 동물처럼 움직임을 흉내 내기를 즐긴다. 동물 모자나 동물 사진이 붙은 머리띠 등을 준비해 주면 더 흥미롭게 동물 흉내 내기를 즐긴다.

★★★ 모형 운전대로 운전해요.

모형 운전대를 제시하면 자동차 운전하는 흉내 내기를 즐긴다. 이때 블록으로 자동차 운전석 혹은 자동차를 구성하면 운전하는 역할 놀이를 더 집중하여 즐긴다.

★★★ 생일 축하해요.

모형 케이크와 촛불, 생일 모자를 제시해 주면 영아는 교사를 따라 생일 축하 노래를 흥얼대며 초를 불어서 끄는 축하 놀이를 즐긴다. 초를 끈 다음 케이크를 먹는 흉내 내기 등의 역할 놀이를 즐기도록 한다.

★★★ 보들이 블록으로 놀아요.

보들보들 촉감의 블록을 준비해 두면, 영아는 블록의 촉감을 만져 보고 얼굴에 대보면서 촉감을 탐색하고, 보들이 블록을 쌓아 보거나 길게 늘어놓는 놀이를 즐긴다.

★★★ 종이 블록로 놀아요.

종이 블록을 위로 쌓거나 길게 늘어놓는 놀이를 즐긴다. 길게 늘어놓고 그 위를 걸어가는 놀이로 확장하여 즐기도록 한다. 혹은 종이 블록 위로 기어가는 놀이를 할 수 있다.

★★★ 에어 블록을 걸어요.

종이 블록을 에어캡으로 쌓아서 준비해 두면, 손으로 에어캡을 꾹꾹 누르는 놀이, 엉덩이로 앉아서 에어캡 터뜨리기 놀이, 발로 밟아 보기 등을 즐긴다.

★★★ 휴지 블록 쌓아요.

두루말이 휴지가 풀리지 않도록 겉면을 종이나 펠트지로 감싼 후 블록처럼 제공하면, 쌓기, 길게 늘어놓기, 굴려 보기 등의 놀이를 즐긴다.

- 2세 영아는 대체로 교사와 특정 역할을 흉내 내거나 영아에게 익숙한 상황을 설정해 놓고 상황에 적절한 역할 놀이를 즐긴다. 설정한 상황에서 영아는 자신이 알고 있는 각 역할의 속성을 가작화하기를 즐기므로 영아의 의도를 세밀하게 관찰하고 지원해야 한다. 역할 놀이 시 자신에게 익숙한 상황을 설정할 때 블록을 이용해 가상의 공간이나 가상의 물건 등을 구성하기를 즐긴다. 블록으로 구성한 구조를 활용하여 역할 놀이를 더 활발하게 즐기는 경향이 있다.

2세 영아의 역할 · 쌓기 놀이 예

★★★ 맛있는 음식을 만들어요.

밀가루 반죽을 제공해 주면 자유롭게 반죽을 탐색한 후, 음식 만들기를 즐긴다. 영아가 만든 음식을 그릇에 담아 소꿉놀이나 음식점 놀이로 확장하여 놀이하도록 한다. 또는 모양 틀로 반죽을 찍어서 여러 모양의 쿠키 만들기 놀이를 즐길 수 있다.

★★★ 엄마에게 전화해요.

놀잇감 전화기를 제공하면 엄마나 아빠와 전화하는 흉내 내기를 즐긴다. 이때 교사가 엄마나 아빠 역할을 해주면 영아는 좀 더 실감나게 전화하는 역할 놀이를 즐긴다. 혹은, 영아가 엄마처럼 다른 사람에게 전화하는 역할 놀이를 즐기기도 한다.

★★★ 친구 생일 축하해요.

친구 생일 축하했던 사진이나 그림을 제시하여 생일 축하 놀이에 관심을 보이면 생일 축하 역할 놀이를 즐기도록 한다. 한 명씩 돌아가면서 생일 주인공이 되고 다른 친구들은 축하하는 역할 놀이를 하되, 영아들이 동시에 주인공이 되고자 한다면 모두 주인공이 되어 생일 축하 놀이를 하도록 한다. 생일상 차리기 놀이로 확장할 수 있다.

★★★ 가게 놀이해요.

장난감 가게 사진이나 카탈로그를 준비해 두고 영아들이 관심을 보이면 함께 살펴보고 장난감 가게 놀이를 즐기도록 한다. 블록으로 장난감 진열대나 장난감 가게를 만들어 가게 놀이를 즐기게 한다. 대체로 2세 영아는 각자의 가게를 만들고 자신이 생각하는 역할을 즐기므로 교사가 적절한 상대 역할을 해주는 것이 좋다.

★★★ 아기 침대를 만들고 아기를 재워요.

아기 인형을 재우는 엄마, 아빠 역할을 즐기는 영아에게 잠든 아기 인형을 눕힐 수 있는 침대를 블록으로 만들어 보도록 격려한다. 영아 스스로 침대를 구성해 보도록 격려한다. 아기가 잠들기 전에 목욕을 하는 상황을 제시하여 블록으로 욕조를 만들고 아기 인형을 씻기는 역할 놀이로 확장할 수 있다.

★★★ 나비가 훨훨

나비 날개, 나비 머리 띠를 탐색한 후, 나비처럼 움직이는 역할 놀이를 할 수 있도록 안내한다. 또한, 블록으로 꽃밭을 구성하여 나비가 꽃에 앉아 꿀을 먹는 흉내 내기 역할 놀이로 확장할 수 있다.

★★★ 블록 기차 놀이해요.

와플 블록이나 종이 블록을 길게 놓아서 기차를 만들고 그 위에 올라가 기차 타는 역할 놀이, 기차 타고 여행 가는 역할 놀이를 즐긴다. 이때 영아는 혼자 타는 짧은 기차를 만들기를 원할 수도 있고, 여러 명이 탈 수 있는 긴 기차를 만들 수도 있다. 기차와 관련된 노래를 부르며 기차 타고 가는 역할 놀이를 하면 더 효과적이다.

기차뿐만이 아니라 버스, 자동차, 지하철 등 익숙한 탈것을 만들어 놀이할 수 있다.

★★★ 블록으로 높이 쌓아요.

와플 블록, 종이 블록, 우레탄 블록 등을 제시하면 영아는 높이 쌓기를 즐긴다. 무너지지 않게 높게 쌓기 놀이를 격려하되, 무너지면 다시 쌓을 수 있음을 안내한다. 친구가 쌓은 블록을 관찰할 수 있도록 안내하거나, 자신이 만든 구성물에 대체 이야기해 보도록 한다.

★★★ 블록으로 자동차 길 만들어요.

자동차 놀이를 즐기는 영아에게 블록으로 자동차 길 만들기를 제안한다. 종이 블록, 우레탄 블록 등을 연결하여 자동차 길을 만들고 그 위로 자동차를 굴리며 자동차 운전하기 역할 놀이를 즐긴다. 이때, 간단한 경사로나 터널을 만들 수도 있다.

★★★ 어린이집 실외 놀이터 만들어요.

영아에게 익숙한 실외 놀이터에서 놀아 본 경험을 이야기한 후, 블록으로 실외 놀이터를 구성해 보도록 격려한다. 단, 세부적이고 구체적인 실외 놀이 기구를 블록으로 구성하기 힘든 연령이므로 블록에 실외 놀이 기구 사진을 붙여서 놀이하도록 한다.

★★★ 집을 만들어요.

블록으로 간단한 구조물 만들기는 즐기는 연령이므로 영아가 만든 구조물이 무엇인지 질문하고, 이 구조물을 활용하여 역할 놀이를 하도록 격려한다. 예를 들어, 봄의 꽃을 관찰한 후 영아가 꽃밭을 블록으로 구성했다면 꽃밭 역할 놀이를 함께 즐길 수 있도록 격려한다.

★★★ 가을 소풍 놀이

소풍 갔던 경험을 이야기하면서 소풍 갔던 장소를 블록으로 구성한다. 소풍 가방, 모자, 도시락, 사진기 등 소품을 준비하여 소풍 가서 했던 경험들에 대한 역할 놀이를 즐기도록 한다.

★★★ 수영장 놀이해요.

수영장, 찜질방 등 영아가 경험한 장소를 구성한다. 이때 장소에 적합한 소품을 제공하여 즐거웠던 경험을 말과 행동으로 표현할 수 있도록 지원한다.

2) 2세 역할 쌓기 놀이 지원 방법의 예

가을 소풍을 다녀온 경험에 대한 이야기하기를 즐기는 영아를 위해 소풍 가기 역할 놀이를 위한 소품을 준비한다.

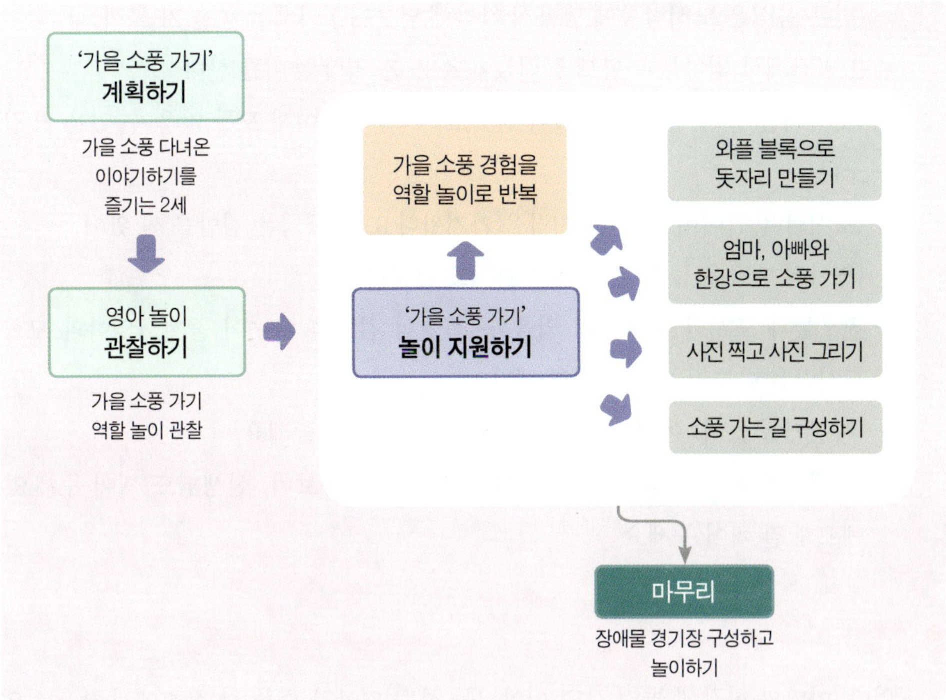

계획하기

- 소풍 다녀온 이야기하면서 소풍 가기 위해 준비해야 할 물건들을 말해 본다.
  - (준비한 소품들을 보면서) 소풍을 가려고 하는데 어떤 물건들이 있어야 할까?
  - (영아의 대답을 듣고) 모자가 필요하구나.
  - (영아의 대답을 듣고) 가방도 있어야 하구나. 가방에는 무엇을 넣을까?
  - (영아의 대답을 듣고) 도시락, 물, 물휴지, 돗자리가 필요하구나.
- 모형 음식이나 밀가루 반죽으로 도시락 만들기를 한다.
  - 소풍 가서 먹을 도시락을 만들어 보자.
  - 선생님은 김밥을 만들어야지!
  - ㅇㅇ는 어떤 도시락을 만들 거야, 샌드위치를 만들 거야?

- (만든 음식은 도시락통에 담아서 가방에 담는다.) 이제 소풍을 가 볼까요?

• 넓은 공간에서 영아들과 함께 둘러앉아 소풍 온 역할 놀이를 한다.

- (돗자리를 펼치며) 여기에 앉아 볼까요? 여기가 넓어서 모두 앉을 수 있을 거 같구나.
- (도시락을 꺼내며) 어떤 도시락을 가져왔나요? 선생님은 김밥을 싸 왔어.
- (영아의 대답을 들으며) 피자를 가지고 왔구나.
- 친구들과 도시락을 나누어 먹을까? 선생님 김밥을 나누어 줄게. (영아와 모형 도시락을 나누어 먹는 흉내를 낸다.)
- (사진기를 들며) 여기 보세요! 친구들과 사진 찍어 줄께요.
- (사진기를 들고 사진 찍는 흉내 내는 영아를 바라보며) 선생님도 찍어 주세요. 예쁘게 잘 찍어 주세요.

관찰하기

• 엄마, 아빠와 한강에 놀러 갔던 이야기를 하던 영아가 소풍 간 장소에서 핸드폰으로 치킨을 주문한다. 음식을 주문하고 배달하는 놀이를 한다.

• 사진기로 사진 찍는 흉내를 내던 영아가 만들기 영역으로 가서 종이에 그림을 그린 후, 사진이라고 말하면서 교사에게 건넨다.

• 한 영아가 와플 블록을 연결한 후, 돗자리라고 제안하며 돗자리에 앉아 소풍 놀이를 한다.

• 교실 내 신체 놀이 영역의 오르막길 등을 걸어서 소풍 가는 역할 놀이를 하던 1~2명의 영아가 우레탄 블록으로 소풍 가는 길을 구성한다. 우레탄 블록으로 높고 낮은 길과 징검다리를 만들어 소풍 가는 길이라고 말한다.

지원하기

〈와플 블록으로 돗자리 만들어요〉

- 목적지에 도착해서 돗자리를 까는 흉내를 내는데, 한 영아가 와플 블록 2개를 연결하여 돗자리라고 말한다.
  - 우와, 친구들아, ○○ 돗자리 멋지지? 정말 멋진 돗자리를 만들었네. 여기 앉아서 잠깐 쉴까요? 소풍 오느라 더웠는지 땀이 많이 나서 땀을 닦고 좀 앉아 쉬자.
  - (다른 영아들도 와플 블록으로 만든 돗자리에 앉으려고 해서 더 큰 와플 블록 돗자리가 더 필요하다.) 친구들아, 이 돗자리를 더 넓게 만들어서 우리가 함께 앉을까?
  - (영아들에게 와플 블록을 하나씩 가져와서 연결하도록 하였다.) □□는 이쪽에 연결해 볼까? 더 크게 만들자. 우리 모두 앉을 수 있도록!
  - (모든 영아들이 참여해서 크게 만든 와플 블록 돗자리에 모두 앉는다.) 우리가 정말 커다란 돗자리를 만들었어. 우리 모두 다 앉을 수 있을 만큼 큰 돗자리가 되었네!
  - 이제 물도 마시고 도시락도 먹어 볼까?

〈엄마, 아빠와 한강으로 소풍 가요〉

- 한 영아가 엄마, 아빠랑 한강에 소풍 갔던 이야기를 하면서 한강에서 치킨을 먹었다고 말한다. 다른 한 영아가 전화로 치킨을 주문하는 흉내를 낸다.
  - (전화기를 귀에 대고) 네, 여기 한강인데요, 치킨이랑 콜라 갖다 주세요.
  - (영아가 주문하는 것을 보고) 맛있는 치킨이 곧 오겠구나. 치킨 배달 아저씨가 빨리 와야 하는데……. 어디쯤 왔을까?
  - (교사는 소꿉 영역에서 그릇 하나를 가지고 와서 치킨 배달 온 것처럼 가작화하여 말한다.) 여기 치킨입니다. 콜라도 여기 있어요.
  - (영아들이 치킨과 콜라를 먹는 흉내를 낸다.)

• 한강에서 음식을 주문해서 먹는 놀이를 한다.
  – (가짜로 전화기를 귀에 대고) 여기 한강인데요, 피자 한판 갖다 주세요. 사이다도 같이 갖다 주세요.
  – (소꿉 영역에서 밀가루 반죽 놀이를 하고 있는 영아에게) 피자 가게 아저씨, 여기 한강으로 피자 한 판 갖다 주세요.
  – (소꿉 영역에서 놀이하던 영아가 교사의 말을 듣고) 네, 알겠습니다. 잠깐만요.
  – (소꿉 영역에서 놀이하던 영아가 피자와 사이다를 배달해 준다. 소풍 온 영아들은 피자와 사이다를 먹는 흉내를 낸다.)
• 한강으로 소풍 가서 여러 가지 음식을 주문하는 놀이를 한다.

〈사진 찍어요〉

• 사진을 찍는 흉내를 내던 영아가 만들기 영역으로 가서 그림을 그려 오더니 교사에게 내밀며 "사진이에요"라고 말한다.
  – 정말 멋지게 사진을 찍어 주었네요. 이번에는 저기 다리 위에 서 있는 모습을 찍어 주세요.
  – (영아는 사진기로 사진 찍는 흉내를 낸 후, 다시 그림을 그려 온다. 그림을 받은 교사가) 감사합니다.
  – (다른 영아도 사진기를 들고 사진 찍는 흉내를 낸다.) 여기 이 친구들을 예쁘게 찍어 주세요.
  – (사진기를 들고 있던 영아가 고개를 끄덕인다. 사진 찍기 흉내를 낸 후, 그림을 그려서 준다.) 우와, 감사합니다, 멋진 사진이에요!
• 사진 찍고, 사진을 그리는 놀이를 즐기는 영아들을 위해 사진 크기의 종이와 끄적이기 재료를 준비한다.

〈소풍 가는 길 만들어요〉

- 교사가 교실 내 신체 운동 영역의 매트와 미끄럼틀 등을 지나 소풍 가는 길을 만드는데, 한 영아가 바닥에 놓여진 우레탄 블록을 징검다리처럼 건넌다.
  - (징검다리를 건너를 영아를 가르키며) 친구들아 이쪽 길로 가야 하는 것 같아. 우리 ㅇㅇ처럼 징검다리를 건너가 보자.
  - (징검다리를 다 건넌 영아가 새로운 블록 2개를 갖다 놓으며) 잠깐만요, 제가 길을 만들어 줄게요. 여기로 가요.
  - 그렇군요. 이 돌(우레탄 블록) 위로만 건너야 하는군요. 친구들아, 조심조심 이 돌 위로 걸어 가야 한다! 조심조심 건너 오세요.
- 1~2명의 영아가 우레탄 블록으로 만든 징검다리 옆에 종이 블록로 좁은 길을 만들고 그 위로 걸어간다.
  - 이 길로도 갈 수 있대요. 좁은 길이니까 떨어지지 않도록 조심하세요.
  - (교사가 신체 운동 영역의 삼각형 매트를 갖다 놓고) 이 좁은 길을 건너서 비탈길을 내려와야 한대요. 조심조심 오세요.
- 영아들과 함께 구성한 우레탄 징검다리, 종이 블록 길, 비탈길을 넘어지지 않고 통과하는 놀이를 한다.

마무리

〈'장애물 경기장' 놀이 시작〉

- 영아들과 함께 구성한 우레탄 징검다리, 종이 블록 길, 비탈길을 넘어지지 않고 걸어가는 놀이를 즐기는 것을 토대로 교사는 터널, 다양한 모양의 매트 등을 추가한다.
- 영아들과 새롭게 소풍 가는 길을 구성하고 그곳을 안전하게 지나갈 수 있는 방법을 탐색하며 넘어지지 않고 무사히 통과하는 장애물 경기를 계획한다.

3) 영아 역할 쌓기 놀이를 지원하는 교사

- 영아가 일상생활에서 반복적으로 경험하는 일들을 놀이로 표현할 수 있도록 환경을 구성하고 소품을 제공하여 물건을 보고 연상되는 역할 놀이를 스스로 시작하고 즐길 수 있도록 한다.
- 먹기, 잠자기, 유모차 타기, 생일 축하, 마트에 장 보러 가기, 병원 가기, 소풍 가기 등 영아가 자주 경험하는 일, 영아가 흥미 있어 하는 상황에서의 역할 놀이를 즐기도록 격려하고, 각 상황을 묘사할 때 필요한 구성물을 블록으로 구성해 보도록 격려한다.
- 영아의 모방행동과 가작화를 말로 묘사해주면서 상황에 적합하게 역할을 표현할 수 있도록 적절히 반응한다. 이를 통해 영아가 각 역할의 속성을 보다 구체적으로 이해하게 되며 이는 추후에 사회 정서 발달의 기초를 이루도록 돕는다.
- 영아는 가작화 상황 속에서 다른 사람처럼 행동하고 말하면서 그 사람의 감정과 관점을 경험해 보는 중요한 기회를 가진다. 따라서 가작화 상황에서 고맙다고 말하기, 부탁하기, 순서 기다리기, 미안하다고 사과하기 등 상황에 적절한 사회적 행동을 안내하여 영아의 사회성 발달을 돕는다.
- 쌓기 놀이를 즐기는 2세들을 위해서 필요한 다양한 소품을 제공하여 쌓기 놀이가 활성화되도록 한다. 또한, 영아가 구조물을 만들면서 공간, 방향, 블록의 많고 적음 등을 경험할 수 있도록 격려한다.
- 보들이 블록, 종이 블록, 우레탄 블록, 와플 블록, 끼우기 블록, 큰 레고 블록 등 연령에 적합한 다양한 종류의 블록을 제공하여 각 블록의 특성을 탐색하고 블록의 특성에 따라 다양한 방법으로 구성물 만들기를 즐기도록 한다. 또한, 영아가 만든 구조물을 소중히 다루며 영아 스스로 무엇을 만들었는지 이야기해 볼 수 있도록 한다.

Play in Early Childhood Education

CHAPTER

11

영아 놀이 실제 : 음률 놀이, 미술 놀이

1. 음률 놀이

인간은 신생아 시기부터 올라가는 음과 내려가는 음, 음률의 강조 등을 탐지할 수 있다. 2~4개월 된 영아는 박자의 변화를 구별할 수 있고, 6~7개월경에는 리듬 패턴이 다른 선율을 구별할 수 있을 뿐만 아니라 12개월경이며 같은 멜로디를 다른 키로 연주하는 것을 인식할 수 있다(이영 외, 2015 재인용). 즉, 영아는 리듬, 멜로디, 박자 등 음악적 요소를 변별할 수 있을 뿐만 아니라 본능적으로 리듬과 멜로디에 반응하여 이를 즐기게 되어 2세경이면 음악에 맞추어 몸 동작을 할 수 있다. 특히, 걸음마기 때부터는 음악에 맞추어 신체적 반응하기를 즐기고, 노래 부르기를 즐기며 점차 멜로디에 따라 노래를 부를 수 있게 된다. 영아기의 음률 놀이는 이후 유아기의 음악의 요소를 인지하고 음악적 표현과 음악 감상 능력의 기초를 형성한다.

1) 연령별 음률 놀이

- 0~1세 영아는 간단한 소리 탐색을 즐기는데, 다양한 소리 듣기, 소리의 차이 비교하기, 소리 만들어 보기 등의 놀이를 즐기고 음악적 요소 중 리듬과 속도, 멜로디에 따라 몸을 흔드는 등의 몸짓 놀이를 즐긴다. 또한, 성인이 불러 주는 노래 듣기를 즐긴다.

1세 영아의 음률 놀이 예

★★★ 노래에 맞추어 마라카스 흔들어요.

영아가 마라카스 흔들기에 관심을 보일 때 교사는 노래를 부르며 영아와 함께 마라카스를 흔든다.

마라카스 외에도 템버린, 큰북, 방울 달린 막대 등 다양한 리듬 악기로 놀이하면 다양한 소리를 탐색할 수 있다.

★★★ 종이가 쿵쿵

어린 영아는 북 치는 것 자체가 즐거운 경험이고, 나아가 휴지나 신문지를 뭉쳐서 공을 만든 후, 북 위에 올려놓고 북을 치면서 휴지 공의 움직임을 탐색한다. 북을 치는 리듬에 따라 공이 움직이는 것을 관찰하고 즐기도록 격려한다.

★★★ 소리 나는 구슬발을 지나가요.

구술발을 지나가면서 소리를 들어 본다. 영아의 몸과 구슬발이 부딪히면 나는 소리에 귀 기울이고, 구술발의 움직임을 탐색하면서 아름다운 소리와 움직임을 경험하도록 한다.

★★★ 전래 동요 : 이거리 저거리 각거리

영아와 마주 앉아 다리를 엇갈려 놓고 전래 동요 '이거리 저거리 각거리' 노래 리듬에 맞추어 손으로 다리 하나씩을 집으며 노래를 부른다. 노래가 끝났을 때 손이 위치한 다리가 누구 것인지 이야기해 본다. 놀이가 익숙해지면 노래가 끝났을 때 손으로 집은 다리를 살짝 간지럽게 하는 방법으로 놀이할 수도 있다.

이거리 저거리 각거리

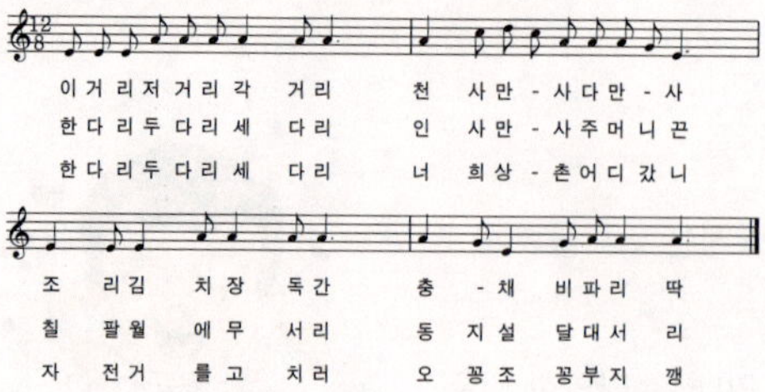

★★★ '우리 모두 다 같이' 노래하며 손뼉 쳐요.

'우리 모두 다 같이' 노래를 부르며 노랫말에 맞추어 손뼉치기를 한다. 놀이에 익숙해진 영아가 노랫말을 따라 부르고 리듬에 맞추어 손뼉치기를 익숙하게 하면, '손뼉치기' 부분을 다른 내용을 바꾼다. [안녕(고개 끄덕이기), 팔 돌려(양팔을 옆으로 펴서 돌리기), 엉덩이(엉덩이 흔들기) 등]

우리 모두 다같이

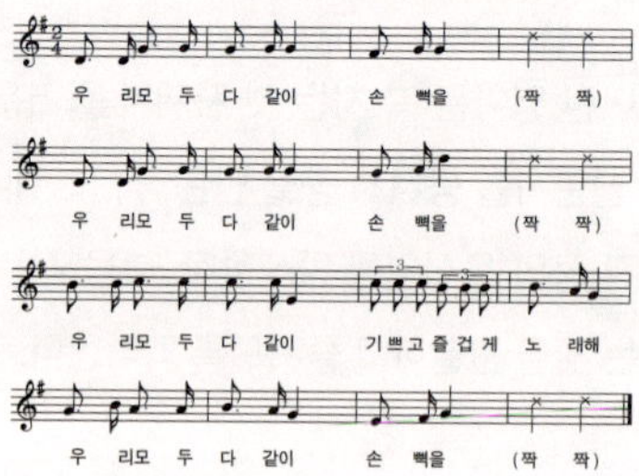

★★★ 영아 체조를 해요.

교사가 영아 체조 노랫말에 맞추어 움직임을 모델링하면 영아가 체조를 따라 하며 즐긴다. 노래를 들으며 리듬에 맞추어 신나게 몸을 움직여 볼 수 있도록 모델링해 주고, 노랫말을 재미있는 동작으로 바꾸어 사용해도 좋다.

★★★ 나처럼 해봐요!

북이나 탬버린 등 리듬 악기를 두드리며 '나처럼 해봐요' 노래를 부른 후, 멜로디가 익숙해지면 가사 중 '— 이렇게' 부분에서 교사가 재미있는 동작을 모델링하도록 한다(엉덩이를 흔들흔들, 팔을 흔들흔들, 고개를 흔들흔들 등)

나처럼 해봐요

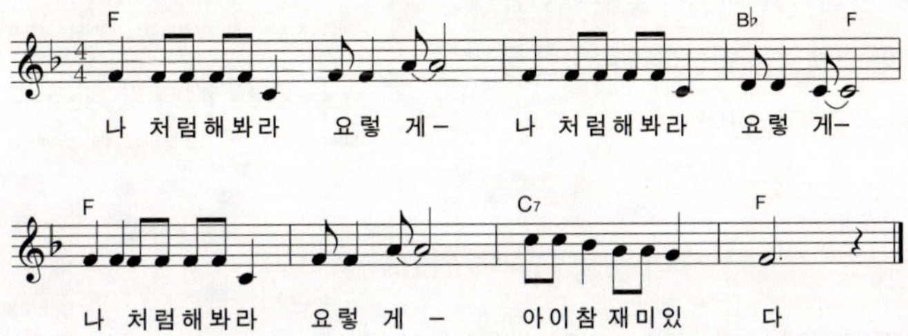

• 2세 영아는 반복되는 리듬 패턴을 즐기고, 짧은 멜로디의 노래를 듣고 따라 부르기를 즐긴다. 또한 이전 연령보다 신체 조절 능력이 능숙해져서 노래나 리듬에 맞추어 동작하기, 손 유희, 체조하기 등의 놀이를 즐긴다. 또한 노래에 맞추어 간단한 리듬 악기로 연주하기를 즐긴다.

2세 영아의 음률 놀이 예

★★★ 꼬마야 꼬마야

'꼬마야 꼬마야' 노래를 부르며 노랫말의 지시에 따라 몸을 움직인다. 노랫말을 따라 부르고 노랫말에 따른 동작을 리듬에 맞추어 하는 것이 익숙해지면 노랫말을 변형하여 다양한 동작을 시도해 볼 수 있도록 한다.

꼬마야 꼬마야

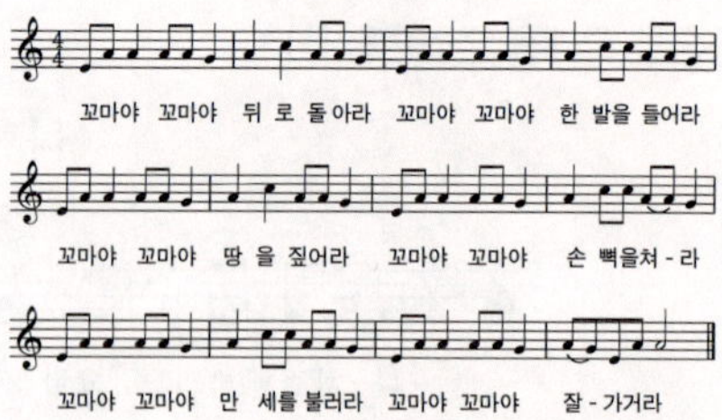

★★★ 유머레스크 음악 들으며 몸을 움직여 봐요

드보르자크의 유머레스크는 곡의 8마디마다 형식의 변화를 쉽게 느낄 수 있는 곡이므로 영아에게 유머레스크를 들려주며 음악에 따라 몸을 움직여 보며 음악 감상을 즐기도록 한다. 교사 음악에 따라 몸 움직이기 모델링을 해주면 영아가 좀 더 즐겁게 놀이에 참여할 수 있다.

★★★ 통통통통

'통통통통' 노래를 부르기, 노랫말에 따라 손 유희하기를 즐긴다. 노래에 익숙해지면 노랫말을 변형해서 부르기를 할 수 있다. 손 유희를 즐기는 2세이므로 전이 시간에 활용하기에 적절한 활동이다.

통통통통

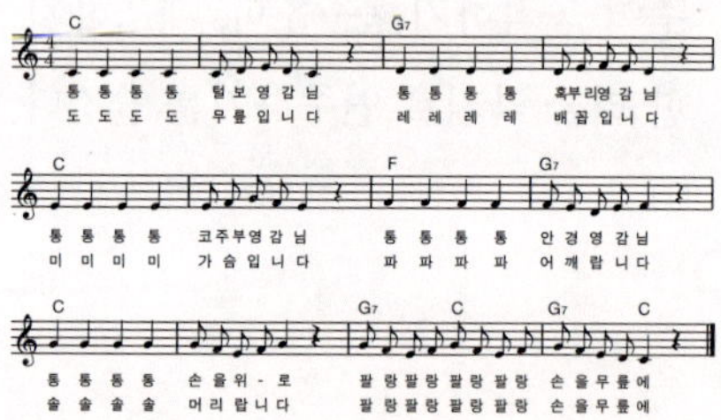

★★★ 리듬 막대 연주해요.

리듬 막대를 탐색하면서 영아가 소리, 리듬을 만들어 보도록 한다. 음악에 맞추어 리듬 막대 연주하기를 즐긴다. 빠르게, 느리게, 세게 등 속도와 강약을 다르게 하여 리듬을 만들고 연주하기를 즐긴다. 리듬 막대 외의 다양한 리듬 악기로 연주할 수 있다.

★★★ 친구와 '꼭꼭 약속해' 노래 불러요.

꼭꼭 약속해 노래를 일과 중에 들려주어 노래에 익숙해지도록 한다. 음악에 맞추어 영아와 함께 노래를 부르기를 즐긴다. 노래가 익숙해지면 마지막 소절에서 친구와 함께 '약속해' 동작을 한다.

꼭꼭 약속해

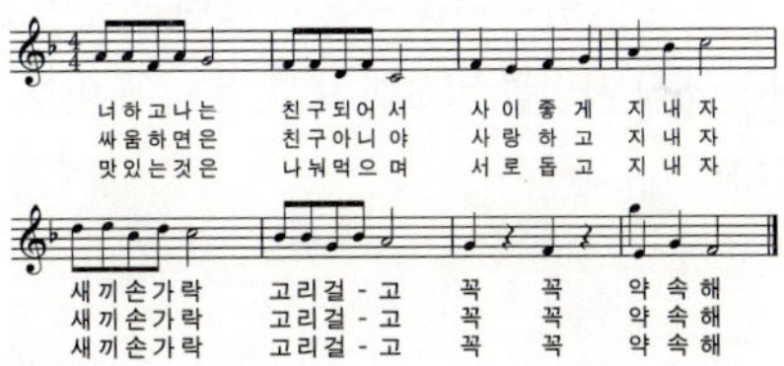

★★★ 친구와 '당신은 누구십니까' 노래 불러요.

일과 중에 '당신은 누구십니까' 노래를 들려주어 익숙해진 후 영아들과 노래를 함께 부른다. 노랫말이 익숙해지면 영아 1명을 가르키며 노래 부르고 '나는 ○○○' 부분에 자신의 이름 넣어 부르기 놀이를 즐긴다.

당신은 누구십니까?

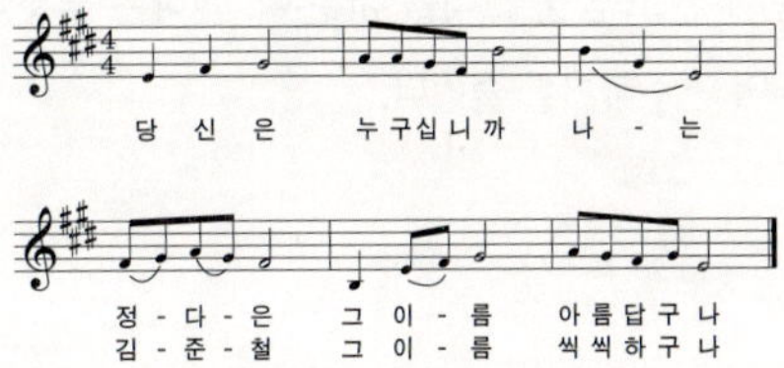

★★★★★★ '곰 세 마리' 음악에 맞추어 걸어요.

'곰 세 마리' 노래를 들으며 함께 노래를 불러 본다. 노래가 익숙해지면 노랫말에 맞추어 걸어 본다. 아빠 곰처럼, 엄마 곰처럼, 아기 곰처럼 걷기 동작을 해보도록 격려하거나 모델링하고 '곰 세 마리' 노래를 빠르게 부르면서 동작하기 또는 느리게 부르면서 동작하기를 즐긴다.

곰 세미리

미상 요/곡

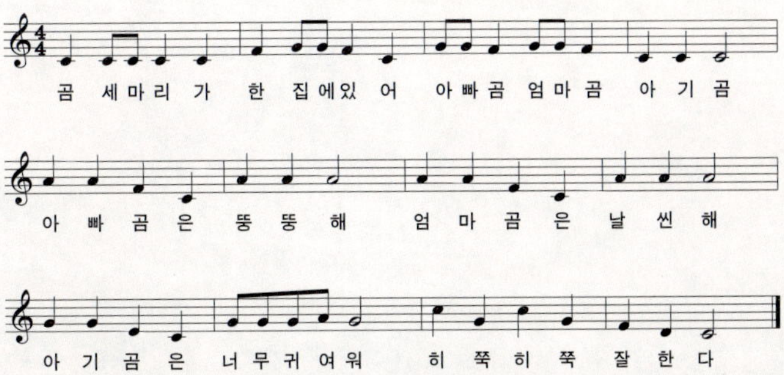

★★★ 나무 악기 연주하기

다양한 나무 악기를 두드려 소리를 들어 본다. 악기 형태에 따라 소리 차이를 비교해 보고, 음악에 맞추어 악기 연주를 즐긴다.

★★★ 캐럴 들으며 방울을 흔들어요.

집게 방울 탐색하며 캐럴에 맞추어 방울을 흔들며 연주한다. 집게 방울을 영아가 원하는 몸 부위(손목, 엉덩이, 바지 끝, 윗옷의 목 부분 등)에 달고 방울 소리를 내 본다. 원하는 부분에 방울 달고 캐럴에 맞추어 연주하기를 즐긴다.

2) 2세 음률 놀이 지원 방법의 예

과일 탐색 놀이 중 복숭아씨 모양을 흥미로워 하는 영아를 위해 복숭아씨와 자두 씨를 탐색하고 마라카스 악기 만들기 놀이를 계획한다.

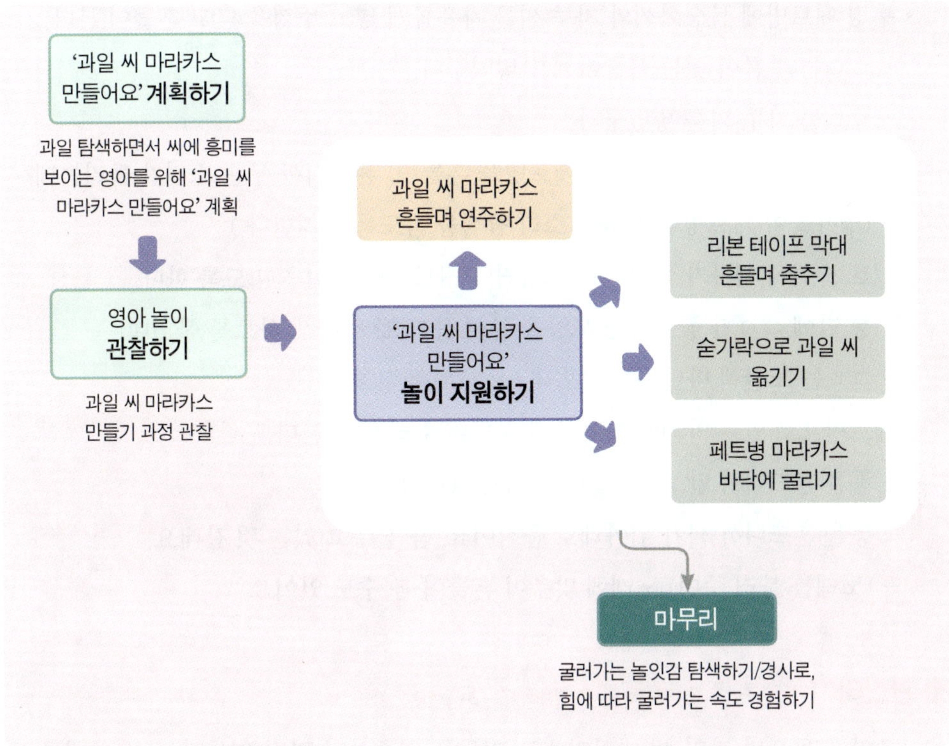

계획하기

- 복숭아씨와 자두 씨를 탐색해 본다.
  - (복숭아씨와 자두 씨를 보면서) 이런 씨를 본 적 있니?
  - (영아가 어제 복숭아를 잘라 맛보고, 냄새 맡고, 주스 만들어 본 놀이를 회상하여 이야기한다. 이야기 과정에서 복숭아 속에 있었던 씨라고 이야기한다.)
  - ㅇㅇ가 말한 대로 어제 보았던 복숭아씨이구나. 한번 만져 볼까요? 느낌이 어때?
  - 이번에는 (자두 씨를 보여 주며) 이것도 한번 만져 볼까? 느낌이 어때? 복숭아씨랑 이것은 어떻게 차이가 나니?
  - (자두와 자두 씨 사진을 보여 주며) 이 씨는 자두 씨구나.

- 투명 페트병에 복숭아씨와 자두 씨를 자유롭게 넣고 뚜껑을 닫고 흔들어 본다.
  - ㅇㅇ는 주름이 있는 복숭아씨를 넣었구나.
  - ㅁㅁ는 자두 씨를 넣었구나.
  - (복숭아씨, 자두 씨를 넣은 페트병을 흔들며) 흔드니까 무슨 소리가 들리는데?
  - (영아들이 페트병을 흔들며 소리 탐색을 하도록 격려한다.)
- 페트병 위에 영아가 좋아하는 스티커나 시트지를 붙여 꾸미도록 한다.
  - 통 밖에 ㅇㅇ가 좋아하는 모양을 붙여 볼까요? 빨간색 하트를 붙였네!
  - ㅁㅁ는 노란색 바나나를 붙였네.
- 페트병으로 만든 악기를 자유롭게 흔들며 소리 내어 본다.
  - 통을 흔드니까 달그락달그락 소리가 나네요.
  - 통을 흔드니까 씨가 위아래로 움직여요. 춤을 추고 있는 것 같네요.
  - (노래를 불러 주며) 노래에 맞추어 흔들어 볼 수도 있어요.

관찰하기

- 음악을 들으며 과일 씨 마라카스로 리듬을 연주하던 몇몇 영아가 리본 막대를 들고 흔들며 춤추기를 한다. 또 몇몇 영아는 색깔 보자기를 흔들며 춤춘다.
- 바구니에서 복숭아씨와 자두 씨가 쏟아져서 다시 바구니에 담는 과정에서 한 영아가 숟가락으로 복숭아씨 담기를 시도한다. 숟가락으로 복숭아씨와 자두 씨를 소꿉 접시에 옮기는 놀이를 반복한다.
- 과일 씨가 담긴 페트병이 바닥에서 굴러가는 모습을 관찰하던 영아가 페트병을 바닥에 굴린다. 교실 내 미끄럼틀 위에서도 페트병을 굴린다.

지원하기

리본 테이프 막대 흔들어요

- 영아가 한 손에는 자신이 만든 마라카스를 들고, 다른 한 손에는 리본 막대를 들고

노래에 맞추어 흔들기를 즐긴다.

- ㅇㅇ는 리본 테이프와 마라카스를 동시에 흔들면 춤을 추고 있구나. 우와, 재미있겠는데! 선생님도 따라해야지!
- (다른 영아들도 리본 테이프과 마라카스를 함께 연주한다.)
- (영아들에게 모델링하며) 선생님은 리본 테이프를 위로 높이높이 흔들어야지! 이번에는 마라카스를 머리 위에서 세게 흔들면서 춤을 춰야지! 이번에는 이렇게 마라카스와 리본 테이프를 손에 들고 토끼처럼 깡충깡충 뛰어 봐야지!

• 색깔 스카프를 흔들며 춤추기를 즐긴다.

- (리본 테이프 대신에 색깔 스카프를 흔들며) 음악에 맞추어 이렇게 흔드니까 스카프가 춤을 추는 것 같아!
- ㅇㅇ는 스카프를 옆으로 돌리면서 흔드는구나.
- (교사가 모델링하며) 선생님은 이렇게 물결 모양처럼 흔들어 봐야지!

• 노래를 빠르게 부르기 혹은 느리게 부르기, 큰 소리를 부르기, 작은 소리로 부르기 하면서 마라카스, 리본 테이프, 색깔 스카프 흔들기 놀이를 한다.

- (빠르게 부르다가 천천히 부르다가 다시 빠르게 부르는 등 노래 속도를 조절하면서 마라카스 등을 흔든다.)
- (크게 부를 때는 동작을 크게 하여 마라카스 등을 흔들고 작게 부를 때는 동작을 작게 하여 마라카스 등을 흔든다.)

숟가락으로 과일 씨를 옮겨요

• 숟가락으로 과일 씨를 옮기는 놀이를 한다.

- (바닥에 쏟아진 복숭아씨, 자두 씨를 숟가락에 담는 영아에게) 숟가락으로 이것들을 옮기고 싶구나.
- (바구니 2개를 준비해서 한 바구니에는 복숭아씨, 자두 씨를 담은 것과 빈 바구니, 숟가락을 준비해 준다.)

– 숟가락으로 여기 빈 바구니에 옮겨 볼까요?
– (빈 바구니에 옮긴 것을 보며) ○○가 옮긴 것은 몇 개일까? 얼마나 많이 옮겼을까요?

• 과일 씨를 집게를 옮기는 놀이를 한다.
  – (집게를 제시하며) 이것으로도 과일 씨를 옮길 수 있을까요?
  – (영아가 집게를 사용하여 과일 씨를 옮기도록 격려한다.)
  – (영아가 옮겨 놓은 과일 씨 두 바구니 중 어느 쪽에 과일 씨가 더 많이 있는지 비교해 본다.)
• 숟가락이나 집게로 물건 옮기는 것을 즐긴다면 과일 씨 외에 솜공, 탁구공 등을 옮기는 놀이를 한다.
  – (솜공, 탁구공 등이 담긴 바구니를 제시하며) 이것들을 옮겨 볼 수 있을까요?
  – (영아가 자유롭게 집게나 숟가락을 이용해서 물건 옮기는 것을 즐기도록 한다.)

페트병을 굴려요

• 과일 씨가 든 페트병을 바닥에 굴리며 굴러가는 모양을 탐색한다.
  – (과일 씨가 든 페트병을 바닥에 굴리며) 마라카스가 떼굴떼굴 굴러가네. 굴러가면서 무슨 소리가 나는 것 같아! 잘 들어 보자.
  – 떼굴떼굴 굴러갈 때 페트병 안의 과일 씨는 어떻게 움직였니? 다시 굴려 보자! 씨앗이 어떻게 움직여요?
  – (영아의 반응을 보며) 씨앗이 빙글빙글 춤추는 것 같구나.
  – (영아에게 모델링 하면서) 씨앗처럼 우리도 움직여 볼까요?
• 2~3명의 영아가 동시에 과일 씨가 든 페트병을 바닥에 굴리며 굴러가는 속도, 거리 등을 탐색한다.
  – (과일 씨가 든 페트병을 바닥에 굴리며) 마라카스가 떼굴떼굴 굴러가네. 어느 병이 빨리 굴러갔을까요? 가장 멀리 굴러갔을까요?

– 어떻게 굴리면 빨리 굴러갈 수 있을까요?

– (영아의 반응을 살피며, 페트병을 세게 굴려 보기, 약하게 굴려 보기 모델링을 한다.)

• 페트병을 미끄럼틀에 굴려 본다.

– (미끄럼틀 위에서 굴릴 준비를 하고) 여기서 페트병을 굴리면 어떻게 될까? 어떤 소리가 들릴까? 어떤 모양으로 굴러갈까?

– (미끄럼틀 위에서 페트병을 굴린 후, 굴러가는 모양을 탐색하도록 격려한다.)

– (영아의 반응을 유심히 살피고 영아의 표현을 반복해 준다.) 미끄럼틀 위에서 굴리니까 큰 소리를 내며 굴러가는구나. 아, 아주 빨리 굴러가는구나. 그리고 멀~리 가는구나.

– 미끄럼틀 위에서 세게 굴리면 어떻게 굴러갈까? 아주 조심조심 굴리면 어떻게 굴러갈까요?

– (영아의 반응을 유심히 살피고 영아의 표현을 반복해 준다.)

• 우레탄 블록으로 각도가 각각 다른 경사로를 만든 후, 페트병을 굴려 본다.

– (경사로를 만들어 제시하며) 여기서 페트병을 굴리면 어떻게 될까? 어떤 소리가 들릴까? 어떤 모양으로 굴러갈까?

– (두 가지 경사로를 제시하며) 여기서 굴리면 어떻게 굴러갈까? 누가 굴려 볼까요?

– (영아가 굴리도록 한 후 영아의 말과 반응에 귀 기울인 후) ㅇㅇ가 굴린 페트병이 더 멀—리 갔구나. 어떻게 멀리 갈 수 있었을까?

– 페트병 말고 다른 것들을 굴려 보며 어떻게 될까?

– (영아들이 찾아오는 물건들을 경사로에 굴려 본다.)

마무리

〈'굴리기' 놀이 시작〉

- 각도가 다른 경사로와 경사로 바닥에 다양한 재질(매끄러운 경사로, 수수깡을 붙인 경사로, 에어 비닐을 붙인 경사로 등)을 준비한다.
- 씨앗이 든 페트병, 물이 든 페트병, 다양한 크기의 장난감 자동차, 원통 모양 종이 블록, 공 등을 준비한다.
- 영아들이 자유롭게 굴리기 놀이를 할 수 있도록 교실 내 넓고 긴 공간을 마련한다. 영아가 경사로에서 굴렸을 때 막힘없이 굴러갈 수 있도록 긴 공간을 마련하되, 다른 영아들의 놀이가 방해된다면 복도 등 다른 공간을 활용하도록 한다.

3) 영아 음률 놀이를 지원하는 교사

- 영아가 다양한 소리를 들을 수 있는 기회를 많이 갖을 수 있도록 한다. 음의 강약, 멜로디,리듬, 빠르게, 느리게 등 음악적 요소에 대한 경험을 다양하게 할 수 있는 환경을 구성하고 기회를 제공하여, 이후 발달 시기에 필요한 음악적 요소의 기초를 형성할 수 있도록 지원한다.
- 일상생활 속에서 배경 음악을 제공함으로써 영아가 음악과 친숙해질 뿐만 아니라 상황이나 맥락에 적절한 음악을 듣는 경험을 쌓도록 한다.
- 신체 활동이나 리듬 악기, 스카프나 리본 막대와 같은 신체 표현 소품들을 활용하여 음악에 맞추어 몸을 움직이는 등 신체 표현의 즐거움을 경험하는 기회를 자주 갖도록 한다. 특히, 영아가 음악에 맞추어 마음대로 움직이고 표현할 수 있도록 격려한다.
- 오감각을 활용하여 주변과 세상을 탐색하는 영아의 특성을 고려하여 탐색 과정에서 다양한 소리, 다양한 리듬 등을 탐색하며 음악적 요소를 즐길 수 있도록 안내한다.

2. 미술 놀이

영아는 주변 환경, 사물, 자연물, 조형 작품 등에서 미적 요소를 지각하고 반응하는 능력을 가지고 있다. 아름다운 꽃을 보면 감탄하며 만지고 싶어하고, 예쁜 색의 놀잇감을 선호하며, 다양한 재질의 물건들을 만지고 탐색하며, 이를 활용하여 꾸미고 싶어한다. 영아기에 경험하는 생활 속에서의 미적인 요소에 대한 경험은 이후 연령의 심미감 발달에 기초를 형성한다. 따라서 영아기에 색, 선, 형태, 질감 등을 감각적으로 경험하며 아름다움을 즐길 수 있는 다양한 기회를 제공한다.

1) 연령별 미술 놀이

- 어린 영아는 아름다운 색, 모양, 다양한 질감을 탐색하며 사물의 심미적인 특성 경험하기를 즐긴다. 특히, 실외 놀이나 산책 시 자연의 아름다움을 탐색할 수 있도록 안내하는 것이 필요하다. 어린 영아가 색, 모양, 다양한 질감 등을 경험할 수 있는 미술 놀이를 살펴보면 보면 다음과 같다.

0-1세 영아의 미술 놀이 예

★★★ 손발로 물도장 찍어요.

전지나 색깔 있는 무명 헝겊을 바닥에 고정하고 영아가 발이나 손에 물을 묻혀 전지나 헝겊 위에 손도장, 발도장을 찍어 보도록 한다. 손도장, 발도장을 찍은 후, 나타나는 모양과 자신의 손이나 발의 모양을 비교하면서 각 모양의 아름다움을 탐색하도록 한다.

★★★ 큰 붓으로 물그림 그려요.

더운 여름에 실외에 있는 벽돌, 보도블록 위에 큰 붓에 물을 묻혀 그림을 그리면서 벽돌의 색깔이 달라지는 것을 관찰한다.
실내에서 할 경우에는 이젤에 색깔 한지를 붙여 주면 한지 위에 물그림을 그릴 수 있다.

★★★ 핑거페인팅 해요.

밀가루 풀에 식용 색소를 섞어 색깔 풀을 만든 후, 큰 전지나 비닐 위에서 색깔 풀로 그림 그리기를 즐긴다. 풀의 촉감과 손으로 그리는 모양을 즐기도록 하며 영아가 그린 그림을 사진 찍거나 흰색 도화지로 찍어 낼 수도 있다.

★★★ 스티커를 붙여요.

스티커 붙이기를 좋아하는 영아의 특성을 고려하여 가로 2~3cm 정도 크기의 다양한 스티커(시트지로 만들어도 됨)를 큰 박스(동물 얼굴을 붙여 주면 좋음)나 큰 전지에 붙여서 꾸미기 놀이를 하도록 한다. 다양한 색깔로 꾸며진 작품을 감상할 수 있다.

★★★ 알록달록 모양 도장을 찍어 봐요.

3~4가지 모양의 도장을 3~4가지 색깔 물감으로 각각 찍어서 꾸미기를 즐기도록 한다. 이때 도장으로 찍은 모양과 도장의 모양을 비교해 보고 다양한 색깔로 찍힌 도장 무늬를 감상할 수 있도록 한다. 도장 찍는 종이의 모양을 토끼 얼굴과 같이 재미있는 모양 종이를 사용하는 것도 좋다.

★★★ 솜방망이로 두드려요.

솜방망이로 실외 놀이터에 있는 여러 놀이 기구 및 벽, 바닥 등을 두드리며 각각의 소리를 탐색한다. 영아가 솜방망이를 두드릴 때 리듬감을 경험할 수 있도록 교사가 다양한 리듬을 모델링한다. 또는 실외 놀이에서 벽에 큰 전지를 붙인 후, 솜방망이로 물감을 찍어서 벽지에 그림 그리기 놀이를 할 수 있다.

교구 제작 방법 :

① 나무젓가락 2개를 겹쳐 마스킹 테이프를 감아 고정한다.

② 나무젓가락 끝에 솜을 뭉쳐서 감는다.

③ 솜 위를 천으로 덮고 글루건으로 고정한 후 마스킹 테이프로 마감한다.

- 2세 영아는 주변의 아름다운 색, 모양, 다양한 질감을 탐색하며 사물의 심미적인 특성을 탐색하고 이를 모방하기를 즐긴다. 또한 아름답고 재미있는 색, 모양, 질감 등을 탐색하고 이를 활용하여 꾸미기를 즐긴다. 2세 영아가 미적인 요소를 즐기는 대표적이 미술 놀이를 살펴보면 다음과 같다.

2세 영아의 미술 놀이 예

★★★ 모양 종이에 그려요.

2세는 ○, △, □, ☆ 등의 모양을 탐색하기를 즐기므로 다양한 색깔의 모양 종이에 색연필, 크레용 등으로 마음대로 그림 그리기를 즐기도록 한다. 이때 교사는 영아가 그린 그림에 대해 구체적으로 이야기해 줌으로써 그림 그리기를 격려한다.

★★★ 포장지에 그려요.

놀잇감 포장지나 여러 포장지를 준비한 후, 포장지에 흥미를 보이면 포장지를 탐색한다. 포장지 위에 크레용이나 사인펜 등으로 그림 그리기를 즐기거나, 포장지의 다양한 그림을 모방하여 창의적인 그림 그리기를 즐긴다.

★★★ 도트 물감 도장으로 그려요.

다양한 색깔의 도트 물감 도장으로 자유롭게 그리고 꾸미기를 즐긴다. 도트 물감 도장을 스탬프처럼 찍거나 줄을 만들기도 하면서 재미있는 그림 그리기를 즐기도록 한다.

★★★ 명화 위에 그려요.

복사한 명화를 탐색하며 영아가 자유롭게 연상되는 모양, 색깔, 이야기 등을 해보도록 한다. 색연필, 사인펜 등으로 명화 그림을 모방하여 다양한 그림을 창의적으로 표현해 보도록 한다.

★★★ 스프레이 그림 그려요.

수성 사인펜으로 밑그림이 그려진 종이를 플라스틱 바구니에 담은 후 그림 위로 물을 담은 스프레이를 뿌린다. 그림이 물에 젖으면서 그림이 변화되는 것을 탐색하며 즐긴다.

★★★ 색깔 공 그림

○, △, □ 모양 틀에 각 모양의 종이를 넣는다. 탁구공에 물감을 묻혀 틀에 담은 후, 틀은 흔들면서 공을 굴려 그림이 그려지는 모습, 공이 구르는 모습 등을 탐색하고 즐긴다.

★★★ 신기한 색깔 나라

흰 종이 위에 비닐판을 올려 놓은 후, 비닐 위에 2~3가지 색의 물감 붓으로 마음대로 그림을 그린다. 그려진 그림과 물감의 색이 섞이면서 새롭게 나타나는 색을 즐긴다.

★★★ 자동차 콜라주

영아가 자동차에 관심을 많이 보일 때 교사가 재활용 박스를 이용해 자동차 모양을 만든다. 영아가 박스 자동차를 여러 가지 촉감, 색깔 천으로 꾸민다. 이때 다양한 천의 촉감과 색깔을 탐색하며 자동차 꾸미기를 즐기도록 격려하고, 색깔 천이 박스 자동차에 잘 붙을 수 있도록 사전에 준비한다.

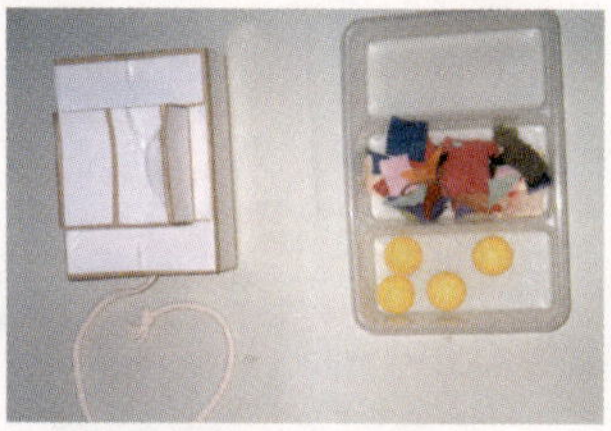

★★★ 한지 물들이기

2~3가지 물감 통을 각각 준비한다. 다양한 모양의 한지를 탐색한 후 한지를 마음대로 접는다. 접은 한지의 일부분들을 각각의 물감 통에 담갔다가 뺀 후, 한지를 펼쳐서 나타나는 모양을 감상한다.

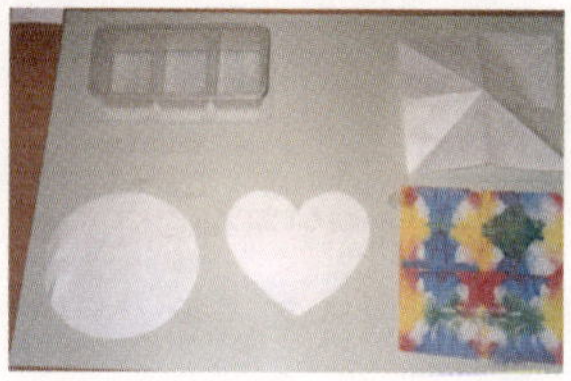

2) 2세 미술 놀이 지원 방법의 예

가을 산책을 다녀온 후, 알록달록 단풍잎, 은행잎에 대한 흥미가 높아진 영아들에게 생활용품 상자, 그리기 도구, 스펀지 도장 등으로 가을 나무 꾸미기 놀이를 계획한다.

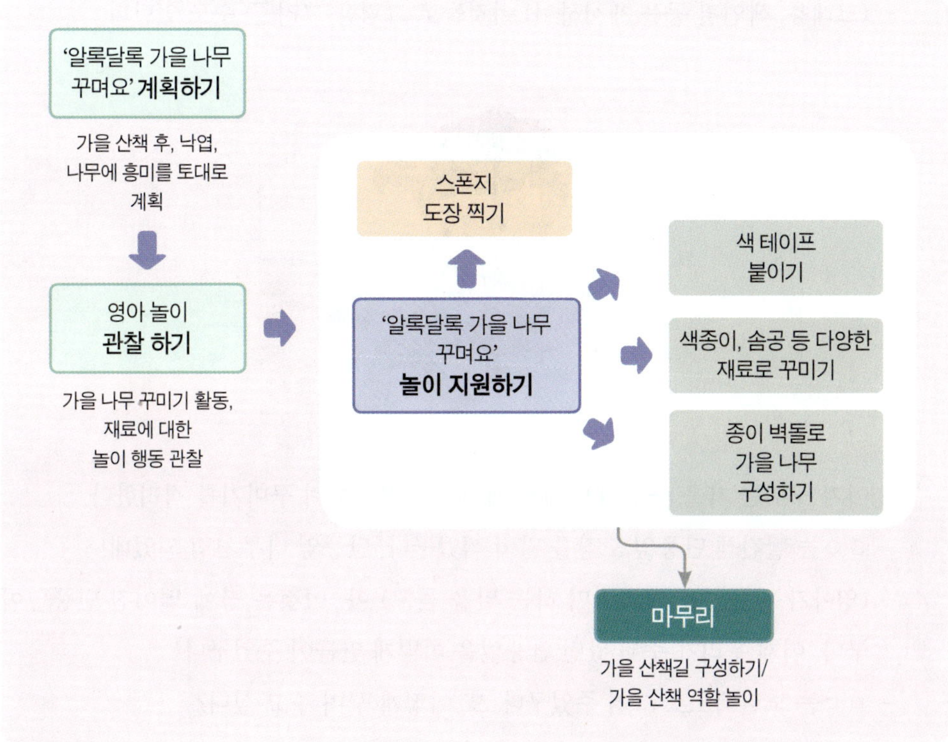

계획하기

- 영아에게 생활용품 상자로 만든 가을 나무를 어떻게 꾸며 주고 싶은지 이야기 나눈다.
  - (생활용품 상자로 만든 도안을 보며) 어제 우리가 산책하면서 보았던 나무랑 모양이 비슷하게 생겼구나.
  - 이 가을 나무에게 옷을 입혀 주세요. 어떤 옷을 입혀 주면 좋을까요?
  - (주워 온 은행잎, 단풍잎과 스펀지 도장의 모양을 비교하며) 이 스펀지 도장에는 우리가 어제 주워 온 단풍잎, 은행잎 모양이 있네! 물감을 묻혀서 꾸—욱 찍어 볼까요?

– (크레용, 색연필 등을 제시하며) 이것들로 그림을 그려 줄 수도 있단다.

• 영아가 꾸미는 가을 나무에 대해 구체적으로 반응하며 꾸미기를 격려한다.
  – ㅇㅇ는 빨간색 단풍잎 도장을 많이 찍었구나. 단풍잎 나무처럼 되었네!
  – (영아가 단풍잎을 가르키며 하는 말을 듣고) 아, 이것은 땅에 떨어진 단풍잎이구나. 어제 우리가 주워 왔던 단풍잎을 이렇게 만들어 주었구나!
  – ㅁㅁ는 노란색으로 그려 주었구나. 또 어떻게 꾸며 주고 싶니?
  – (주워 온 은행잎을 가을 나무 도안 위에 올려놓는 영아를 보며) 여기에 이 은행잎을 붙이고 싶니? 무엇을 붙이면 좋을까?
  – (영아가 풀을 가지고 온다.) 아, 풀로 붙여 보자.
  – (풀로 붙인 은행잎이 자꾸 떨어지자 영아는 교사를 바라본다.) 풀로 잘 안 붙는구나. 다른 것으로 붙어 볼까? 어떤 것으로 붙일지 함께 찾아보자!
  – (영아가 테이프로 은행잎을 붙인다.) 우와, 이번에는 안 떨어지네! 테이프로 붙이니까 안 떨어지는구나.
• 영아가 자유롭게 가을 나무를 꾸며 보도록 한다.
  – 이 나무에 무엇을 더 꾸면 좋을까요?
  – 알록달록 색깔 옷을 입을 입혀 주면 좋을 것 같아요.
  – 이 나무에 어떤 옷이 어울릴까요?

관찰하기

- 1~2명 영아들은 스펀지 도장 찍기에만 몰두하였다.
- 1~2명 영아들은 물레방아 테이프 커터기로 색 테이프 붙이기로만 꾸몄다.
- 1~2명 영아들은 만들기 영역에 있던 색종이, 솜공, 포장지 조각들로 꾸몄다.
- 주워 온 은행잎, 단풍잎, 낙엽 등을 만지고 뿌리며 탐색하기를 즐겼다.
- 한 영아가 종이 블록을 쌓은 후 '나무'라고 말하였다.

지원하기

스펀지 도장 찍어요

- 영아가 스펀지 도장의 모양과 물감을 탐색한다.
  - (영아가 선택한 스펀지 도장을 보며) 어떤 모양이 있니?
  - (영아가 주워온 은행잎을 가르키며 '이거'라고 이야기한다.) 이 은행잎 모양이랑 같은 모양이구나.
  - 다른 도장에는 어떤 모양이 있을까요?
  - (영아들의 반응을 살핀 후) 단풍잎 모양도 있구나. 별 모양과 동그라미 모양도 있구나.
- 스펀지 도장에 물감에 묻혀 찍어 본다. 도장이 찍힌 모양을 탐색한다.
  - (물감 접시를 제시하며) 어떤 색깔로 할까요?
  - ○○는 노란색 물감으로 찍었구나. 어떤 모양이 나타났나요?
  - (영아가 자신이 찍은 모양과 나뭇잎들을 바라보며 '단풍잎'이라고 말한다.) 우와, ○○는 노란색 단풍잎 모양이 나왔네. 이번에는 무엇으로 찍어 볼까요?
- 나무가 없는 종이, 큰 도화지(다양한 색깔)를 제시하여 모양 도장 찍기 놀이를 즐기도록 한다.
  - 여기에 여러 가지 종이들이 있어요. 마음에 드는 종이를 골라서 도장을 찍어 볼 수 있어요.

– (색깔 종이에 도장을 찍는 영아들의 작품을 보며) ○○는 분홍색 도화지에 찍어 봤구나. □□는 검은색 종이에 찍어서 이런 멋진 그림이 되었네요.
– 노란색으로만 찍으면 노란 은행잎이 많은 것처럼 보이는구나.
– 파랑색이랑 빨간색으로 도장을 찍었더니 새로운 그림이 되었구나!

• 은행잎, 단풍잎 모양을 좋아하는 영아를 위해 은행잎, 단풍잎, 낙엽 등의 모양 종이를 제시하여 도장 찍기 놀이를 즐길 수 있도록 한다.

색깔 테이프를 붙여요

• 물레방아 테이프 커터기를 탐색하며 안전하게 테이프를 만질 수 있도록 한다.
– (물레방아 테이프 커터기를 보며) 여기에 손가락을 넣으면 원하는 테이프 조각을 갖을 수 있단다. 그리고 이곳은 만지면 위험하니까 이 부분에서만 테이프를 가져가면 된단다.

• (종이에 테이프 붙이기를 즐기도록 한다.)
– (여러 모양의 종이를 제시하며) 여기에도 테이프를 붙여 줄까? 어느 종이에 테이프를 붙일까요?
– (영아가 테이프 붙이는 종이 위에 선을 그려 준 후) 이 선 따라서 테이프를 붙여 볼까요?
– (영아 스스로 종이 위에 끄적거리기를 한 후 테이프를 붙여 보도록 할 수 있다.)

색종이, 솜공 등 다양한 재료로 꾸며요

• 색종이, 솜공, 도트 도장, 스티커 등 다양한 재료를 탐색한다.
– (다양한 재료를 제시하며) 여기 이것들로도 가을 나무를 꾸며 줄 수 있어요. 어떤 것들이 있는지 볼까요?
– (영아의 반응을 살핀 후) 솜공을 만져 보니까 촉감이 어떠니? 손으로 주물럭주물럭하니까 기분이 좋구나. 어떤 모양 스티커들이 있는지 볼까요?

• 다양한 재료로 가을 나무를 꾸민다.
  – (영아가 꾸미는 것을 보며) ㅇㅇ는 나무 위에 빨간색 솜공, 흰색 솜공을 붙여 주었구나. 멋진 나무가 되었네! 또 어떤 것으로 꾸며 볼까요?
  – ㅁㅁ는 스티커로 멋진 나무를 만들어 주었구나. 아, 모양 도장도 찍어 주었네. 너무 멋진 나무가 되었어요.
• 다양한 재료를 탐색하고 다양한 재료로 가을 나무 꾸미기를 즐기도록 격려한다.

종이 블록로 가을 나무 만들어요

• 영아가 종이 블록로 가을 나무 만드는 것을 격려한다.
  – (종이 블록 2개를 쌓은 후 '나무'라고 말한 영아에게) 가을 나무를 만들었구나.
  – 가을 나무가 또 어떻게 생겼더라?
  – 가을 나무가 얼만큼 컸나요?
• 블록으로 만든 가을 나무에 대해 이야기 나누며 가을 나무처럼 꾸미기를 즐긴다.
  – 이것은 ㅇㅇ가 만든 가을 나무이구나. 저것은 ㅁㅁ가 만든 가을 나무야. 가을 나무가 너무 너무 멋지구나.
  – 가을 나무에 무엇이 있었니?
  – (가을 나무 모양과 낙엽 등에 대한 영아의 이야기를 듣고) 그럼, 이 가을 나무에도 낙엽이랑 단풍잎을 붙여 줄까요?
  – (영아들이 주워 온 단풍잎, 은행잎 등을 블록에 붙이도록 도와준다.)
  – (영아들이 다양한 재료로 가을 나무 꾸미기를 하도록 격려한다.)
  – 우리가 만든 멋진 가을 나무 앞에서 사진을 찍어 볼까요?
  – (영아들과 사진 찍는 흉내 내기 놀이를 한다.)

마무리

〈'가을 산책' 놀이 시작〉

- 종이 블록로 가을 나무를 구성하고 꾸미기를 하던 영아들이 가을 산책했던 경험에 관심이 집중되었다. 이에 대한 이야기를 나누며 영아들과 산책 다녀온 산책로, 공원 모습을 블록으로 구성한다.
- 블록으로 구성된 공원과 가을 산책로에 산책 가는 역할 놀이를 시작한다.
- 어린이집에서부터 공원까지 가는 길은 블록 영역에서부터 교실 중앙을 가로질러 신체 운동 영역까지 산책로를 구성한다. 또한, 신체 운동 영역을 공원처럼 구성하였으므로 교실 전체 공간을 가을 산책로와 공원으로 활용하도록 한다.
- 산책갈 때 필요한 소품 등을 지원하도록 한다.

3) 영아 미술 놀이를 지원하는 교사

- 영아가 주변 사물, 자연환경, 미술 작품 등에서 아름다움을 느낄 수 있도록 환경을 제공하고 아름다움에 적절히 반응할 수 있도록 안내하고 격려한다.
- 영아가 색, 선, 형태, 질감 등을 오감각을 통해 인식할 수 있도록 다양한 재료를 제공하고 자유롭게 탐색하기를 격려한다.
- 영아가 자신의 감정과 생각을 표현할 수 있는 도구나 방법을 안내하고 자유롭게 표현하도록 격려한다. 또한, 영아가 표현한 것에 대해 단어나 몸짓으로 말해 볼 수 있도록 격려하고 영아가 표현하고자 하는 것을 적극적으로 수용하는 언어적 반응을 해준다.
- 영아가 표현한 작품에 대해서 단순한 칭찬이나 가치를 판단하는 것은 바람직하지 못하다. 영아가 표현하고자 했던 것과 그 과정의 노력에 대한 교사의 관심이 전달되도록 세심한 상호 작용을 한다.
- 영아가 원한다면 자신의 작품을 교사나 다른 또래에게 보여 주며 이야기해 볼 수

있는 기회를 제공하고, 전시하기 원하는 경우에는 일정 기간 작품을 전시해 줌으로써 영아가 자신의 표현력에 자신감과 감수성 등을 발달시키도록 한다.

Play in Early Childhood Education

CHAPTER

12

유아 놀이 : 쌓기 놀이, 역할 놀이

1. 쌓기 놀이

쌓기 놀이는 구성 놀이의 대표적인 형태로, 쌓거나 끼우거나 할 수 있는 여러 가지 재료를 이용하여 다양한 구성물을 만들고 해체하는 과정으로 표현된다. 쌓기 놀이는 유아반 자유 놀이 시간에 아주 많이 나타나는 놀이로 역할 놀이와 함께 유아들이 매우 즐겁게 참여하는 대표적인 놀이이다.

1) 쌓기 놀이의 중요성

(1) 쌓기 놀이는 유아의 신체발달을 돕는다.

유아들은 자신이 원하는 구성물을 만들기 위해 블록을 옮기고, 자신의 키보다 높은 건축물을 구성하기 위하여 팔을 뻗거나 발돋움을 하면서, 어깨, 팔, 다리 등을 사용하며 대근육이 발달한다. 또 작은 레고 블록 등을 집고 끼울 때 손과 손가락을 사용하고, 이를 통해 손과 눈의 협응력이 발달된다.

(2) 쌓기 놀이는 유아의 인지발달을 돕는다.

유아는 쌓기 놀이 하는 과정에서 수학의 기초 개념을 배운다. 유아들이 구성을 위해 가장 많이 사용하는 유닛 블록(unit block)의 경우, 모양에 따라 삼각형, 사각형, 직육면체, 정육면체, 원기둥 같은 기하 도형의 이름을 알게 되고, 유닛 블록으로 놀이하면서 자연스럽게 배수 개념을 익히게 된다. 또한 블록을 크기와 모양에 따라 나누어 봄으로써 분류 능력이 발달하고, 자신이 만든 구조물과 또래가 만든 것을 관찰하고, 비교하는 가운데 인과 관계를 예측하고 해석하면서 과학적 소양을 키울 수 있다. 나아가 위, 아래, 밑바닥, 꼭대기, 옆 등의 용어를 사용하며 공간을 만드는 동안 공간 지각력을 발달시킨다.

(3) 쌓기 놀이는 유아의 정서발달을 돕는다.

쌓기 놀이의 특성 중 하나는 블록을 자신이 하고 싶은대로 구성하고 또 마음에 안 들면 언제든지 부수고 다시 할 수 있는 구조성이 낮은 자료를 사용하고, 만든 구성물이 마음에 들었을 때 느끼는 기쁨, 만족감, 성취감이 매우 크다는 것이다. 이렇게 거리낌 없이 구성물을 만들고 부수고를 반복함으로써 에너지를 발산하고, 평소 억압되어 있던 좌절, 분노, 질투심 등의 감정을 해소하여 정서발달에 도움을 준다.

(4) 쌓기 놀이는 유아의 사회성 발달을 돕는다.

영아가 혼자 쌓고 부수는 쌓기 놀이를 즐기는 반면, 유아는 혼자 구성물을 만들기도 하지만, 또래와 함께 구성하는 데 흥미를 가진다. 함께 구성하면서 자신의 생각을 말하고 또래의 생각을 인정하며 블록을 나누는 과정을 통해 공유하기, 협동하기 등의 사회적 기술을 배운다. 또한 블록으로 구성하는 것뿐 아니라 놀이 주제에 필요한 다양한 소품을 사용하여 공사장 놀이, 동물원 놀이, 119 구급대 놀이, 우주선 놀이 등을 함으로써 자신의 경험과 지식을 재창조하고, 다양한 역할에 대해 이해하는 기회를 가진다.

(5) 쌓기 놀이는 유아의 창의성 발달을 돕는다.

유아의 블록을 이용한 쌓기 놀이 과정은 미리 벽에 붙여 놓은 그림이나 사진 등의 환경 게시물을 보며 따라 만들기도 하지만, 유아 자신의 경험이나 상상력을 동원하여 자신만의 새로운 구성물을 창조한다. 이와 같은 경험의 반복은 유아 스스로 자신감을 가지고 또 다른 시도를 하면서 새로움을 만들어 내는 기쁨을 가져다 준다.

2) 쌓기 놀이의 발달 단계

영유아의 연령에 따라 쌓기 놀이의 양상이 조금씩 다르게 나타나는데, 그 과정을 살펴보면 다음과 같다(Johnson, 1983).

(1) 제1단계 : 블록을 이리저리 옮기는 단계

이 단계는 블록을 주로 탐색하는 과정으로, 영아에게 블록을 주면 블록을 들고 이리저리 옮기기만 하고 무엇을 만드는 놀이는 거의 하지 않는 것을 볼 수 있다. 블록 옮기는 것을 즐기는 영아의 특성을 고려하여 블록의 재질은 가볍고 들기 쉬운 큰 것이 좋다.

(2) 제2단계 : 구조물을 만들기 시작하는 단계

영아가 블록을 수평으로 늘어놓거나, 수직으로 쌓는 것을 반복하는 단계이다. 블록 늘어놓기와 위로 쌓는 모습은 영아기에 가장 흔하게 관찰되고, 이어서 쌓은 블록을 손으로 밀거나 발로 차서 무너뜨리고 좋아하는 모습을 함께 볼 수 있다.

(3) 제3단계 : 다리를 만드는 단계

유아는 쌓기 놀이 경험이 축적되면서 좀 더 복잡한 구조물을 만든다. 예를 들어, 다리 2개의 블록을 일정 간격을 두고 세운 후, 다른 블록을 위에 얹어서 다리 모양을 만든다. 다리를 만들어 보는 경험은 유아가 블록의 길이를 고려한 균형감에 대해 새롭게 인식하는 기회가 된다.

(4) 제4단계 : 폐쇄공간을 만드는 단계

연령이 많아지고 쌓기 기술이 발전하면서 유아는 블록으로 폐쇄 공간을 만들 수 있다. 기존에 자신의 앞쪽에만 블록을 늘어놓는 구성을 했다면 이 단계에서는 자신을 둘러쌀 수 있도록 블록으로 사각형 모양의 폐쇄된 공간을 만든다.

(5) 제5단계 : 패턴과 균형의 단계

블록을 다루는 능력이 점차 발달함에 따라 유아는 폐쇄 공간을 더욱 정교하게 만들고, 균형을 맞추고 장식적인 패턴을 구성한다.

(6) 제6단계 : 구조물에 이름을 붙이는 단계

유아가 자신이 블록으로 만든 구성물에 이름을 붙이는 단계이다. 어떤 구성물은 버스가 되기도 하고, 어떤 구조물은 탑이 되기도 하지만, 구조물의 형태나 기능이 유아가 붙인 명칭과 반드시 일치하지는 않는다.

(7) 제7단계 : 블록에 의한 표상이 활발한 단계

취학 전 유아에게서 주로 관찰되는 단계로, 블록을 이용하여 실제와 좀 더 비슷한 구조물을 표상화한다. 이렇게 만들어진 구성물은 대부분 역할 놀이에 연계되어 사용된다.

3) 쌓기 놀이의 실제

유아반의 자유 놀이 시간 중 이루어지는 쌓기 놀이는 생활 주제와 관련되어 교사가 계획한 활동으로 시작되기도 하지만, 대부분 특정 주제 상관없이 유아의 관심사에 의해 진행되는 경우가 많다. 다음에서 소개하는 사례들은 일반적으로 유아반 쌓기 영역에서 많이 관찰되는 놀이이고, 동시에 놀이 지원 차원에서 교사가 각 놀이별로 고려할 점이나 상황별 상호 작용의 예를 같이 서술하였다.

블록으로 만든 우리집

가정이 놀이의 주 소재가 되는 3세 유아에게서 자주 나타나는 놀이이다. 주로 기본 블록을 이용하여 놀이하기 때문에 교사는 3세 쌓기 놀이의 가장 기본이 되는 큰 종이 블록과 우레탄 블록 등을 준비하여 유아의 집 만들기가 언제든 이루어질 수 있도록 하고, 필요에 따라 유아의 관심에 맞는 소품을 첨가한다.

"○○는 아파트가 아니라 마당이 있는 주택에 사는구나. 아하, 그래서 나무를 많이 심은 거구나. 정말 예쁜 집이네."

뚝딱뚝딱 건물 짓기

커다란 우레탄 블록을 이용하여 유아들이 집 외에 주변 건물을 간단하게 구성해 보는 놀이이다. 유아가 블록으로 무엇인가를 구성하면서 공사라는 표현을 한다면, 교사는 유아의 흥미를 지원하기 위해 안전모를 첨가하여 공사하는 분위기를 조장해 준다.

"여기 안전하게 공사하라고 안전모가 준비되었어요. 건물 짓는 데 더 필요한 게 있으면 언제든 알려 주세요."

함께 운전하는 차

3, 4세 유아들에게서 가장 많이 관찰되는 구성물은 탈것으로, 자동차, 버스, 기차, 비행기 등 다양한 탈것을 구성한다. 교사는 탈것 구성에서 반드시 필요한 소품인 운전대를 준비하도록 한다. 운전대는 넉넉하게 여러 개를 준비하여 어린 유아들의 갈등 상황을 사전에 예방한다.

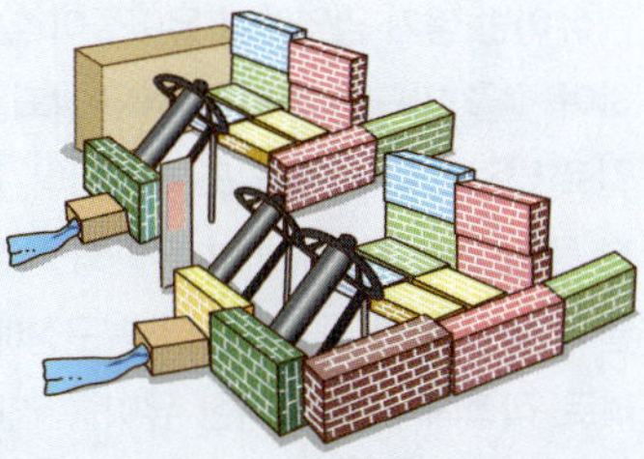

운전대 경우, 기성품을 구입할 수도 있지만 낡은 우레탄 세모 블록과 호일 속심, 백업 등의 자료를 이용하여 교사가 직접 제작할 수도 있다.

슈웅, 배달 갑니다

유아들이 구성한 탈것은 역할 놀이와 연계되는 경우가 많다. 특히, 배달 음식이 익숙한 유아의 경험을 고려하여, 유아들이 음식점 놀이를 하다가 자연스럽게 배달하는 내용으로 이어져, 배달용 차나 오토바이를 구성할 수 있도록 다양한 종류의 블록을 준비한다. 준비한 블록을 이용하여 탈것을 구성한 후 실제 배달 놀이로 연계한다.

"○○는 음식이 식기 전에 배달하려고 안전하게 잘 달리는 작은 차를 만들었구나. 조심히 운전하며 다녀 오세요."

터널을 지나가는 기차

유아반 쌓기 영역에서 유아들이 할로우 블록을 이용하여 길을 만드는 일은 흔히 관찰되는 놀이이다. 만든 길로 탈것이 다닐 수 있도록 기차나, 자동차, 비행기 모형 등의 소품을 준비하고 유아의 사전 경험에 따라 터널이 놀이에 나타난다면 터널 구성에 대한 언어적 격려로 직접 구성에 참여한 유아를 격려하고 주변에 다른 또래들도 관심을 가지도록 한다.

"오, 이 터널 굉장히 크구나."
"어떻게 하면 터널이 무너지지 않고 튼튼하게 만들어 질 수 있을까?"

여기에 주차하자!

유닛 블록을 이용한 여러 가지 구성 중 일상에서 유아들이 많이 경험하는 주차장을 구성하는 경우이다. 이때 교사는 주차장에 세울 다양한 차 브랜드의 미니카를 준비해 유아들이 실제 자기가 타 본 차를 선택하거나 타 보고 싶은 차를 골라 주차장 놀이에 몰입할 수 있도록 하고, 다양한 형태의 주차장을 구성할 수 있도록 상호 작용한다.

"이 주차장 들어오는 입구가 넓어서 운전하는 분들이 좋아하겠어요. 여기 자동차들이 많은데 이 주차장이 다 차면 그다음은 어디에 주차해야 될까요?"

블록으로 만든 나무

유아반에도 영아 때부터 많이 사용했던 종이 블록을 비치하는데, 영아반이 주로 큰 종이 블록을 사용했다면, 3세 유아 경우는 큰 블록을, 4, 5세는 작은 종이 블록을 넣어 준다. 특히, 여아가 쌓기 구성에 참여한 경우, 놀이 과정에 관심을 가지고 적극적으로 격려하여 다른 여아들도 자연스럽게 구성에 관심을 가지도록 하는 것이 필요하다.

"어머, ○○랑 ㅁㅁ가 우리반에 나무를 많이 만들어 줘서 그늘이 생겼구나. 여기서 시원하게 쉬어야겠네. 시원한 그늘 만들어줘서 고마워."

블록 도미노

도미노 게임은 주로 작은 조작을 이용하여 수 · 조작 영역에서 많이 하는데, 블록을 이용하여 바닥에 블록을 나란히 늘어놓고 쓰러뜨리는 경험은 유아의 즐거움 외에 집중력과 성취감을 동시에 느낄 수 있는 놀이이다. 유아 혼자 할 수도 있지만, 친구들과 함께하는 과정을 격려함으로써 협동의 기쁨을 느끼도록 한다. 교사는 유아들이 관심이 많은 경우, 도미노에 사용할 수 있는 블록의 종류를 확장하여 놀이가 지속되도록 지원한다. 종이 블록 외에 유닛 블록을 사용해도 좋고 공간이 좁은 경우, 카프라 블록을 사용하여 도미노 놀이를 지속하는 것도 좋다.

더 높이 더 높이

영아기는 서너 개의 블록을 쌓고 무너뜨리기를 반복하며 즐기는 기능 놀이가 주를 이루지만, 유아기의 블록 높이 쌓기는 도전과 성취, 그리고 높다라는 공간 속 위치에 대한 개념을 알 수 있는 좋은 경험이다. 이때 교사는 블록이 무너질 수 있음을 고려하여 시작할 때부터 다른 구성을 하는 아이들과 공간 간격을 벌려서 다른 친구들에게 방해가 되지 않도록 한다. 그리고 높이 쌓아가는 과정을 언어로 표현하면서 유아들의 도전을 격려해 준다.

"와우, 이렇게 높이 쌓았어? 대단하다.
어떻게 이렇게 높게 쌓을 수 있지?"

우리는 세계적인 건축가

영아 때부터 쌓고 무너뜨리기를 반복하는 구성 놀이를 즐기며 5세 유아반이 된 아이들의 구성 수준은 어른의 감탄을 자아낼 정도로 구체적이고 정교한 경우가 많다. 이를 지원하기 위해 교사는 충분한 수의 블록을 준비하여야 하고, 유아들이 흥미를 가지고 자신의 구성을 완성해 갈 수 있도록 큰 사진이나 그림으로 환경적 자극을 주는 것이 필요하다. 또한 유아들의 진지한 몰입과 협동, 창의성에 대해 말로 격려해 준다.

"어떻게 이렇게 둥글게 쌓을 생각을 했지? 너무나 새로운 생각이라 선생님 깜짝 놀았어.."

활주로의 탄생

유아들은 연령이 높아질수록 눈과 손의 협응력, 친구와 함께하는 능력, 경험의 축적, 인지적인 균형 감각 등의 발달로 정교한 구성이 가능해진다. 이는 관심 많은 소재인 탈것 구성에도 반영되어 실제 눈으로 봤거나 매체를 통해 경험한 활주로 구성으로 나타난다. 교사는 쌓기 놀이 과정을 사진으로 찍거나, 동영상으로 촬영함으로 유아의 놀이에 관심을 표현하여 유아들로 하여금 놀이에 더 몰입할 수 있도록 한다. 또한 놀이 사진은 큰 사이즈로 출력하여 반 안이나 복도에 전시하여 참여한 유아들이 성취감을 느끼고 다른 유아에게도 새로운 자극이 되도록 한다.

4) 쌓기 놀이 지원을 위한 교사의 역할

- 기본적으로 유아가 즐겁게 쌓기 놀이를 할 수 있도록 충분한 시간과 놀이 환경을 제공한다. 복잡한 구성물을 만드는 유아들에겐 1시간 정도의 쌓기 놀이 시간이 필요하고(김진영, 2002), 다른 친구의 방해를 받지 않고 구조물을 쌓을 수 있도록 넓은 공간이 조성되어야 하며 다양한 블록 종류를 충분히 제공해야 한다. 특히, 쌓기 놀이 초반에 유아들의 원활한 쌓기 구성을 위하여 공간 배분을 도와주어야 한다. 유아들이 너무 가까운 위치에서 구성을 시작하면 시간이 지날수록 서로 방해가 되어 갈등 상황이 벌어질 수 있으므로, 교사는 유아의 쌓기 놀이 조반에 일정 간격을 두고 서로의 놀이가 안정감 있게 전개될 수 있도록 공간 배분을 지원한다.
- 유아가 쌓기 놀이를 시작하기 전에 자신이 만들고 싶은 구조물을 그림으로 그린 후에 구조물을 만들도록 지원하는 설계 그림(pre-drawing) 방법을 고려한다. 이는 유아가 막연하게 쌓는 것이 아니라 먼저 계획을 해보고 놀이에 참여함으로써 수준 높은 쌓기 놀이를 할 수 있다는 장점이 있다(변자영 · 이정욱, 2010; 안경

숙 · 김소향, 2012). 반면, 교사가 사전 계획을 너무 강조하게 되면 관심 없는 유아에게 쌓기 놀이에 대한 흥미를 잃어버리게 하는 오류가 생길 수 있으니 안내는 하지만 절대 강요하지 않도록 주의한다.

- 쌓기 놀이를 지원하는 교사의 가장 기본적인 역할 중 하나는 영유아의 놀이를 관심 있게 지켜봐 주는 것이다. 이때 유의할 점은 아이들이 쌓은 블록이 넘어지면 어쩌나 걱정하는 표정이나 말로 미리 그 불안감을 나타내지 말아야 한다는 것이다. 오히려 편안한 표정을 짓고 고개를 끄덕이면서 유아가 자신감 있게 구성을 시도해 볼 수 있도록 해야 한다. 한편, 교사는 유아의 블록이 흔들려서 잡아 주고 싶은 충동이 생기더라도 참고 유아가 구성의 실패를 경험하도록 기회를 주는 것이 좋다. 유아는 이와 같은 시행착오를 통해 어느 정도 쌓을 때 구성물이 불안정한지를 느끼고 이후 무너지지 않는 더 효과적인 방법을 생각해 낼 수 있기 때문이다(이윤선 · 신윤승 · 이세원, 2012; Linderman & Anderson, 2015).
- 교사는 쌓기 놀이를 촉진하기 위한 적절한 질문과 제안으로 놀이를 지원해야 한다. 교사의 적절한 질문은 유아가 쌓기 놀이를 통해 문제 해결력을 키울 수 있는 매우 중요한 역할을 한다. 이때 예, 아니오로 대답하게 되는 폐쇄적인 제안보다 유아 스스로 답을 찾아볼 수 있도록 개방적 질문을 통해 제안하는 것이 필요하다. 예를 들면, "뭐 만든 거야?", "더 큰 블록을 받쳐 볼까?"보다는 "어떻게 더 높게 쌓을 수 있을까?", "왜 자꾸 무너질까?", "무너지지 않게 하려면 어떻게 해야 할까?", "어떻게 균형을 맞춘 거야?"로 말해 준다(이윤선 외, 2012). 이런 질문과 제안은 유아 스스로 문제 해결을 해보도록 기회를 주고, 또 유아 자신이 해결한 문제를 다시 돌아보게 함으로써 자신감을 가지게 한다.
- 교사는 유아가 쌓기 놀이에 성별 차이 없이 고루 참여하도록 격려해야 한다. 유아반에서 쌓기 놀이는 남아의 놀이로 인식될 정도로 남아 중심으로 이루어지는 경우가 많다. 이에 교사 자신이 쌓기 놀이의 직접적인 모델이 되거나, 실제 쌓기 놀이에 참여하는 여아와 자연스럽게 상호 작용하는 것이 필요하다(Wellhousen &

Kieff, 2001; 이경순, 2007).

- 교사는 유아의 쌓기 놀이가 역할 놀이의 뒷배경으로서가 아닌 구성 놀이 자체로 매우 큰 의미가 있다는 것을 인지하고 유아의 구성 자체를 격려해야 한다. 유아반에서의 쌓기 영역이 역할 놀이를 위한 배경으로만 반복하여 사용될 경우, 쌓기 놀이 고유의 가치를 느끼지 못할 수 있기 때문이다.
- 환경 구성을 통해 쌓기 놀이를 활성화시켜야 한다. 교사는 사진, 동영상 등의 매체를 이용하여 유아가 쌓기 구조물을 감상하고 공유하도록 지원한다. 바람직한 방법으로는 유아가 만든 구성물을 사진으로 찍어 교실 벽이나 복도에 크게 붙이거나 포트폴리오를 만들어 유아의 아이디어를 자극하고 격려할 수 있다. 또한, 유아들이 만든 구성물 사진을 홈페이지에 올리거나 가정에 보냄으로써 부모들이 관심을 가지고 자녀를 격려하게 하는 것도 효과적이다.
- 쌓기 놀이에서 교사는 정리 정돈을 잘 관리해야 한다. 쌓기의 재료들을 정돈하는 데는 많은 시간이 소요되므로, 유아가 서두르지 않도록 충분한 시간을 할애하여 지도한다. 전체 정리정돈 시간 전에 미리 시간을 예고하여 많은 조각들이 안전하게 정리될 수 있도록 한다. 예를 들어, "쌓기 영역에서 긴 활주로를 만드느라 정말 많은 블록이 나와 있구나. 활주로를 멋지게 만든 친구들이 먼저 유닛 블록을 치워 볼까?"
- 마지막으로 교사는 유아의 안전을 철저히 관리해야 한다. 블록을 친구나 물건을 향해 던지지 않도록 지도하고 다른 친구가 만든 구성물은 함부로 부수지 않도록 알려 준다. 또한 쌓기를 교구장으로부터 약 30cm 이상 떨어진 장소에서 함으로써 친구들이 블록을 꺼내는 데 지장을 주지 않도록 한다(이숙재, 2019). 특히, 속이 빈 블록과 같이 무거운 나무 재질의 블록을 사용할 때는 구성물의 높이 조절에 유의하여 무너졌을 때 다치는 일이 발생하지 않도록 반복하여 주지시킨다.

2. 역할 놀이

1) 역할 놀이의 중요성

유아는 자기의 경험과 주변에서 본 사건이나 사회적 지식에 상상의 요소를 합쳐 역할 놀이를 한다. 엄마, 아빠를 흉내 내는 역할 놀이로부터 병원의 경험을 토대로 의사와 간호사가 되기도 하고 우주 세계를 상상한 공상 과학 놀이까지 유아가 흥미롭게 느낀 다양한 사건이나 대상을 놀이 속에서 재현한다. 역할 놀이는 오전 · 오후 실내외 자유 놀이 시간 역할 영역에서 주로 이루어지고, 때로는 아나바다 시장 놀이처럼 특정 주제에 따라 학급 전체 차원에서 진행하기도 한다. 역할 놀이는 상상 놀이(symbolic play), 극놀이(dramatic play), 가장 놀이(pretend play), 사회극 놀이(socio-dramatic play) 등과 거의 유사한 용어로 사용된다.

역할 놀이가 유아의 발달에 주는 긍정적인 영향은 다음과 같다(Rubin et al., 1983; 이숙재, 2011; 곽승주, 2016).

(1) 역할 놀이는 유아의 인지발달을 돕는다.

역할 놀이는 현실적 요인와 상상적 요인을 포함하고 있는데, 현실적 요인이란 유아가 주변에서 실제로 경험한 사건이나 인물을 모방하여 놀이하는 것으로 이는 유아의 개념 발달이나 사회적 지식 습득 등의 인지적 발달을 증진시킨다. 한편, 상상적 요인은 여러 역할이나 상황을 다양하게 놀이하는 경험을 통해 문제 해결력을 촉진한다. 또 상상적인 요인은 유아로 하여금 사실로부터 의미를 추출하여 새로운 의미를 창출하는 추상적 사고의 토대를 제공하며 유아의 사고를 확산시킨다.

(2) 역할 놀이는 유아의 사회성 발달을 돕는다.

유아는 주변의 사물에 대해 마치 살아 있는 것 같이 의인화하는 경향이 있어서 인형이 다정한 친구가 되기도 하고, 상상의 놀이 친구와 자연스럽게 대화를 나누기도 한다. 실제 또래와의 상호 작용뿐 아니라 이러한 놀이 경험을 통해 유아는 친구와 서로 타협하고 협조하면서 원만한 관계를 맺는 방법을 알게 된다. 한편, 놀이 중 자기가 맡은 역할에 동일시함으로 사회적 역할을 학습하고 점차 자기 중심성에서 벗어나 공동체 의식을 발달시켜 사회적인 존재로 성장한다. 나아가 2명 이상의 유아가 참여하는 사회극 놀이를 통해 다양한 사회적 기술과 지식을 배울 수 있다.

(3) 역할 놀이는 유아의 언어발달을 돕는다.

역할 놀이를 진행하기 위해서 유아는 여러 가지 가작화된 상황이나 역할을 말이나 몸짓, 행동으로 표현한다. 이를 통해 역할 놀이 주제와 연관된 다양한 어휘를 연습하게 되고 또래와의 언어적 상호 작용을 활발히 하는 가운데 듣기와 말하기 등의 언어발달이 촉진된다. 또한, 놀이 중 쓰기와 읽기에 대한 자극이 끊임없이 이루어져서 병원을 알리기 위한 간판이나 음식점 놀이 중 작성하는 메뉴판 작성 등으로 자연스럽게 글자를 읽고 쓰는 문해 능력이 발달한다.

(4) 역할 놀이는 유아의 정서발달을 돕는다.

역할 놀이는 유아가 하고 싶었던 것을 망설임 없이 실시할 수 있게 하고, 현실에서 이룰 수 없는 일을 가능하게 하며, 불안, 질투, 분노 등의 부정적 감정을 발산시켜 긴장을 완화시킴으로써 정서적 안정을 이루게 한다. 안 좋았던 경험을 놀이의 반복을 통해 해소하고, 또래의 감정 상태를 인지하며, 자신의 감정을 조절하기도 한다.

(5) 역할 놀이는 유아의 창의성 발달을 돕는다

자유 놀이 중 이루어지는 역할 놀이는 교사가 계획한 활동에 의해 시작될 수도 있지만, 일반적으로 유아의 경험과 상상력을 기초로 그 당시 유아의 개인적 흥미에 따라 자유롭게 선택하여 표현하는 경우가 대부분이다. 즉, 교사의 계획에 의해, 교사의 준비에 의해 이루어지는 활동이 아니라는 의미이다. 따라서 유아는 자신이 선택한 역할 놀이의 내용을 구성하고 또래 간 역할을 분담하며 적절한 놀잇감을 선택하거나 만들어 가는 과정에서 다양한 것들을 자기식으로 창조해 보는 기회를 가진다. 이런 역할 놀이의 반복을 통해 유아의 창의성이 증진된다.

2) 역할 놀이의 연령별 특징

유아의 역할 놀이는 연령 이외에 환경, 경험, 기질 등 여러 가지 요인에 따라 다르게 나타나므로 연령에 따라 정확하게 구분되는 것은 아니지만, 대체적인 특징을 살펴보면 다음과 같다(하정희 · 성은영 · 이혜경, 2005; 이숙재, 2011)

(1) 3세

3세 유아는 주로 가정생활에 관련된 엄마, 아빠 놀이를 즐겨 하고, 때때로 생일잔치, 소풍 등과 같은 자신에게 특별한 경험을 놀이로 표현한다. 2세 때에 비해서 놀이가 여러 내용으로 연결되는 경향을 보이지만 내용이 바뀌기도 하고 아직 놀잇감을 제한된 용도로만 사용하는 경직성을 나타낸다. 또한 영아기에 비해 또래와 함께 역할 놀이하는 모습이 더 관찰되지만, 놀이 내용과 관계없는 말이나 행동을 하는 경우가 있어 집단으로 이루어지는 역할 놀이는 어렵고, 하더라도 지속 시간이 짧은 특성을 보인다.

(2) 4세

4세 유아는 3세가 주로 엄마 아빠 놀이에 집중하고 있는 것에 비해 가정생활에 관련된 놀이 이외에 유아가 가정 밖에서 경험한 내용인 병원, 미장원, 아이스크림 가게, 음식점을 소재로 놀이한다. 이 시기는 자신이 맡은 역할이나 상황을 구체적으로 표현하며 다른 사람의 역할을 인식하고 적절하게 반응할 수 있다.

한편, 4세의 역할 놀이에서는 역할의 성차가 드러나는 것이 관찰된다. 예를 들어, 병원 놀이 중에 간호사 역할은 주로 여아가 하고, 남아는 의사 역할을 하는 경향을 보이고, 여아가 언어적인 표현이 많은 놀이나 역할을 주로 한다면 남아는 전쟁놀이, 경찰 놀이, 119 구급대원 놀이 등과 같이 활동적이고 다소 공격적인 놀이를 하는 경우가 많다.

(3) 5세

5세가 되면 전반적인 성장과 더불어 그 전 연령에 비해 역할 놀이 내용이 매우 다양해진다. 3, 4세 때 즐기던 가정을 포함한 일상생활의 내용을 넘어서 TV나 책, 게임에서 본 스파이더맨이나 어벤져스 같은 영웅적 인물이 되어 가상적 상황을 놀이를 재현한다. 특히, 이 시기의 유아는 인지적 발달이 향상되어 모방에 의한 놀이뿐 아니라 유아 스스로 놀이 내용을 새롭게 구성하고 창조하는 면을 보인다. 또한, 소품 활용에 있어서도 창의력을 발휘하여 한 가지 놀잇감을 다양한 용도로 활용하거나 실물과 유사하지 않은 형태의 놀잇감을 사용하는 경우가 많다. 예를 들어, 미장원에서 파마하는 놀이를 할 때 교사의 도움을 받아 바구니를 파마 기계처럼 만들어 벽에 붙이고 그 밑에 앉아서 파마하는 흉내를 내는 경우이다. 놀이 과정도 사전에 계획한 내용에 따라 역할을 분담하는 것이 더 원활해지고 친구들과 타협하고 협동하여 진행함으로써 한 가지 주제의 역할 놀이가 오래 지속되는 특성을 보인다.

3) 역할 놀이의 실제

유아반의 자유 놀이 시간 중 가장 많이 이루어지는 놀이 중 하나는 역할 놀이이다. 역할 놀이 역시 쌓기 놀이와 마찬가지로 생활 주제와 관련되어 교사가 계획한 활동으로 시작되기도 하지만, 대부분 특정 주제 상관없이 유아들의 관심사에 의해 진행되는 경우가 많다. 다음에서 소개하는 사례들은 일반적으로 유아반 역할 영역에서 많이 관찰되는 놀이이고, 동시에 놀이 지원 차원에서 교사가 각 놀이별로 고려할 점이나 상황별 상호 작용의 예를 다음과 같이 서술하였다.

너의 생일을 축하해

영아부터 시작하여 어린 유아반에서 많이 이루어지는 놀이로, 유아들은 자신의 이름이 들어간 생일 축하 노래 듣는 것을 매우 좋아한다. 실제 동일 연령의 유아들로 반이 구성되어 운영되는 것이 일반적이기 때문에 생일 축하 놀이를 할 때 특정한 한 명의 유아보다 그 놀이에 참여한 유아 모두가 주인공이 되어 놀이한다. 유아의 관심과 발달 정도에 따라 생일 축하 선물을 만들거나, 생일 축하를 위해 음식을 만들어 먹는 등 다양한 놀이로 연계될 수 있다. 이때 교사가 놀이에 초대되었다면 진심으로 기쁜 표정과 행동으로 축하 파트너가 되어야 한다.

세상 맛집

역할 놀이 중 유아들이 자발적으로 많이 참여하는 놀이 중 하나는 먹는 것과 관련된 놀이이다. 따라서 엄마 흉내를 내면서 밥상을 차리는 것은 매일 일어나는 주제이고, 음식점을 열어 요리를 하고 누군가를 대접하는 놀이도 매우 자주 나타난다.

일상적인 놀이이지만 교사는 유아의 흥미와 발달 정도에 따라 요리사 모자를 제공하거나 시각적 환경 자료를 제시(음식 사진 등)하여 유아의 흥미를 지속 발전시킨다. 특히, 음식점 놀이 시 식당 간판을 만들거나 음식의 메뉴판을 적어 보면서, 또 말로 음식을 소개하면서 언어적 자극을 경험할 수 있도록 상호 작용한다.

"이 식당에는 제일 인기 있는 메뉴는 뭐예요?"
"메뉴판을 좀 보여 주시겠어요?"

엄마가 코 재워 줄게

유아 자신의 경험을 바탕으로 자주 나타나는 아기 돌보는 놀이이다. 유아는 자기보다 어린 아기를 돌보아 주는 역할을 하면서 타인 사랑하는 마음을 표현하며 배운다. 이에 교사는 유아가 아기를 소중히 다루는 놀이 행동을 잘 관찰하고 구체적으로 칭찬해 줌으로써 자신의 말과 행동이 타인에게 중요한 영향을 미친다는 것을 알 수 있도록 한다.

"아기가 엄마 품에서 편하게 자는구나.
엄마가 앉고 노래도 불러 주고, 아기 너무 행복하겠다."

같이 나누어 먹자

유아는 실내에서뿐 아니라 바깥 놀이에서도 음식을 소재로 한 놀이를 즐긴다. 특히, 실외에는 기성품 음식 모형이 아닌 자연물 음식 자료를 이용한 놀이가 전개될 수 있으므로 계절별로 찾을 수 있는 열매, 낙엽, 도토리 등의 자연물을 수집하여 음식 자료로 사용할 수 있도록 격려한다.

"이건 무슨 음식이예요? 아, 나뭇잎 부침개구나. 같이 나누어 먹으니 정말 맛있어요"

버스 타고 나들이 가요

유아반에서 역할 놀이는 단독으로 이루지기도 하지만, 쌓기 놀이와 연계되는 경우가 많다. 예를 들어, 김밥 도시락을 싸서 공원에 놀러가는 놀이를 시작한 유아들이 도시락을 싸고 여행지인 공원을 가기 위해 쌓기에서 블록을 이용하여 버스를 만드는 것은 자주 나타나는 현상이다.

한편, 이와 같이 역할과 쌓기가 연합하여 새로 놀이가 만들어질 때 교사는 기존에 쌓기 영역에서 구성 자체에 집중하고 있는 유아들이 연합된 놀이 때문에 방해받지 않도록 공간을 잘 분리할 수 있도록 지원해야 한다. 이때 교사 단독의 결정보다 먼저 유아의 의견을 물어보는 것이 필요하다.

"그곳에는 이미 ○○와 □□가 체육관을 만들고 있는 중이라 다른 곳을 찾아야 할 것 같은데, 어떻게 하면 좋을까?"

싱싱한 과일과 채소가 있어요

유아들에게 물건을 사고 파는 가게 놀이는 매우 매력적인 역할 놀이이다. 실제 자신이 아닌 가게 주인이나 손님처럼 다른 사람이 되어 보는 역할을 통해 유아들은 대리 만족을 한다. 또 놀이 속에서 정한 역할에 적합한 말과 행동을 하며 다양한 역할에 대해 알아간다. 마트를 포함하여 음식 재료를 파는 가게 놀이는 대부분 부모와 함께 방문한 경험이 있고 집 냉장고에서 많이 봤던 재료들이라 유아에게는 매우 익숙한 놀이에 속한다. 교사는 유아들이 물건을 고르고 담는 것 외에 가격 지불하기, 영수증 받기, 포장이나 식재료 보관하기 등 가게 놀이를 통해 경험해야 할 내용을 자연스럽게 상호 작용한다.

놀이 중 필요한 소품이 있으면 스스로 만들어 보게 한다.

"저는 사과랑 배랑 2개씩 담아 주세요. 합쳐서 얼마예요? 네, 영수증 주시고요."

"지난번에 사 간 귤 냉장고 과일 칸에 넣었더니 싱싱하던데, 사과도 과일 칸에 보관하나요?"

어디가 아프세요?

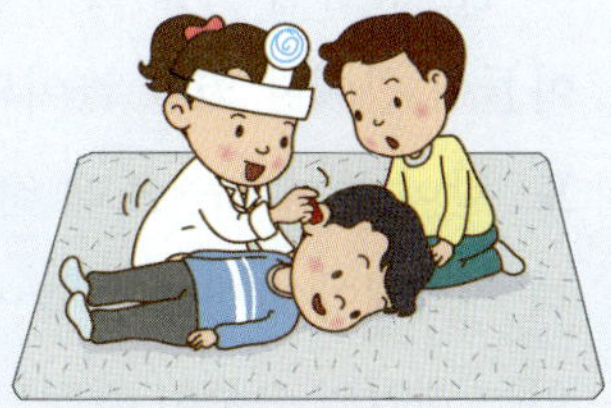

병원 놀이는 영유아 모두에게서 많이 나타나는 익숙한 놀이 소재이다. 영아가 단순히 주사 놓고, 진찰하는 한두 가지 행동을 반복하며 의사나 간호사의 역할을 흉내 냈다면, 유아는 병원 진료과의 기능을 좀 더 자세하게 표현하고 치료 과정도 구체적으로 놀이로 나타낸다.
교사는 유아들 각각의 사전 경험을 수용하면서 필요한 소품을 제공하거나 구체적인 요구를 도와주는 것이 필요하고, 특히 주인공을 하고 싶어하는 유아의 놀이 특성을 감안하여 적극적인 환자 역할로 상호 작용해야 한다.

"의사 선생님, 제가 얼음판 위에서 꽈당 세게 넘어졌는데, 허리도 아프고, 무릎도 아프고, 손바닥도 아프고……너무 아픈 데가 많아요."

여기는 방송국

미디어에 많이 노출되어 있는 큰 유아들에게 방송국은 그리 낯선 단어는 아니지만, 방송국에서 구체적으로 어떤 일이 일어나는지는 잘 알지 못한다. TV를 본다고 방송국의 기능에 대해 잘 아는 것은 아니기 때문이다. 따라서 방송국에 관심을 보이는 유아가 있거나, 생활 주제에서 교사가 방송국 놀이를 계획한 경우라면, 놀이 소재에 대한 내용을 파악하기 위해 반드시 방송국에 대한 직간접적인 사전 경험이 있어야 한다. 가장 좋은 것은 방송국을 견학하여 공간, 설치된 장비, 세트장, 녹화 장면 등을 직접 보고 듣는 경험이지만, 상황에 따라 동영상이나 책, 실물 자료 등으로 방송국에 대한 정보를 지원해야 한다. 그런 과정 없이 교사가 주도하여 이루어지는 방송국 활동은 유아들에게 놀이로서의 가치를 가지기 어렵다.
반면, 직간접적 사전 경험을 토대로 유아가 흥미를 느껴 시작한 방송국 놀이라면 교사의 지원을 받아 다양한 역할을 즐겁게 경험해 보는 의미 있는 기회가 될 수 있다.

4) 역할 놀이 지원을 위한 교사의 역할

- 교사는 유아의 역할 놀이 관찰을 통해 상황과 맥락을 정확하게 파악해야 한다. 유아들이 참여한 역할 놀이의 주제, 담당하는 역할, 놀이의 주도권 놀이 지속의 정도, 같이 놀이하는 또래 집단 등을 알아야 한다. 교사가 역할 놀이의 흐름을 정확히 인식해야 유아들의 놀이 흐름을 방해하지 않으면서 적절한 상호 작용을 할 수 있는 개입의 수준이 결정되기 때문이다.
- 교사는 유아를 심리적으로 편안하게 해주는 정서적 지원자가 되어야 한다. 이를 위해 유아가 편안한 분위기에서 자신의 생각과 느낌 및 감정을 솔직하게 놀이에 표현할 수 있도록 허용적 분위기를 조성해 주어야 한다.
- 교사는 역할 놀이 관찰한 내용을 토대로 놀이 지원을 위한 계획을 세워야 한다. 이때 주의할 것은 주제니까 혹은 유아에게 좋을 것이라는 교사의 관점에서 일방적으로 계획하지 말고, 유아의 흥미에 기초하여 유아와 함께 의논하며 그들의 의견을 반영해야 한다. 또한 교사는 역할 놀이에 참여하는 유아가 기분이나 흥미의 변화에 따라 놀이 주제나 내용을 자주 바꾸기도 하고 전혀 다른 놀이로 변환하기도 한다는 것을 알고 허용해야 한다(Sawyer, 1997).
- 교사는 유아의 역할 놀이에 직 · 간접으로 참여해야 한다. 직접 참여는 적극적인 개입의 유형으로 교사가 역할 놀이에서 구체적인 역할을 맡아서 유아의 놀이 파트너로서 함께 놀이하는 것을 의미한다. 예를 들어, 유아 3명이 미장원 놀이를 시작했는데 모두 미용사를 하고 싶어서 손님으로 교사를 초대한 경우, 교사는 손님으로서 놀이에 참여하여 즐거운 파트너의 역할을 해야 한다. 유아가 미용사로서 손님인 교사에서 어떻게 하길 원하는지 질문한다면 "지난번 파마가 아주 맘에 들었어요. 이번에도 같은 스타일로 해주세요", "이쪽을 노란색으로 염색하고 싶은데 미용사님 생각은 어떠세요?" 등과 같이 적극적인 태도로 상호 작용한다.

  반면, 유아들 놀이가 잘 진행되고 있어서 교사가 직접 개입을 할 필요가 없다고 판단되면 관심을 보여 주거나 필요한 소품을 가져다 주는 정도로 간접적인 참여를 하는 것이 좋다.

Play in Early Childhood Education

CHAPTER

13

유아 놀이 : 수 · 조작 놀이, 게임 놀이

1. 수 · 조작 놀이

수 · 조작 놀이를 생각할 때 우선 조작 놀이(manipulative play)에 대한 정의를 살펴봐야 한다. 조작 놀이란 유아가 눈과 소근육의 협응력을 사용해서 놀잇감을 맞추고 분리하고 재배열하는 등 자리에 앉아서 개별적으로 가지고 놀 수 있는 교구 및 놀잇감들과의 상호 작용을 통한 놀이를 말한다(이숙재, 2019). 유아가 사물을 탐색하는 조작 놀이는 보통 일대일 대응, 분류, 비교, 서열 등의 개념과 관련된 수 놀이 영역과 통합하여 제시된다. 유아는 조작 놀이를 통해 이와 같은 수 놀이의 내용을 실제로 경험하며 수학적 사고 형성의 기초를 마련하기 때문에 일반적으로 수 · 조작 놀이라는 명칭으로 사용된다.

1) 수 · 조작 놀이의 중요성

(1) 수 · 조작 놀이는 유아의 신체발달을 돕는다.

수 · 조작 놀이는 주로 작은 조각의 놀잇감을 눈과 손의 협응력을 이용하여 끼우거나 맞추며 조작하는 놀이이므로 이를 통해 유아의 손목과 손가락의 소근육 운동 능력, 눈과 손의 협응력이 증진된다. 또한 유아는 다양한 수 · 조작 놀이에 참여함으로써 시각, 촉각 등의 감각 능력을 발달시킨다.

(2) 수 · 조작 놀이는 유아의 인지발달을 돕는다.

유아는 놀잇감을 탐색하고 조작하는 과정에 수 세기, 분류, 일대일 대응, 부분과 전체, 형태, 공간 등의 수학적 개념을 자연스럽게 경험한다. 또한, 퍼즐 조각이나 카드 뒤집기, 그림자 짝 찾기 등 다양한 놀잇감을 조작하는 가운데 시행착오를 거쳐 관찰력, 집중력, 문제 해결 능력이 향상된다.

(3) 수 · 조작 놀이는 유아의 언어발달을 돕는다.

수 · 조작 놀이는 유아 단독으로 할 수 있지만, 조작 놀잇감을 친구와 함께 가지고 놀면서 어떻게 더 재미있게 놀지, 완성하기 위한 방법을 무엇인지에 대해 의견을 주고받는 과정에 어휘력과 문장 구성력이 좋아질 수 있다. 또한, 다양한 조작 놀이 경험은 문해 능력 발달과도 밀접하게 연관된다. 즉, 퍼즐 맞추기나 그림 카드 짝짓기 등을 하면서 형태 변별력이 발달하여 글자를 읽는 기초 능력이 좋아지고 손과 눈의 협응력이 발달되어 쓰기 도구를 원활하게 사용할 수 있다.

(4) 수 · 조작 놀이는 유아의 정서발달을 돕는다.

유아는 수 · 조작 놀이를 하면서 다양한 문제 상황을 탐색하고 해결하는 과정을 통해 자신감을 가진다. 예를 들어, 어려운 퍼즐의 마지막 조각을 맞추는 순간 "우와, 완성!"을 외치며 기쁨과 성취감을 느끼게 되고, 이런 경험은 또 다른 놀이를 할 때 불안감보다 건강한 긴장감을 유발하여 도전 의식을 고취시킨다.

(5) 수 · 조작 놀이는 유아의 사회성 발달을 돕는다.

유아는 조작 놀이를 하면서 또래와 어울릴 기회가 많다. 함께 놀이하면서 다른 친구의 감정을 이해하고 존중하는 경험을 통해, 때로는 기다려야 하고, 또 때로는 친구를 도와줘야 됨을 배우게 된다. 특히, 수 · 조작 놀이는 작은 조각들로 이루어진 놀잇감이 많아서 치우는 과정에서 서로 협력해야 할 일이 많다.

2) 수 · 조작 놀이의 실제

놀잇감 짝은 어디에

놀이 지원 요인 중 하나는 놀잇감이다. 영아뿐 아니라 유아에게도 어떤 놀잇감이 준비되어 있느냐는 매우 중요하고 이에 유아 입장에서 놀잇감에 관심을 가지는 것은 당연하다. 이런 유아의 관심을 고려하여 놀잇감 짝짓기 자료를 준비하여 유아가 놀잇감 짝을 찾아보는 과정을 통해 놀잇감의 특성을 더 생각해 볼 수 있다. 놀잇감을 고정하지 말고 유아의 흥미에 따라 융통성 있게 교체하거나 첨가해 준다. 따라서 놀잇감 짝짓기 수 · 조작 자료를 만들 때 기본판에 사진이나 그림을 고정하지 말고 떼었다 붙였다를 자유롭게 할 수 있도록 제작한다.

점점 크게 점점 작게

실외 공간에는 유아가 좋아하는 많은 자연물들이 있다. 유아는 계절이나 공간의 위치 혹은 특성에 따라 각각 다른 자연물들을 만나게 된다. 그중 돌은 다양한 유형의 놀이에서 유용하게 사용할 수 있는 놀이 자료이다. 아이들은 바깥 놀이를 하다가 또는 산책하며 주운 돌을 작은 것부터 큰 것까지 크기를 비교하며 순서대로 늘어놓는 것을 좋아한다. 이는 수학적 개념의 서열에 해당되는 것으로 유아들은 수학을 공부한다는 목적이 전혀 없었지만 돌을 가지고 놀면서 서열의 개념을 경험하고 있다.

이런 모양 어때?

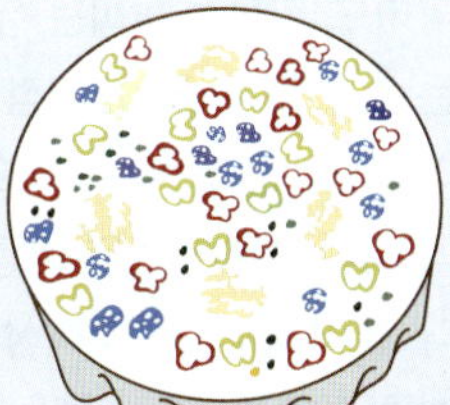

수 · 조작 놀이는 수 · 조작 영역뿐 아니라 하루 일과 속 다른 공간에서도 자연스럽게 일어난다. 특히, 색과 모양에 대한 수학적 개념은 미술 영역에서 벌어지는 다양한 활동과 놀이 속에서 자연스럽게 경험된다. 유아는 교사가 준비한 '채소로 물감 찍기' 활동에 참여했다가, 물감에 찍힌 채소의 톡톡한 모양에 매력을 느껴 반복해서 물감 찍기를 한다. 처음에 교사가 준비한 채소 도장 찍는 것을 재미있어 했다면, 시간이 갈수록 색깔과 모양을 고려한 자신만의 패턴을 만들며 창의적인 작품을 탄생시킨다. 교사는 유아의 작품을 아이의 눈높이에 맞추어 전시함으로써 유아가 자신감을 가지도록 격려한다.

숫자가 행진해

숫자 놀이라는 노래를 이용하여 숫자 개념을 몸의 움직임을 통해 알아가는 수 놀이이다.

교사는 1부터 5까지 숫자가 적혀 있는 막대판을 준비하고 숫자 행진 노래를 현장에서 불러주거나 미리 녹음하여 틀어 주는 것으로 유아들의 숫자 행진이 진행되도록 돕는다.

유아는 숫자판을 바꾸어 들고 반복적으로 숫자 행진에 참여하면서 수를 익숙하게 경험한다.

숫자 행진

Hap palmer 곡 (이영 편역)

카드를 뒤집자

카드 뒤집기 놀이는 유아의 기억력을 기반으로 이루어지는 것으로 기억력이 점점 발달되어 가는 유아들이 흥미를 보이며 많이 참여하는 수 · 조작 놀이이다. 두 장이 같은 그림이나 사진 혹은 연관된 내용으로 짝을 이루도록 카드로 제작한다. 놀이 방법은 2명 이상의 유아들이 카드를 뒤집어 놓고 순서를 정해 두 장씩 뒤집는다. 짝이 맞으면 가져가고, 틀리면 다시 뒤집어 놓기를 반복한다. 카드가 다 뒤집어질 때까지 하고 카드를 제일 많이 가져간 유아가 이긴다. 이런 기본적인 놀이 방법에 따라 놀지만 누군가 놀이 방법이나 규칙을 바꾸자 제안을 하고 함께 놀이하는 유아들이 합의를 한다면 언제든 놀이 방법과 규칙은 달라질 수 있다.

균형의 미학

블록 자료를 이용하여 구성하는 쌓기 놀이는 유아의 수학적 개념을 익히게 하는 데 매우 효과적인 놀이이다. 유아는 수학을 잘하기 위한 목적으로 구성을 하지는 않는다. 쌓기 놀이를 좋아하고 더 멋진 구성물을 만들고 싶기 때문에 구성에 참여한다. 높은 탑을 무너지지 않게 쌓기 위해서는 어떤 크기를 구성물 맨 밑에 놓아야 하는지 알게 되고, 오른쪽과 왼쪽이 균형을 잡아 무너지지 않게 하려면 같은 크기 블록을 같은 수만큼 놓아야 한다는 것을 놀면서 배운다. 또 자료를 쌓고 늘어놓은 과정에 빨강—파랑—노랑—빨강—파랑—노랑…… 패턴을 만들어 나간다. 탑과 건물을 더 높이 넓게 쌓으며 위치적 용어를 사용하고, 큰 집을 짓고 친구들과 같이 놀면서 공간 지각력을 향상시킨다. 이 모든 경험을 통해 유아는 놀면서 수학적 개념을 정립해 나간다.

3) 수 · 조작 놀이 지원을 위한 교사의 역할

- 교사는 유아가 수 · 조작 놀잇감을 다양하게 탐색하고 집중하여 놀이할 수 있도록 다른 친구들의 방해를 받지 않는 독립적이고 편안한 놀이 공간을 조성한다. 또한 놀이를 충분히 즐길 수 있는 시간을 확보하여 유아가 급한 마음으로 서두르다 완성하지 못한 경험이 반복되지 않도록 유의한다.
- 교사는 유아의 흥미와 발달 정도에 적합한 수 · 조작 놀잇감과 자료를 준비한다. 기본적으로 수 · 조작 놀이를 하려면 유아의 소근육 운동 조절 능력과 집중력, 그리고 인지 능력이 기초가 되어야 한다. 예를 들어, 수 · 조작 놀이의 퍼즐 맞추기 경우, 같은 3세 유아라도 연령에 따른 일정한 퍼즐 수가 정해진 것이 아니라 집중력, 흥미, 소근육과 변별 능력 발달 정도에 따라 적합한 퍼즐의 개수는 다르기 때문이다.
- 교사는 유아들이 하루 일과를 시작하기 전에 수 · 조작 놀잇감이나 자료가 다 있는지 확인하고, 없으면 신속하게 채우거나 보수할 수 있도록 빼놓는다. 또한 수 · 조작 놀잇감은 조각 수가 많아 분실의 우려가 있으므로 가능하면 정해진 영역에서 가지고 놀도록 하고 다 사용한 후에는 제자리에 정돈하는 습관을 가질 수 있도록 정리장이나 바구니에 놀잇감 그림을 붙여 놓는다.
- 교사는 유아가 단순한 수 · 조작 놀이로 시작하여 복잡한 수 · 조작으로 놀이 기회를 단계적으로 진행할 수 있도록 지원한다. 수 · 조작 놀이는 결과 지향적인 특성이 있어서 유아가 놀이과정에서 흥미를 잃거나 좌절감을 느낄 수 있는데(이숙재, 2011; 전우용, 2017), 처음부터 복잡한 단계로 시작하면 어렵다고 느껴서 유사한 놀이를 다시 시도하고픈 욕구 자체가 없어질 수 있음을 유의한다.
- 교사는 유아의 수 · 조작 놀이 상황을 세심히 관찰해야 한다. 수 · 조작 놀이의 사전 경험이 적어서 어색하여 참여하지 않는 것이라면 또래가 즐겁게 놀이하는 것을 관찰할 수 있는 기회를 제공하여 흥미를 가지도록 도와준다. 참여는 하지만 새

로운 시도 없이 늘 같은 종류나 수준을 반복하고 있다면, 유아가 새롭고 더 발전된 수 · 조작 놀이에 참여하도록 안내하거나 제안하는 것이 좋다. 또한 유아의 놀이 행동을 언어로 표현해 줌으로 유아가 교사에게 관심받고 있음을 눈치채고 놀이를 더 즐길 수 있도록 한다.

- 교사는 수 · 조작 놀이를 하는 동안 나타나는 유아의 오류를 지적하지 않고 기다려 주어야 한다. 교사가 유아의 실수나 오류를 반복하여 지적하면 유아는 놀이에 대한 흥미와 자신감이 줄어들어 교사의 눈치를 볼 수 있다. 그리고 정답을 바로 알려 주거나 구체적으로 유도하는 경우, 문제를 스스로 해결하기 위해 사고하는 기회가 없어져서 유아의 창의적인 사고력이 향상되기 어렵다. 반면, 기다리면서 유아의 가능성을 믿고 수용하는 태도를 보일 때, 유아는 자신감을 가지고 새로운 도전을 시도할 수 있다. 따라서 교사는 유아에게 하려는 말과 행동을 잠시 멈추고 아이의 놀이를 관찰하며 개입할 시기를 민감하게 찾아내야 한다.

2. 게임 놀이

게임은 두 명 이상의 유아가 함께 즐기는 유아기에 가장 발전된 놀이 단계로, 경쟁적 요소가 포함되어 있고, 놀이자 간에 합의된 일련의 규칙에 따라 운용된다는 특징을 가진다(Isenberg & Jalongo, 2001). 인지발달 이론을 정립한 피아제(Piaget, 1962)에 의하면, 규칙 있는 게임은 인지발달이 2~7세에 해당되는 전 조작기에서 초등학령기에 해당되는 구체적 조작기로 전환되는 과정에서 나타난다. 따라서 영유아의 발달 수준을 고려할 때, 2세 이하의 영아는 게임 참여 자체가 어렵고, 3~4세 어린 유아도 규칙이 복잡하거나 시간이 오래 걸리는 게임에 참여하는 것은 쉽지 않다. 개인차가 있지만 초등학교 입학 전 5세 정도가 되어야 게임 놀이가 어느 정도 무리없이 진행될 수 있다.

1) 게임 놀이의 중요성

(1) 게임은 유아의 신체발달을 돕는다.

유아는 게임을 통해 신체를 움직이면서 대소근육 운동 능력이 향상되고, 기본 운동 능력과 더불어 신체 조절 능력과 감각 능력을 기른다. 또한 게임의 종류와 유형에 따라 균형감, 민첩성, 근력, 지구력, 유연성 등이 향상된다. 예를 들어, 림보 게임을 즐기는 유아 경우, 게임 놀이를 하면서 줄은 넘어가기 위해 허리를 뒤로 젖히는 유연성을 기르게 된다. 나아가 유아는 게임를 통해 만든 규칙을 준수하는 과정에 건강하며 안전한 생활 습관을 기를 수 있다.

(2) 게임은 유아의 사회성 발달을 돕는다.

게임의 정의에서 나타나듯 유아기의 게임은 혼자하는 것이 아니고 두 명 이상의 또래가 함께 참여하므로 자기 하고 싶은대로만 할 수 없고 상대의 반응을 고려해야 한다. 이는 게임을 진행하는 과정 속에 '정해진 규칙 자율적으로 지키기', '상대편 입장 이해하며 존중하기', '공동체 의식을 가지고 협동하기', '문제 해결을 위한 협상하기' 등의 사회적 능력을 요구한다. 유아는 반복되는 다양한 유형의 게임에 참여함으로써 점차 위와 같은 사회적 능력을 함양할 수 있다.

(3) 게임은 유아의 정서발달을 돕는다.

유아는 경쟁의 요소를 포함하는 게임 놀이에서 승리하는 경험을 통해 매우 큰 자신감과 성취감을 느낀다. 특히, 대집단으로 진행되는 단체 게임에서 이긴 경우 "야, 우리 편이 이겼다"하고 소리 지르거나 몸으로 껑충껑충 뛰며 환호할 만큼 강한 기쁨을 느낀다. 이렇게 게임에 적극적으로 참여하여 몰두하면서 자신의 감정을 외부로 표현하고 그 과정에 심리적인 긴장감이나 스트레스를 풀어 나간다.

(4) 게임은 유아의 언어발달을 돕는다.

유아는 경쟁에서 이겨야 한다는 생각으로 어떻게 하면 게임을 잘할 수 있을지 서로 의견을 주고받는 가운데 남의 말을 듣고 내 생각을 표현하는 의사소통 능력이 발달한다. 특히, 언어 자체가 놀이의 소재가 되는 언어 게임의 경우 더욱 언어적 발달을 도모한다. 예를 들어, 끝말잇기나 듣고 알아맞히기 게임 등을 하려면 우선 정확한 발음으로 말하고 또래의 말을 주의 깊게 듣고 이해하려고 애써야 한다. 그 과정을 통해 유아는 다양한 어휘를 습득하고 글자에 관심을 가지게 된다.

(5) 게임은 유아의 인지발달을 돕는다.

유아는 다양한 유형의 게임에 자발적으로 참여하여 각 게임의 규칙에 따라 놀이를 진행하는 가운데 게임 내용 속에 녹아 있는 분류, 서열, 수, 높이, 길이, 방향, 시간, 공간, 도형 등의 기본 개념을 이해하게 되고 이는 유아의 사고력과 문제 해결력을 향상시킨다.

2) 게임 놀이의 종류

(1) 그룹 게임의 분류

그룹 게임은 목표물 맞추기, 경주 게임, 추적 게임, 숨기기 게임, 알아맞히기 게임, 언어적 지시 게임, 카드 게임, 판 게임 등으로 다음과 같이 구분한다(Kamii & DeVries, 1980).

① 목표물 맞히기 게임

표적을 정하고 물체를 맞추는 형태로, 점수를 계산하는 것이 가능한 놀이이다.

예 : 다트 던지기, 딱지치기, 구슬치기, 팥 주머니 던지기 등

② 경주 게임

동시에 출발하여 목표 지점에 먼저 도착하면 이기는 형태로, 주로 편을 나누어 대집단 형식으로 진행된다.

예 : 공 나르기, 릴레이 달리기 등

③ 추적 게임

술래가 된 유아가 다른 유아들을 잡으려 하면 잡히지 않으려고 피해 다니는 형태로, 일명 쫓고 쫓기는 놀이이다.

예 : 경찰과 도둑 놀이, 수건 돌리기, 고양이와 쥐 게임 등

④ 숨기기 게임

찾기 어려운 곳에 숨은 사람이나 물건을 찾아내는 형태로, 소풍이나 실외에서 많이 이루어지는 놀이이다.

예 : 보물찾기, 술래잡기 등

⑤ 알아맞히기 게임

한정된 단서를 통해 문제의 답을 알아맞히는 형태로, 주로 언어뿐 아니아 몸도 사용하여 즐기는 놀이이다.

예 : 스무고개, 몸으로 직업 표현하기 등

⑥ 언어적 지시 게임

술래의 언어적 지시에 따라 진행하는 형태로, 남의 말을 집중해서 듣고 이해해서 신행하는 특징이 있다.

예 : 요술 구두(요술 구두를 신으면 요술 지팡이가 시키는 대로 어디든 가야 하는 놀이) 등

⑦ 카드 게임

카드에 있는 여러 가지 그림이나 숫자, 글자를 통해 비교하기, 분류하기, 순서 짓기,

짝짓기 등을 하는 형태로, 주로 수·조작 놀이로 즐기는 경우가 대부분이다.

예 : 그림 카드 도미노, 원 카드 등

⑧ 판 게임

게임용 판을 사용하여 놀이하는 형태로, 유아반 수·조작 영역에 주로 비치하고 놀이에 참여한 유아 간의 합의에 의해 규칙을 자율적으로 변경하여 놀이할 수 있다.

예 : 블루마블, 윷놀이 등

(2) 게임의 집단 형태에 의한 분류

게임을 진행하는 집단 형태에 따라 원 게임, 자유 대형 게임, 편 게임, 세 가지로 분류하여 정리하면 다음과 같다(정진·성원경, 2004).

① 원 게임

유아들이 원형으로 둥글게 앉거나 서서 하는 형태로, 다른 게임에 비해 이기고 지는 결과가 뚜렷하게 눈에 보이지 않는 특징을 가지고 있어 유아들이 편안하게 참여할 수 있다.

예 : 수건 돌리기, 앉은 자리에서 공 굴리기 등

② 자유 대형 게임

유아들이 자연스럽게 서서 하는 형태로, 공간 이동을 자유롭게 하면서 자신의 신체를 최대한 활용할 수 있는 특징이 있다.

예 : 무궁화 꽃이 피었습니다, 얼음땡 등

③ 편 게임

유아들이 편을 나누어서 진행하는 형태로, 편 게임은 유아 개인의 승패보다 자기편을 위해 노력하고 협동함으로써 성취감을 느낄 수 있는 것이 특징이다.

예 : 장애물 통과하기, 열매 따오기 등

3) 게임 놀이의 실제

즐겁게 춤을 추다가 그대로 멈춰라

게임은 수적인 개념의 놀이로 인식되기 쉽지만, 참여하는 유아들 간에 공유된 규칙이 기반일 뿐 반드시 자리에 앉아서 조용히 하는 놀이만 있는 것은 아니다. 유아들에게 익숙한 노래인 '즐겁게 춤을 추다가 그대로 멈춰라'는 노래 가사처럼 몸을 자유롭게 움직이다가 멈추라는 가사에 얼음처럼 몸을 멈추는 노래 게임이다. 이 놀이는 어린 유아가 규칙을 익히며 부담 없이 참여할 수 있다. 이때 교사는 신나게 노래를 불러 주거나 녹음된 노래를 틀어 흥을 돋우어 주고, 또 아이들과 같이 몸을 움직이며 적극적으로 상호 작용한다.

하나둘 하나둘

게임은 혼자가 아닌 두 명 이상의 유아가 같이하는 놀이 형식으로, 규칙에 따라 협동하는 경우가 많다. 현장에서 가장 흔하게 많이 하는 형태는 편을 나누고 정해진 규칙에 따라 두 명의 유아가 목표를 이루기 위해 협력하는 것이다. 특히, 무엇인가를 같이 들고 정한 표적까지 가거나 반환점을 돌아온다. 이를 위해 두 명의 유아는 하나둘, 하나둘 소리를 내며 마음을 모으고 발을 맞추어 본다. 이때 유아가 실수를 해서 게임이 잘 진행되지 못한 경우, 교사는 유아를 안심시키고 다시 해볼 수 있도록 격려한다.

"에고, 공이 떨어져서 너무 속상하구나. 친구와 힘을 모아 거의 다 왔는데……. 열심히 하다가 실수한 건 괜찮아. 하고 싶으면 다시 해도 되니 생각해 보고 알려 줘."

○○처럼 가보자

어린 유아들은 몸으로 흉내 내는 놀이를 즐긴다. 이런 유아들의 신체 움직임에 대한 흥미를 고려하여 개미처럼, 달팽이처럼, 기린처럼 혹은 공처럼, 자전거처럼 등 대상을 같이 의논하고, ㅇㅇ처럼의 규칙을 정해 움직인다. 이때 주의할 것은 유아마다 표현 방식이 다르기 때문에 그 친구만의 표현 방식을 존중해야 함을 안내한다. 사전에 몇 명이 할 것인지(한 명씩 순서대로, 다 함께 등) 공간을 어디까지 허용되는지 등을 조율한다.

"ㅇㅇ 공은 몸을 웅크리고 굴러가고, ㅁㅁ 공은 팔을 위로 쭉 뻗고 천천히 굴러가는구나."

나 빙고

유아는 같은 그림이나 글자를 맞추어 먼저 다 맞춘 사람이 빙고를 외치는 빙고 게임에 잘 참여한다. 교사는 유아가 관심을 가진 주제를 파악하여 빙고판과 주제 관련 사진이나 그림을 제시하고 빙고 놀이 방법을 알려 준다. 이때 글자를 아는 유아는 글자로 적거나 직접 그림을 그려 놀이할 수 있다. 주제의 예는 탈것, 음식, 우리 반 그림책, 색깔, 계절용품, 반 친구 이름 등이다. 빙고의 가장 중요한 규칙은 사전에 약속한 방법에 의해 빙고판이 먼저 채워졌을 때 빙도를 외치는 유아가 이기는 것이다. 교사는 유아들 중 규칙을 이해하지 못하거나 어기는 유아가 없는지 관찰하고 필요하다 생각되면 다시 설명해 준다.

우리집에 왜 왔니?

유아는 발달 특성상 영아에 비해 친구에 관심이 많아지고 점차 우리 팀이라는 소속감을 중요하게 생각하게 된다. 유아의 이런 발달 특성에 전래 동요를 접목하여 '우리집에 왜 왔니' 게임을 즐긴다. 이 전래 동요는 유아들이 쉽게 따라 부를 수 있도록 가사가 반복적인 것이 특징이다.

'우리집에 왜 왔니 왜 왔니 왜 왔니.
꽃 찾으러 왔단다 왔단다 왔단다.
무슨 꽃은 찾으러 왔느냐 왔느냐.
채영이 꽃은 찾으러 왔단다 왔단다.
가위 바위 보'

게임 방법

① 편을 둘로 나눈다.
② 같은 편끼리 손을 잡은 후 노래하면서 한 번은 앞으로 한 번은 뒤로 왔다갔다 움직인다(한 팀이 노래하며 앞으로 가면, 다른 팀은 노래하며 뒤로 가고 다음 소절은 반대로).
③ 이름을 부른 유아와 이름을 불린 유아가 대표로 나와 가위바위보를 해서 이기는 팀 쪽으로 진 유아가 붙는다.
④ 놀이를 반복하여 팀에 한 명만 남으면 게임이 끝난다.

위와 같은 방법으로 게임을 진행하고 진행을 위한 규칙을 정한다. 중간에 규칙을 어기는 일이 생기면 어떻게 할 것인지도 유아들이 미리 정하도록 한다. 한편, 유아들이 원한다면 기존 게임 방법을 바꾸거나 새로운 규칙을 만들어 볼 수 있도록 한다.

사방치기

유아 대상의 게임은 전통 놀이에서 많이 찾아볼 수 있다. 유아들이 재밌어 하는 신체 게임 놀이 중 하나가 사방치기이다.

게임 방법

① 바닥에 8칸으로 구성된 그림을 그린다.
② 각 칸 안에 1에서 8까지의 숫자를 순서대로 적는다.
③ 돌이나 단단한 나무토막을 준비하여 숫자 1부터 차례로 던지고 그 칸을 제외한 나머지 칸을 한 발 또는 두 발로 뛰어 출발 자리로 다시 돌아온다. 성공하면 다음 숫자 칸에 돌이나 단단한 나무토막을 던지고 그 칸을 제외한 나머지 칸을 한 발 두 발로 뛰어 다시 돌아온다.
④ 숫자 8까지 마치면 게임이 끝난다.

위와 같은 방법으로 게임을 진행하고 진행을 위한 규칙을 정한다. 중간에 규칙을 어기는 일이 생기면 어떻게 할 것인지도 유아들이 미리 정하도록 한다. 한편, 유아들이 원한다면 기존 게임 방법을 바꾸거나 새로운 규칙을 만들어 볼 수 있도록 한다.

난 오케스트라 연주자

유아가 악기를 연주할 때 구성원 간의 규칙을 정해 게임처럼 진행할 수 있다. 예를 들어, 지휘를 맡은 유아가 지휘봉을 위로 들면 연주 준비, 지휘봉을 들고 지휘를 하면 각자의 악기 소리 내기, 지휘봉으로 동그라미를 그리면 연주 멈춤 등의 규칙을 정한다.

큰 유아 경우, 처음에는 다 같이 모여서 연주를 하지만, 유아의 관심이 지속적으로 계속된다면 편을 나누어 어느 팀이 규칙을 더 잘 지키며 연주하는지 연주 대결을 벌일 수 있다. 이때 지휘를 맡은 한 명의 유아가 두 팀을 다 지휘할 수도 있고, 나눈 팀별로 두 명의 지휘자가 지휘할 수도 있다. 처음에는 교사가 지휘자가 되어 시범을 보이는 계획된 활동으로 진행하고, 방법을 이해하고 나서는 지휘를 희망하는 유아가 지휘자가 되고, 지휘와 연주에 대한 규칙도 유아가 직접 정하게 하여 유아들이 자유롭게 음악 게임을 즐길 수 있도록 한다.

4) 게임 놀이 지원을 위한 교사의 역할

- 교사는 기본적으로 유아들이 안전하게 게임을 즐길 수 있는 충분한 공간과 시간을 확보해야 한다. 특히, 신체 게임 경우, 양팔을 벌리고 서서 유아들이 서로 부딪히지 않을 만큼의 공간을 준비한다.
- 교사는 유아의 발달 수준과 흥미에 적합한 게임을 선정한다. 예를 들어, 3세 유아는 규칙이 단순하고 이기고 지는 것이 강조되지 않으며 즐겁게 참여할 수 있는 원형으로 앉아 공 굴리기나 탱탱볼로 볼링하기 정도가 적합하다. 반면, 5세는 편을 나누어 경쟁하는 편 게임을 즐기고 기존 게임 규칙을 변경하거나 새로운 규칙을 만들어 놀이하는 것을 좋아하므로 이를 고려하여 게임을 위한 자료를 제공한다.
- 교사는 유아가 게임을 통해 성공적인 경험을 하고, 그로 인해 자신감을 얻을 수 있도록 하는 것이 필요하다. 따라서 처음에는 단순하고 쉬운 게임을 제공하고 점차 복잡하고 어려운 단계로 발전시켜 나가는 것이 좋다. 예를 들어, 처음 윷놀이 게임을 할 경우, 판에 대각선 길 없이 네모길 모양을 따라가며 말을 옮기다가 규칙에 익숙해지고 유아의 흥미가 계속될 때, 판 중앙에 대각선이 포함된 원래 게임판의 규칙으로 난이도 수준을 높여 나간다.
- 교사는 게임의 진행 방법이나 편 이름 등을 정할 때 유아가 주도권을 가지고 놀이를 이끌어 갈 수 있도록 허용해야 한다. 교사가 일방적으로 규칙을 정하여 지시하고 주도해 나간다면 그것은 교사가 정한 일정 목표를 달성하기 위한 활동은 될 수 있지만, 유아가 놀이를 한다고 할 수는 없다. 따라서 교사는 안전에 위배되는 상황이 아닌 이상 유아의 의견을 수용하여 함께 결정하고, 또 원하는 경우에는 언제든 게임의 진행 방법을 수정할 수 있도록 허용한다.
- 교사는 유아가 게임의 승패에 지나치게 집착하여 졌거나 기대만큼 되지 않았을 때 부정적인 감정에 몰입하여 자존감이 낮아지지 않도록 해야 한다. 이를 위해 교사는 유아의 협동심을 자극하는 게임을 적극 지원하여 유아들이 경쟁보다는 협동에 더 의미를 가질 수 있도록 한다. 예를 들어, 응원 구호도 'ㅇㅇ편 이겨라'에서 '끝

까지 잘해라'로 바꾸어 게임의 과정이 의미있어지도록 한다. 또한, 이긴 편을 너무 강조하거나 이긴 편만 어떤 특별한 혜택을 주는 것은 피해야 하고, 유아가 게임 진행 과정에서 규칙을 지키며 최선을 다한 과정 자체를 칭찬하고 적극적으로 격려한다.

- 게임을 진행하는 과정에서 유아가 게임 상황을 잘 이해할 수 있는 구체적인 방법이나 도구를 제공한다. 예를 들면, 이동식 자석판에 준비한 자석 단추를 붙이거나, 혹은 그래프로 표시 하는 등 다양한 방법을 안내한다. 이와 같이 점수판을 활용하는 경우 붙은 자석 단추가 몇 개이니 이겼다 졌다로 평가하지 말고, 규칙을 잘 지키면서 게임을 했는지에 주목하는 과정 중심의 평가를 되도록 해야 한다.

Play in Early Childhood Education

CHAPTER

14

유아 놀이 : 말 놀이와 동극, 물 · 모래 놀이

1. 말 놀이와 동극

1) 말 놀이

쌓기, 역할, 수 · 조작, 물 · 모래 놀이 등을 포함하여 유아 놀이의 대부분은 말을 매개로 이루어진다. 즉 말은 그 정체성만으로 유아의 놀이에 필수적인 요소이고 성장을 위한 기초를 이룬다. 이렇게 말을 매개로 하는 세상의 다양한 놀이 중에서 말 자체가 하나의 놀이의 소재가 되는 것이 말 놀이이다. 유아기는 두세 단어의 나열로 이루어지는 영아기 의사소통의 수준을 넘어 점차 세련된 문장을 갖추며 언어발달을 이루어 가는 시기임으로 말 자체를 소재로 하여 자신의 생각과 느낌을 여러 가지 방법으로 표현하는 것을 즐긴다.

(1) 말 놀이의 중요성

① 말 놀이는 유아의 언어발달을 돕는다.

유아의 놀이는 혼자 말을 포함하여 또래와 나누는 끊임없는 대화를 통해 이루어진다. 특히, 말 자체가 놀이의 소재가 되는 말 놀이를 즐기려면 내용의 이해를 위해 다른 친구의 말을 잘 들어야 하고, 또 상대에게 그에 적합한 말을 해야 한다. 한편, 유아는 듣고 말하는 경험을 넘어 자신의 생각이나 느낌을 쓰고 읽어 보는 것에 관심을 가지고 놀이를 통해 부분적으로 시도한다. 이런 과정은 총체적으로 유아의 언어를 향상시킨다.

② 말 놀이는 유아의 사회성 발달을 돕는다.

유아기와 영아기의 구별되는 특성 중 하나는 유아가 영아에 비해 또래에 관심을 가지고, 또래의 영향을 더 발달하는 것이다. 이는 유아가 또래 관계를 더 많이 맺는 것으로 나타나고 관계 맺는 과정에 필수적인 요소는 바로 유아가 사용하는 말이다. 이와 같이 말을 많이 사용하는 놀이를 하다 보면 말 놀이의 재미를 더 추구하기 위해 의논하거나 협동하는 행동을 하게 되고, 또 말 놀이의 순조로운 진행을 위해 유아들 간에 규칙을 정하기도 한다.

③ 말 놀이는 유아의 정서발달을 돕는다.

유아는 말의 유희를 통해 즐거움을 느낀다. 특히 4세경이 되면 유머를 사용하여 다른 사람을 웃겨서 관심과 인정을 받고 싶어하는 욕구가 생기므로, 방구, 똥구 같은 웃기는 말이라고 생각되는 어휘를 자주 사용한다. 이처럼 유아기는 일상생활과 놀이 속에서 말의 유희를 통해 기쁨과 즐거움을 만들어 가는 시기임으로 다양한 말 놀이를 즐기며 그에 따른 긍정적인 정서를 경험한다.

④ 말 놀이는 유아의 인지발달을 돕는다.

유아는 말 놀이 게임이나 타인의 경험에 관한 이야기를 들으며 기존에 몰랐던 새로운 지식을 알게 되고 분류의 개념을 익히며, 때로는 유추적 사고를 하게 된다. 예를 들어, 수수께끼 말 놀이에서 악기 기타의 그림 카드를 보면서 문제를 내는 유아가 "줄이 있다"고 말하는 순간 수수께끼 말 놀이에 참여한 한 유아가 "바이올린"이라고 대답했다면 그 아이에게는 줄 있는 현악기에 대한 분류 개념이 어느 정도 정립되어 있는 것이다. 그리고 그 대답을 들은 문제 낸 아이는 '바이올린도 줄이 있었지'라고 생각하며 현악기에 대한 분류 개념을 넓혀 가게 된다.

⑤ 말 놀이는 유아의 창의성 발달을 돕는다.

유아기는 피아제(Piaget)의 인지발달 단계상 전 조작기에 해당되고, 전 조작기의 인지적 발달 특성 중 하나는 상상력이 매우 풍부해지는 것이다. 이렇게 풍부해진 유아의 상상력은 놀이를 통해 나타나고 말 놀이에도 영향을 준다. 따라서 유아들은 자기가 직접 경험한 것이 아니더라도 상상 속에서 새로운 이야기를 만들어 내는 것이 얼마든지 가능하다. 이와 같은 차원에서 유아가 자발적으로 참여한 그들만의 이야기 놀이는 유아의 창의성을 성장시킨다.

(2) 말 놀이 지원을 위한 교사의 역할

- 교사는 유아가 말 놀이를 마음껏 즐길 수 있는 허용적인 분위기를 조성해야 한다. 유아는 자신의 말에 관심을 가지고 귀 기울여 들어 주는 상대가 있을 때 편안하고 즐거운 마음으로 자신이 하고 싶은 표현을 할 수 있다. 말할 때마다 누군가의 눈치를 봐야 한다면 말로 하는 놀이가 더 이상 흥미롭지 않을 것이기 때문이다. 다만, 유아가 너무 큰 소리로 이야기를 해서 자기는 즐겁지만 다른 유아에게 지속적으로 방해가 된다면 유아에게 조금 작게 이야기하자는 것을 알려 주어 서로가 말 놀이를 즐겁게 인식하도록 안내한다.
- 유아의 틀린 어휘나 문장 혹은 설명에 대해 너무 민감하게 반응하지 않도록 주의한다. 유아는 한두 단어로 의사소통하는 영아에 비해 많은 언어적 발달을 이루었지만 아직 성인 수준의 어휘나 정확한 문장을 구사하는 것은 아니다. 따라서 말 놀이를 하다 보면 상황에 맞지 않는 어휘나 부정확한 문장 혹은 설명 자체를 틀리게 하는 경우가 생긴다. 이럴 때 교사가 매번 틀린 것을 지적하거나 바르게 수정해야 한다고 생각하고, 실제 그렇게 한다면 유아는 자신감을 상실하고 점차 말 놀이를 즐겁게 여기지 않을 것이다. 따라서 알지만 크게 반응하지 않고 자연스럽게 지나가 주어야 할 때와 꼭 알려 주어야 할 상황을 구별하여 유아에게 조심스럽고 부드럽게 전달한다.
- 교사는 유아가 상상의 이야기를 펼치는 것을 흥미롭게 여기고 있는 그대로 수용하며 격려한다. 유아기는 끊임없이 상상하고 그 상상을 놀이로 펼치는 시기로, 언어적 측면에서 상상을 말과 이야기로 나타내는 것을 매우 즐긴다. 이에 교사는 특정 기준을 가지고 유아가 하는 다양한 표현을 판단하여 평가하지 않아야 한다. 유아에게 주어지는 부정적인 평가나 제한은 유아의 상상력을 제한하여 유아기 특유의 즐거운 상상으로의 초대를 방해한다.
- 교사는 유아가 자신의 생각을 말뿐 아니라 글과 그림으로 표현할 수 있는 다양한 기회를 제공해야 한다. 일반적으로 각 개인이 가진 생각은 말을 통해 표현되고, 또

한 글로 나타난다. 그러나 유아는 발달 특성상 성인처럼 글을 사용하는 데 한계가 있으므로 그림이나 사진을 활용하여 표현하도록 하는 것이 좋다. 예를 들어, 연령이 높은 4세 후반이나 5세 유아들에게 글과 그림으로 구성된 나만의 책 만들기 경험을 가지게 한다.

- 교사는 말 놀이의 좋은 모델이 되어야 한다. 유아에게 선생님이란 자신을 좋아하고 도와주는 사람이며, 또 믿고 따라 하고 싶은 사람이다. 따라서 일상 속에서 교사가 유아의 말을 진중하게 잘 듣고 적절하게 반응해 주는 것은 유아에게 좋은 말의 모델이 된다. 나아가 교사가 유아와 말 놀이를 할 때도 아이의 표현에 집중하고 적절하게 반응함으로 유아 말 놀이의 가치를 상승시킬 수 있다.

2) 동극

동극은 유아에게 익숙한 그림책 내용을 기반으로 유아가 등장인물이 되어 그림책 속 등장인물의 말과 행동을 마치 연극배우처럼 표현하는 놀이다. 그러나 유아의 발달 수준을 고려할 때 대본을 외워서 하는 것은 불가능하고 유아들에게 마치 과제를 수행하는 것 같은 어려움을 줄 수 있다. 따라서 동극은 교사가 유아가 할 말을 미리 알려 주어 따라 하게 함으로써 암기에 대한 부담을 없애 준다는 점이 실제 연극과 다르다.

동극은 기본적으로 그림책의 내용를 기초를 하기 때문에 유아들이 일상적으로 참여하는 책 읽고 감상하는 경험이 중요하며, 그 외 동극에 필요한 소품을 만들고 무대 배경을 꾸미는 것을 포함하여 연계된 놀이가 많다는 것이 특징이다.

(1) 동극의 중요성

① 동극은 유아의 언어발달을 돕는다.

유아가 동극에 참여하려면 동화 속 줄거리를 파악해야 하므로 사전에 그림책을 많이 읽고 들어야 한다. 또한 등장인물이 하는 말을 따라 하면서 표현 능력과 발표력이 향상되어 의사소통 능력이 증진될 뿐 아니라 대본을 읽고 쓰는 것에 관심을 갖게 되면서 문해 능력이 발달한다.

② 동극은 유아의 사회성 발달을 돕는다.

유아는 동극을 통해 자기가 잘할 수 있는 새로운 면을 알게 되어 자아 인식이 더 뚜렷해진다. 또한, 다양한 역할을 하며 다른 사람에게 감정 이입을 잘하게 되고, 자기와 타인의 생각이나 표현이 서로 다르다는 것을 이해하게 된다. 그리고 친구와 공동 참여하는 기회를 통해 참여의식과 협동심을 키우며 의사 결정 능력이 향상된다.

③ 동극은 유아의 정서발달을 돕는다.

동극에 자발적으로 참여한 유아는 실제의 자신과 다른 여러 역할을 표현해 보는 과정에서 재미와 즐거움을 느낀다. 그 즐거움를 만끽하기 위해 동극에 반복적으로 참여하다 보면 어느덧 자신감을 가지고 자신의 생각과 감정을 적극적이고 긍정적으로 표현하게 된다.

④ 동극은 유아의 상상력 발달을 돕는다.

유아는 동극의 시작점인 그림책 안에 포함된 가작화 요소를 즐긴다. 즉, 이야기 안에 들어 있는 등장인물의 성격이나 사건, 그들이 하는 대화를 각색하고 동극을 통해 말과 행동으로 표현하는 것을 좋아한다. 또한, 소품과 배경 등을 창의적으로 구성하는 가운데 상상력과 창의력을 발달시킨다.

⑤ 동극은 유아의 인지적 발달을 돕는다.

유아는 다양한 이야기 주제에 맞추어 동극을 하면서 추상적 사고력을 발달하고 즉흥적인 표현을 통해 순발력을 기른다. 그 밖에 동극을 통해 과학적 지식이나 특정 개념을 습득하기도 한다(이숙재 · 이방실, 2002). 예를 들어, 해와 달이 된 오누이 동극을 하면서 참기름을 바르고 나무를 타면 미끄러진다는 것, 썩은 밧줄은 무거운 물체를 달면 쉽게 끊어진다는 사실을 알게 된다.

(2) 동극의 진행 방법과 교사의 역할

유아들이 동극에 참여하는 일반적인 과정과 그에 따른 교사의 역할은 다음과 같다.

① 익숙한 내용의 그림책을 정한다.

동극하기에 적합한 그림책를 선정하는 일은 매우 중요하다. 무엇보다 가장 유의할 것은 그림책이 유아들 수준에 적합하고 아주 익숙한 내용이어야 한다는 점이다. 새로운 그림책을 선정하여 한두 번 읽어 주고 바로 동극을 시작하는 것은 전형적인 교사 주도적인 활동에 불과하고, 동극에 참여하는 것이 유아에게 즐겁고 또 유아가 주도성을 가지고 동극을 놀이로 진행할 수 있으려면 그림책의 내용을 잘 파악하는 것이 선행되어야 한다.

한편, 동극하기에 적절한 그림책의 특징은 이야기 구조가 기승전결로 간결하게 구성되고, 적절한 수의 등장인물이 나오며 내용이 반복되는 것이 좋다. 또한, 대사가 짧고 전체 내용이 길지 않은 그림책이 적절하다. 이에 해당되는 그림책의 예는 다음과 같다(Johnson, Christie, & Yawkey, 1999; 김미정, 2006).

- 세 마리 염소
- 커다란 무
- 곰 세 마리
- 아기 돼지 삼형제
- 쥐의 결혼식
- 헨젤과 그레텔
- 빨간 모자
- 원숭이와 모자 파는 아저씨
- 사이좋게 그네 타요
- 잃어버린 장갑
- 혹부리 영감

• 해님 달님 등

② 그림책 내용을 기초로 동극 각본을 만든다.

동극은 그림책을 활용한다는 것이지, 그림책에 나오는 내용과 대사를 그대로 다 해야 하는 것은 아니다. 따라서 교사는 유아의 흥미와 연령 및 발달 정도를 고려하여 줄거리를 크게 훼손시키지 않는 범위 내에서 유아들이 쉽게 따라할 수 있는 문장으로 각본을 만든다. 만들어진 각본은 코팅하여 동극 자료와 함께 보관한다. 다음은 동극을 위한 각본 예의 일부이다.

동극 각본 12

'해와 달이 된 오누이'

역할 : 해설, 엄마, 오빠(달님), 여동생(햇님), 호랑이
공간 : 쌓기 영역
소품 : 역할 머리띠, 남녀 한복, 동아줄, 호랑이 꼬리와 털 느낌 나는 장갑, 떡과 바구니
배경 : 엄마와 오누이가 사는 집 그림, 나무나 우물 그려진 그림

해설 : 옛날 옛날 어느 마을에 엄마와 두 아이가 함께 살고 있었어요.
엄마는 아이들을 위해 먼 동네에 일을 하러 가야 했기 때문에 집에 있는 아이들이 늘 걱정이 되었어요. 그래서 엄마가 없을 때는 함부로 문을 열어 주면 안된다고 오빠와 동생인 남매에게 이야기했답니다.
엄마 : 애들아, 엄마가 없을 때는 문을 잘 잠가야 해. 그리고 함부로 문 열어 주면 안된다.
해설 : 그러던 어느 날, 엄마는 일을 하러 나가고 오빠와 동생만 집을 지키고 있었어요. 그때 동네 근처 산에 살고 있던 호랑이가 먹을 것을 찾아 어슬렁어슬렁 마을로 내려왔어요. 엄마 없이 남매만 집에 있는 것을 안 배고픈 호랑이는 남매가 있는 집 앞으로 다가가 엄마 목소리를 흉내 내며 말했습니다.
호랑이 : 애들아, 엄마 왔어. 문 열어라.
오빠 : 우리 엄마 목소리는 그렇게 쉬지 않았어요.
호랑이 : 잔칫집에서 노래를 많이 불러서 그렇단다.

(중략)

해설 : 엄마는 일을 마치고 맛있는 떡을 얻어 집으로 돌아오고 있었어요. 그때 커다란 호랑이와 딱 마주친 거예요. 엄마가 놀라 벌벌 떨며 이야기했어요.
엄마 : 호랑이님, 살려 주세요. 저에게 맛있는 떡이 있어요.
호랑이 : 그래? 그럼 떡 하나 주면 안 잡아 먹지.
해설 : 그래서 엄마는 아이들에게 주려고 가져온 떡을 호랑이에게 다 주어 버렸어요.

(중략)

해설 : 호랑이에게 쫓겨 나무에 올라간 오빠와 동생은 하느님에 간절히 소원을 빌었어요
오빠 : 하느님, 저희를 살리시려면 튼튼한 밧줄을 내려 주시고, 죽이시려면 썩은 밧줄을 내려 주세요.
해설 : 그때 하늘에서 튼튼한 밧줄이 쑤욱 내려왔어요. 오빠와 동생은 얼른 그 밧줄을 잡고 하늘로 안전하게 올라갔지요. 그것을 지켜보던 호랑이도 소원을 빌었는데 거꾸로 소원을 말했답니다.
호랑이 : 하느님, 저를 살리시려면 썩은 밧줄을 내려 주시고, 죽이시려면 튼튼한 밧줄을 내려 주세요.
해설 : 그러자 이번에는 하늘에서 썩은 밧줄이 내려왔습니다. 그것을 얼른 붙잡고 오빠와 동생을 쫓아 하늘로 올라가던 호랑이는 밧줄이 툭 끊어져 떨어져 죽고 말았어요. 하늘로 무사히 올라간 남매 중 동생은 낮을 밝히는 햇님이 되었고, 오빠는 밤을 지키는 달님이 되어 행복하게 살았답니다.

③ 그림책에 관해 이야기를 나눈다.

유아들과 선정한 그림책의 내용에 대해 이야기를 나눈다. 누가 나오는지, 등장인물의 특징은 무엇인지(목소리나 몸짓) 등 그림책 내용을 회상하면서 시간적 흐름을 공감하는 시간을 가진다. 이때 유아들이 그림책의 내용을 정확히 모른다면 막대 동화나, 자석 동화 등 다른 형태의 동화 유형을 제시하여 내용을 다시 정확히 알 수 있도록 한다.

④ 동극에 나오는 역할을 정한다.

해설은 교사가 하는 것이 좋다. 왜냐하면 유아의 몰입 정도와 반응을 보면서 즉흥적으로 각본을 수정하여 유아의 흥미를 유지되도록 돕는 것이 필요하기 때문이다. 역할은 교사가 일방적으로 정해 주는 것이 아니고, 유아들의 의견을 충분히 수용하여 결정해야 한다. 역할을 나누는 방법 자체를 유아들이 정하거나 교사와 의논하면서 하는데, 특히 주인공을 하고 싶은 유아들이 많을 때 어떤 기준을 세워야 할지 민주적인 방법을

찾도록 도와준다. 실제 현장에서 가장 흔하게 사용하는 방법 중 하나는 가위바위보이다. 주인공에 대한 요구가 많아 동극을 여러 번 반복할 경우는 역할의 순서를 종이에 적어 유아들이 잘 볼 수 있는 곳에 게시하여 갈등이 벌어지지 않도록 한다.

⑤ 역할에 필요한 소품을 만들고 배경을 꾸민다.

동극에 사용하는 소품은 교사가 미리 준비하는 경우도 있고, 유아들이 아이디어를 내어 창의적으로 만들 수도 있다. 대체적으로 연령이 어린 유아나 자주 하는 동극 주제는 세트를 미리 갖추어 두는 경우가 많고, 연령이 높은 유아에게는 준비된 자료 외에 필요한 것을 스스로 만들어 볼 수 있도록 원 자료를 준비해 준다. 한편, 배경이 꼭 있어야 하는 것은 아니다. 그러나 유아들이 만들고 싶어하면 동극 시작하기 전에 큰 종이나 천 등을 이용하여 정한 장면을 협동 작업으로 만들어 보도록 지원한다. 만든 배경 그림은 실제 동극을 하게 될 장소에 붙이고 유아들이 그림 외에 필요한 자료를 활용하여 무대를 꾸밀 수 있도록 한다. 예를 들어, 해와 달이 된 오누이를 쌓기 영역에서 한다면 블록을 이용하여 집이나 나무를 구성할 수 있다.

⑥ 동극을 실시한다.

역할을 정하고 소품과 배경 등을 준비했으면 실제 동극을 진행한다. 이때 역할을 맡은 유아 외에 구경하고 싶어하는 유아가 있다면 한쪽에 의자를 놓아 관객으로 참여할 수 있도록 한다. 그리고 역할을 맡아 참여하는 유아들은 필요한 소품을 착용하고 무대 한편에 앉힌다. 동극의 시작은 해설을 맡은 교사가 열어 주는 것이 좋다. "자, 지금부터 해와 달이 된 오누이 첫 번째 동극을 시작하겠습니다. 구경하는 친구들은 자리에서 즐겁게 참여해 주세요"라고 말하며 대본에 있는 해설을 읽는다. 그리고 이야기가 전개되면서 각자가 해야 할 말은 교사가 먼저 읽어 주면서 유아들이 자연스럽게 따라 하도록 한다. 동극을 처음 해보거나 익숙하지 않은 유아들은 말하거나 행동하는 것이 쑥스러워 제대로 하지 못할 수 있다. 이때 교사는 해당 유아가 자신감을 가지고 말과 행동으로 표현할 수 있도록 격려한다.

한편, 동극이 반복되다 보면 교사가 대사를 알려 주지 않아도 유아가 알아서 먼저 하기고 하고, 때로는 대사를 알지만 새롭고 창의적인 말로 표현하기도 한다. 동극은 유아의 암기력이나 잘 따라 하기를 목적으로 하는 활동이 아니므로 새로운 시도를 보이는 유아의 창의성을 적극적으로 인정한다.

⑦ 인사하며 마무리한다.

동극 내용이 다 진행되면 역할을 맡았던 유아들이 모두 한 자리에 모여 인사를 한다. 구경하는 관객이 있다면 그쪽을 향해 서서 인사를 하고, 관객 없이 역할 맡은 유아들만 동극을 했다면 일렬로 서거나 자연스럽게 둥글게 서서 각자의 역할을 소개한다. 예를 들어, 교사가 먼저 "저는 해설을 맡은 ㅇㅇㅇ 선생님이었습니다" 하며 인사를 하고, 그 옆에 유아는 순서대로 같은 방식으로 "저는 오빠를 맡은 ㅇㅇㅇ이었습니다"로 소개한 후 전체가 다 함께 인사하며 마친다.

⑧ 역할을 바꾸어 다시 놀이한다.

유아들이 동극의 재미를 느끼면 여러 번 반복해서 놀이하고 싶어한다. 특히, 주인공을 여러 유아가 하고 싶어할 경우, 여러 차례 반복해서 할 수 있도록 기회를 준다. 많은 수의 유아가 동극에 관심을 보일 경우, 대집단 형태로 해볼 수 있도록 계획한다.

3) 말 놀이와 동극의 실제

내 말을 잘 들어 봐

두 명의 유아가 놀잇감 집의 창문을 열고 또박또박 말하도록 함으로써 창문으로 보이는 친구의 입과 말소리에 집중해 보는 활동을 준비한다. 교사의 계획된 활동으로 시작하지만, 실제 진행하는 과정에서 유아는 주도적으로 자기가 하고 싶은 말을 하면서 대화의 즐거움을 경험할 수 있다. 아이들이 직접 모양 집의 이름을 정하고 그 이름을 적어 붙여 보는 것도 좋다.

모양 집 이름의 예 : 말하는 집, 누구 입일까요?

나의 이야기

유아는 자기가 하고 싶은 말을 문장으로 표현할 수 있다. 어린 아기 때의 모습과 가지고 놀았던 놀잇감, 입었던 옷 등의 사진을 보며 기억나는 경험을 나누며 자신의 성장을 돌아본다. 이때 교사는 사진 속 유아의 모습을 말로 표현하면서 유아들이 나누는 대화에 관심을 보인다. 교사의 이와 같은 개입은 아이의 말 놀이에 의미를 부여하고 몰입할 수 있는 환경이 된다.

"세상에, ○○가 아가일 때 이렇게 작은 신발을 신었구나. 지금은 발이 이렇게 많이 커졌는데."

인형 극장

유아들은 그림책뿐 아니라 다양한 형태의 동화 자료를 이용하여 동화책 주인공이 되어 이야기를 나눈다. 바구니에 담은 막대 동화나 자석 칠판을 이용한 자석 · 융판 동화 등으로 말 놀이를 즐긴다. 이때 인형극 틀을 준비하여 동화에 나오는 등장인물의 대사를 더 즐겁게 주고받을 수 있도록 한다. 인형극 틀은 일정 기간 상설할 수도 있고, 유아의 흥미에 따라 새로 넣어 주어도 된다. 크기는 참여 유아의 수와 영역의 크기를 고려하여 정한다.

이번엔 내 차례

유아는 수수께끼 말 놀이를 즐긴다. 점차 어휘력이 확장되면서 자기가 표현하고 싶은 사물을 정확하게 표현할 수 있고, 또 친구가 설명하는 사물을 알아맞히는 것이 가능해지기 때문이다. 교사는 유아들이 흥미를 가질 수 있는 수수께끼 통과 그 안에 들어갈 그림 카드를 준비하여 언어 영역 잘 보이는 장소에 놓아 둔다. 아이들의 흥미를 유지하기 위해 간헐적으로 교사도 유아가 내는 수수께끼에 합류하여 같이 즐긴다.

유아 : "자, 이것은 무엇일까요? 길고, 음, 사용할 때 탁탁 소리가 나요."
교사 : "음, 이번엔 선생님이 알 것 같아. 지팡이?"
유아 : "딩동댕동."

나만의 책 만들기

책 만들기는 큰 유아를 대상으로, 자신의 경험과 생각을 글과 그림(또는 사진)으로 표현하는 놀이이다. 처음 책을 만들 때는 대부분 교사의 계획된 책 만들기 활동으로 시작하지만, 책을 만들면서 유아가 주도하는 놀이로 자연스럽게 변환되도록 한다. 이를 위해 교사는 책 주제대로 완성하거나 샘플 그대로 따라 만드는 것을 지양하고, 유아의 관심을 따라가 준다. 또 책 만들기에 필요한 자료를 준비하고, 유아가 어려워하는 작업 과정을 직간접적으로 도와준다. 예를 들면, 책 만들기에 필요한 화보나 관련 사진 찾아 주기, 6쪽 기본 책 접어 주기 등이다. 완성된 책을 모아 유아들과 함께 책 전시회 놀이를 기획하는 것도 좋다.

내가 좋아하는 것은

유아는 사진 찍는 것을 좋아하고 사진기를 안전하게 다루는 것이 가능하다. 유아가 사진기로 자기가 좋아하는 것을 찍으면 교사는 찍은 사진을 출력한다. 출력한 사진을 보며 왜 그 장면이나 사물을 찍었는지 이야기하고, 연결하여 유아가 좋아하는 것은 어떤 것인지 이야기한다. 이때 다른 유아가 말한 유아의 말에 부정적인 반응을 보이면 사람마다 좋아하는 것이 다를 수 있음을 알려준다.

유아 1 : "어, 하늘이다. 너는 왜 하늘 찍었어?"
유아 2 : "난 하늘 좋아서."
유아 1 : "엥, 나는 별로인데."
교사 : "○○는 하늘을 좋아하는구나. 하늘을 좋아하는 사람도 있고 아닌 사람도 있지. 선생님도 하늘 너무 좋아해서 걷다가 자주 쳐다보는데."

전 ○○○ 기자입니다.

역할 놀이의 일환으로 기자가 되어 기관에 있는 다양한 역할을 가진 사람을 인터뷰하는 놀이이다. 유아는 친구를 비롯하여 담임 교사와 다른 반 교사, 원장, 조리사, 부모 등을 대상으로 궁금한 것을 질문으로 만들어 묻는다. 이때 교사는 인터뷰에 사용할 마이크 소품을 준비해 주고, 유아가 원한다면 작은 녹음기를 주어 내용을 녹음하여 들을 수 있도록 지원한다. 아이들의 흥미 정도에 따라 방송국 놀이나 아나운서 놀이로 확장될 수 있다.

친구에게 쓰는 편지

유아는 글자에 관심을 가지고 쓰기를 시도하는 수준이지 발달 특성상 글자를 잘 써야 하는 것은 아니다. 교사가 계획에 따라 주도적으로 편지를 쓰게 하는 활동은 유아에게 어려운 과제로 느껴질 수 있으므로 지양하고, 유아가 좋아하는 친구에게 자발적으로 그림 편지를 써서 좋아하는 마음을 전달할 수 있도록 도와준다. 이때 편지 쓰고 싶은 마음이 들만한 매력적인 편지 자료를 준비하고, 편지를 받은 친구 입장을 고려할 수 있도록 상호 작용한다. 글자를 읽을 줄 아는 유아라면, 친구에게 편지를 전달하면서 읽어 주도록 제안할 수 있다.

"○○는 좋겠다. 너가 쓴 그림 편지를 받으면 너무 행복할 것 같애. 자기를 생각하며 이 그림을 그린 것을 알게 되면 얼마나 기쁠까?"

동극 1 : 그림책과 역할 정하기

동극은 적합한 그림책을 선정하는 것으로 시작된다. 유아가 그림책 내용에 익숙해지는 것이 중요하므로 책을 읽는 것 외에 듣고 막대 동화 등으로 스스로 해보는 과정이 필요하다. 그리고 등장인물 중 누가 무슨 역할을 할지 결정한다.

"곰 하고 싶은 친구 있니?"
"하고 싶은 친구들이 많구나. 어떻게 결정하면 좋을까?"

동극 2 : 소품과 배경 준비하기

동극을 시작하기 전 동극에 사용할 소품을 준비한다. 어린 유아는 교사가 미리 준비하도록 하고 연령이 높은 유아는 교사가 준비한 기본 자료 외에 스스로 만들어서 사용하도록 격려한다. 소품 외에 동극의 배경을 함께 만들어 본다. 어떤 장면을 어떤 자료로, 또 어떤 방식으로 만들어 갈 것인지 유아들이 협의를 통해 정하도록 한다. 교사가 해야 할 일은 유아의 선택을 존중하고, 선택에 따른 자료를 준비해 주고, 그리고 작업하는 일련의 과정을 격려하는 것이다.

"와, 큰 나무네. 배경이 붙으면 진짜 멋있겠다."

동극 3 : 동극 장소 만들기

동극할 장소를 정하고 무대를 만든다. 동극은 반에서 가장 넓은 영역인 쌓기 영역에서 주로 진행한다. 이때 쌓기 영역에 있는 블록을 활용하여 나무나 집을 만들어 동극 내용에 적합하게 구성하는 것도 좋다.

동극 4 : 진행하기

준비한 각본의 내용을 기초로 해설을 맡은 교사와 각 역할을 맡은 유아들이 함께 동극을 진행한다. 동극의 대사는 처음부터 외워서 하는 것이 아니고 해설이 먼저 읽어 주면 유아가 따라 하는 방식으로 한다. 동극이 반복되면서 대화 문장이 익숙해지면 교사는 유아가 알아서 말을 하도록 기다려 주고, 대본과 다르게 말하는 것을 기꺼이 허용한다. 새로운 자신만의 문장을 만들고 표현해 보는 경험은 유아에게 자신감과 기르고 창의성을 성장하는 기회가 된다. 한편, 동극의 마지막은 출연진 모두가 나와 인사하며 마친다.

2. 물 · 모래 놀이

물과 모래는 유아에게 매력적인 놀이 자료로 독특한 특성을 가지고 있다. 이 두 놀이 자료는 형태가 정해져 있지 않고 독특한 촉감을 느낄 수 있는 공통점을 가진다. 자연물인 물과 모래를 이용한 놀이는 특별한 놀이 기술을 필요로 하지 않으며, 언제 어디서나 다양한 연령층의 유아가 참여하여 즐길 수 있는 놀이이다.

1) 물 · 모래 놀이의 중요성

(1) 물 · 모래 놀이는 유아의 신체발달을 돕는다.

물은 만난 유아는 일단 물에 손을 담그고 물을 휘젓거나 그릇에서 그릇으로 옮기는 행동을 반복한다. 이 과정을 통해 유아의 손목과 손가락, 눈과 손의 협응력이 발달된다. 또한, 물을 만지고 튀기면서 물의 차고 미끄러운 촉감을 느끼고, 물이 쏟아지거나 흐를 때 나는 소리를 들으며 다양한 물의 소리를 구별하는 능력이 좋아진다.

모래를 놀이 자료로 만난 유아도 마찬가지로 모래 놀이를 함으로써 대소근육을 발달시키고 눈과 손의 협응력이 향상되어 신체 조절 능력이 좋아진다. 특히, 모래는 물과 다른 독특한 감촉이 있기 때문에 두꺼비집 노래를 부르며 모래 속에 손을 묻고, 맨 모래를 만지고, 뿌리고, 물과 합쳐진 모래 반죽을 주무르고 뭉쳐 보는 과정에서 손의 감각 기능이 발달된다.

(2) 물 · 모래 놀이는 유아의 정서발달을 돕는다.

구조성이 매우 낮으며 부드러운 촉감을 가진 물은 정한 형태가 없는 특성으로 인해 반드시 이렇게 놀아야 한다고 정해진 틀 없이 자유롭게 놀 수 있는 자료이다. 이와 같은 지금의 특성으로 인해 유아는 반복적으로 물놀이를 하면서 불안이나 긴장감으로부터 정서적 안정감을 얻게 된다. 또한 자기 마음대로 자유롭게 물을 가지고 놀면서 큰 만족감을 느낀다.

모래 역시 반드시 이렇게 해야 하다는 놀이 방법이 고정되어 있지 않은 구조성이 낮은 놀이 자료이다. 따라서 모래 놀이를 하는 유아가 편안한 마음으로 모래를 반복적으로 파고, 쌓고, 옮기는 행위에 몰두하면서 안정을 얻고 기쁨과 만족감을 느낄 수 있다. 한편, 물 · 모래 놀이가 일상적인 유아의 정서발달에 긍정적 영향을 미치는 것을 넘어, 특별히 갖추어진 모래 상자 놀이는 유아의 자의식을 성장시키고 주의력 결핍, 충동성, 과잉 행동 수준을 낮추는 치료 효과가 있는 것으로 나타났다(김신옥, 2006).

(3) 물 · 모래 놀이는 유아의 인지발달을 돕는다.

유아는 물을 쏟아 붓고, 용기를 채워 보고, 옮겨 담아 보는 물놀이를 하면서 물의 투명함, 흐름, 증발 등 물의 특성을 알게 되고 보존과 측정에 관한 기본적인 개념을 배운다. 또한 물을 관찰하는 과정에 새로운 호기심과 탐구력이 생기기도 하고, 문제 해결력도 향상된다.

한편, 유아는 젖은 모래를 통에 담아 여러 가지 형태로 찍어 모래떡을 만들고, 접시에 담아 친구와 나누어 먹는 놀이를 하면서 일대일 대응, 수 세기 등의 수학적 개념을 습득한다. 유아는 마른 모래가 젖은 모래보다 더 잘 날리고, 비 온 후 모래가 더 잘 뭉쳐지며, 물에 젖은 모래의 색깔이 더 진하다는 사실을 물 · 모래 놀이를 하면서 자연스럽게 알게 된다.

(4) 물 · 모래 놀이는 유아의 사회성 발달을 돕는다.

유아는 물과 모래라는 놀이 자료를 활용하여 각자의 신체 감각적 경험과 정서적인 유익을 얻기로 하기만, 물 · 모래 자료로 만들어진 음식상을 차려 함께 나누어 먹고, 트럭에 모래를 실어나르며 공사장 놀이로 전개하기도 한다. 그 과정에 유아들은 서로 더 즐겁게 놀이하기 위해 양보하거나 나누거나 기다려 주는 경험을 한다. 때로는 공동의 놀이 주제를 흥미 있게 펼치기 위해 적극적으로 협동하기도 한다. 예를 들어, 모래밭에 수돗물을 호스로 끌어와 큰 수로를 만드는 놀이를 전개하는 중이라면 여러 명의 유아가 각자 맡은 역할에 충실하고 자발적으로 협조하면서 수로 공사 놀이를 즐길 것이다. 이와 같이 여러 유아들이 힘을 합친 협동 놀이를 통해 유아의 사회성이 발달된다.

(5) 물 · 모래 놀이는 유아의 언어발달을 돕는다.

유아는 물 · 모래 놀이를 하면서 놀이 진행을 위해 끊임없이 또래와 말을 주고받는다. 놀이 상황 설정에 따른 자신의 생각과 느낌을 말로 표현하기도 하고, 다른 유아나 교사와 직접적인 대화를 통해서 말하기를 발달시킨다. 특히, 물 · 모래 놀이 중 (물이) 고인다, (모래를) 판다, (모래를) 치댄다 등 물질적 특성으로 인한 표현을 하면서 평소에 자주 쓰지 않던 어휘를 듣고 새롭게 사용해 보는 경험을 한다. 이와 같은 언어적 경험을 통해 지식을 확장하고 새로운 정보를 전달하며 다양한 언어발달이 이루어진다. 특히, 모래의 경우 모래 위에 손가락이나 나뭇가지 등을 이용하여 그림을 그리거나 모래 위에 끼적여 보는 놀이를 통해 쓰기의 기초 능력을 습득한다.

2) 물 · 모래 놀이의 실제

설거지는 즐거워

유아에게 설거지는 즐거운 물놀이 경험이다. 성인은 일로 설거지를 하지만 아이들은 재미를 추구하기 위해 하기 때문이다. 여름철 실내외 어디서든 가능한 놀이로, 물놀이할 수 있는 큰 통과 설거지할 그릇류, 스펀지가 필요하다. 실외 놀이 경우, 설거지 놀이를 통해 모래가 묻은 그릇을 깨끗이 씻고, 물기 제거를 위해 널빤지나 돗자리에서 말린 후 치우는 시간에 같이 정리한다. 제공하는 물놀이 통은 개별적인 것보다 여러 유아가 함께할 수 있도록 넉넉한 크기로 준비하는 것이 좋다.

물 페인트

물통과 페인트 붓을 이용하여 실외의 여기저기를 칠해 보는 것은 유아에게 매우 흥미로운 물놀이이다. 이동할 때 물이 넘치지 않도록 물통에 수돗물을 반 정도 담고 페인트 칠할 때 쓰는 널찍한 붓을 물에 묻혀 칠한다. 물 페인트는 칠하는 행위 자체도 흥미롭지만 물이 닿으면 색이 진해진다거나, 더운 날 칠한 곳의 물의 흔적이 사라지는 증발 현상을 관찰하는 것 또한 유아에게 흥미를 유발한다. 교사는 주도적으로 과학적 지식을 가르치려고 하기보다 유아가 놀면서 자연스럽게 관심을 가지고 생각하며 배워 갈 수 있도록 한다.

유아 : "어, 물이 없어졌네. 내가 아까 칠했는데?"
교사 : "어, 선생님도 ㅇㅇ가 물 페인트 칠하는 거 봤어."
유아 : "선생님, 여기도 사라졌어요."
교사 : "진짜 그러네. 음, 아까는 물 자국이 있었는데 왜 사라진 걸까?"

비 와서 좋은 날

아이들은 자연 현상에 관심이 많고, 특히 비나 눈을 좋아한다. 비의 경우 물놀이를 즐길 수 있는 매우 좋은 환경이 된다. 특별히 황사가 심한 날 전후가 아니면 비 자체가 위험한 것이 아니므로 유아가 비를 감각적으로 체험할 수 있는 기회를 제공한다. 우산을 쓰고 산책을 하거나, 어린 유아는 비가 그친 후 물 고인 작은 웅덩이를 탐색하는 것도 좋다. 실외 모래밭이 있는 기관이라면 유아들이 빗물 섞인 모래밭에서 하고 싶은 놀이를 충분히 즐길 수 있도록 하루 일과 시간을 조정한다.

내 물총 맛을 봐라

한 여름 실외에 준비한 물놀이용 풀을 이용하여 즐기는 놀이이다. 유아들은 물에 들어가는 것만으로 기쁨을 느끼지만, 교사가 준비해 놓은 물총을 이용하여 더 재미있게 놀 수 있다. 놀이 전 친구 얼굴에 바로 물총을 쏘지 않는다와 같은 서로에게 재미있는 놀이가 될 수 있는 간단한 규칙을 의논하여 숙지하게 한다. 규칙은 교사의 일방적인 통보보다 유아가 생각하여 스스로 만들어 냈을 때 실천력이 높아짐을 고려한다.

와, 물길이 생겼어

비 온 다음 날, 실외 모래밭 모래에 물기가 스며들어 유아가 모양을 잡아가기에 수월한 상태에서 진행하면 좋다. 유아가 처음에는 삽으로 모래를 파거나 긁어모아 길을 만든다. 그리고 그 길에 물을 부어 수로가 되게 한다. 그 과정에서 유아들이 물과 모래가 만나서 나타나는 현상을 충분히 관찰하고 스스로 문제를 해결할 수 있도록 시간을 지원해야 한다. 유아의 관심이 지속된다면 교사는 물이 스며들지 않을 수 있는 방법을 같이 의논하고 지원책을 찾아본다. 예를 들어, 반으로 자른 PVC 관을 준비하고 모래밭에 연결하여 물이 스며들지 않고 흘러가도록 도움을 줄 수 있다. 한편, 이와 같은 놀이가 진행되려면 모래밭 가까이에 수도가 설치되어 있어 빠른 속도로 물을 옮기거나 호스를 연결하여 물을 공급할 수 있는 물리적 시설의 설치가 필요하다.

공사 놀이

모래를 이용한 대표적인 놀이이다. 아이들은 끊임없이 모래를 담고 쏟고 모래 담긴 탈것을 밀고 다닌다. 유아는 영아와 기본적인 놀이 행동은 비슷하지만, 단순 기능 놀이를 넘어서 상상의 요소를 첨가한다. 어디선가 보았던 공사장에서 큰 트럭이 모래를 담아 옮기는 것을 본 경험을 놀이에 접목시킨다. 이때 교사는 트럭에 모래를 실어 다른 장소에 쏟아부어 놀이 자료인 모래가 없어지지 않도록 안내해 준다.

모래떡

모래는 음식 만들기에 사용되는 좋은 재료이다. 유아는 준비된 기본 도구와 모래, 자연물 등을 이용하여 다양한 요리를 한다. 그중 물로 반죽한 모래를 그릇에 담고 뒤집어 밥, 떡, 케이크 만드는 것을 매우 좋아한다. 이렇게 만들어진 떡과 케이크는 친구들과 함께 놀이하는 소품이 되기도 하고, 떡 가게 놀이의 상품이 되기도 한다. 교사는 유아가 만들 모래떡을 맛있게 먹으며 감동하는 상호 작용으로 유아 모래 놀이의 즐거움과 가치를 높일 수 있다.

"이 동그란 떡 모양이 너무 예쁘네. 하나 먹어 봐도 될까요? 음, 너무 맛있어요. 포장도 되나요?"

3) 물 · 모래 놀이 지원을 위한 교사의 역할

유아의 물 · 모래 놀이 지원 시 고려할 점을 물과 모래로 나누어 알아보고자 한다. 먼저 물놀이 시 교사의 역할은 다음과 같다(Moore, Goltsman, & Iacofano, 1992).

- 교사는 유아가 물놀이를 시작하기 전에 사전 준비를 해야 한다. 유아의 옷이 젖지 않도록 옷소매를 걷어 주거나 필요에 따라 앞치마를 입게 하여 편안하게 물놀이에 참여하도록 한다. 한편, 마당에서 물놀이용 풀(pool)에 물을 담아 물놀이를 하는 경우, 유아가 감기에 걸리지 않도록 실외 온도가 높은 날에 실시하고 유아들이 물에 들어가기 1시간 정도 전에 미리 물을 받아 물이 자연광에 데워지도록 한다. 그럼에도 불구하고 물의 온도가 차게 느껴지면 더운 물을 준비하며 물놀이용 풀에 섞어 준다. 준비가 되면 유아들이 수영복으로 갈아입고 편안하게 놀 수 있게 하고, 미리 큰 수건과 갈아 입을 옷을 준비하여 물놀이 과정의 혼잡스러움을 예방한다.
- 교사는 안전 관리를 철저히 해야 한다. 예를 들어, 물놀이용 풀에 유아들이 한꺼번에 몰려 다치거나 갈등 상황이 발생하는 것을 방지하기 위해 사전에 유아들과 협의하여 이용자의 수를 정하고 교대로 놀이한다. 특히, 물놀이 중 유아들이 바닥에 흐른 물로 인해 넘어지지 않도록 물기를 자주 제거하고, 미끄럼 방지 매트나 종이 박스를 깔아서 이동 시 미끄러지지 않도록 한다. 물놀이 중 뛰지 않고 걸어 다닐 수 있도록 자주 알려 주는 것도 필요하다.
- 교사는 허용적인 분위기를 조성해 줌으로써 영유아가 자유롭게 물놀이를 하게 한다. 안전을 너무 강조한 나머지 유아의 주도적인 놀이 시도가 교사의 염려로 제한되지 않도록 한다. 한편 물놀이를 할 때 같이 놀이하는 친구가 물을 함부로 뿌리거나 상대가 싫어하는 행동을 함으로 남을 불편하게 하면 안 된다는 것을 함께 안내한다.
- 물놀이를 하면서 수돗물을 너무 오래 틀거나 물을 흘려 버려 물이 낭비되지 않도록 아껴 쓰는 습관을 갖도록 지도한다.

다음은 모래 놀이를 지원하기 위한 교사 역할이다(Moore et al., 1992; 박찬옥 · 정남미 · 임경애, 2004).

- 교사는 유아가 모래 놀이를 할 때 중요한 몇 가지 규칙을 지키도록 일관성 있게 안내한다. 즉, 모래를 뿌려서 친구의 눈이나 머리에 들어가게 하는 것, 모래를 입에 넣는 것, 교사의 허락 없이 모래를 다른 장소로 계속 옮기는 것, 다른 이물질을 섞으면 안되는 것 등을 알려 준다. 이와 같은 규칙은 최소한으로 정하는 것이 효과적이다.
- 교사는 유아가 모래 놀이를 즐길 수 있는 최적의 환경을 조성한다. 나무 그늘 밑에 모래밭이 있으면 가장 이상적이지만 그렇치 못한 경우 쉘터를 설치하여 인공적인 그늘막을 만든다. 또 날씨가 더운 여름철에는 시원한 물을 준비하여 유아가 적절한 휴식을 취하며 놀 수 있도록 한다.

  한편, 모래가 말라 건조한 경우, 모래가 날려 유아의 눈에 들어갈 수 있으니 모래 놀이 시작 전 큰 물조리개를 이용하여 모래밭에 물을 뿌려 마른 모래가 유아의 눈에 들어가지 않도록 한다. 놀이에 필요한 기본적인 소품은 상설하지만, 생활 주제나 유아의 흥미와 요구에 따라 종류와 수량에 변화를 주어 제공하는 것이 효과적이다.
- 교사는 유아의 모래 놀이를 세심하게 관찰하여 영유아의 발달 수준이나 놀이 참여 정도에 알맞은 놀이 개입을 통해 유아의 놀이가 안전하게 유지되고 확장될 수 있도록 상호 작용한다. 예를 들어, 두껍이집 만들기를 오랫동안 반복하는 유아가 있으면 바로 옆에서 교사도 두껍이집을 같이 만들다가 손가락을 움직여 모래 속 터널을 만들고 유아의 손을 터치한다. 이로써 유아가 모래 놀이를 더 즐겁게 느끼고, 혼자만의 두꺼비집이 아니라 모래 속 터널이라는 새로운 놀이를 통해 친구들과 함께 놀이하는 방법을 알 수 있도록 한다.
- 모래 놀이를 마친 후에는 놀잇감에 붙어 있는 모래를 털어 실외에 준비된 정리장에 정돈하고 유아의 옷과 신발에 묻은 모래 또한 잘 털어 내도록 한다. 이때 아이들이 좋아하는 노래를 부르거나 유아들과 함께 만든 모래 털기 체조 등으로 유아가 즐겁게 모래 놀이를 마무리할 수 있도록 하고, 실내에 들어가면 바로 손을 씻도

록 지도한다.

- 놀이를 마치면 뚜껑이나 두꺼운 천막으로 만든 큰 덮개로 모래 상자나 모래밭을 덮어 고양이 똥이나 자연물의 열매 등 외부로부터의 오염을 방지하도록 한다. 한편, 1년에 한두 차례 놀잇감 보충 차원에서 깨끗한 모래를 넣어 주고, 또 정기적으로 모래밭을 소독하여 유아가 안전하게 놀이 자료를 사용할 수 있도록 관리한다.
- 실내에서 모래 놀이를 할 경우, 모래 대신에 여러 종류의 곡류나 마카로니, 날리지 않게 처리된 톱밥 등으로 대체한다.

참고문헌

고여훈 · 엄정애(2010). 유아들의 거친 신체 놀이 양상과 이에 영향을 주는 요인. **아동학회지, 31**(4), 75~90.

고희숙 · 정계숙 · 황정희(2011). 집단 전통놀이를 적용한 사회적 능력 증진 프로그램의 효과. **생태유아교육연구, 10**(2) 191~222.

과학기술통신부(2021). 2020년 스마트폰 과의존 실태조사 결과.

곽승주(2016). 역할놀이 영역에서 나타나는 유아의 또래 간 정서적 경험 탐구. **유아교육연구, 36**(1), 79~109.

교육부 한국보육진흥원(2024). **2024 개정 어린이집 평가매뉴얼.**

교육부(2024). **2024 개정 표준보육과정 해설서.**

교육부(2024). **2024 개정 표준보육과정 실행자료집 01세.**

교육부(2024). **2024 개정 표준보육과정 실행자료집 2세.**

교육부 · 보건복지부(2019). **2019 개정 누리과정 해설서.**

교육부 · 보건복지부(2019). **2019 개정 누리과정 놀이실행자료.**

길효정 · 엄세나(2021). **발현적 접근법에 기반한 놀이이론과 실제.** 경기: 공동체.

김경연(1999). 실외 모래놀이 영역의 복합성 수준에 따른 아동의 놀이행동. 연세대학교 대학원 석사학위논문.

김명순 · 김길숙 · 박찬화(2012). 유아용 놀이성 평정 척도 개발 및 타당화 연구. **아동학회지, 33**(2), 69~89.

김명순 · 김길숙 · 김지연 · 신혜영 · 정미림(2017). **아동 놀이정책 수립을 위한 정책 연구.** 보건복지부.

김명순 · 조항린 · 박영림 · 신혜영(2013). 부모와 유아 자녀의 놀이에 관한 연구: 부모의 놀이신념 및 놀이참여를 중심으로. **열린부모교육연구, 5**(1), 37~54.

김미정(2006). 그림책을 활용한 작가적 전략과 주제환상극 놀이 교수 방법이 유아의 이야기 이해도와 사회적 능력에 미치는 효과. 조선대학교 대학원 박사학위논문.

김신옥(2006). 모래상자 놀이를 통한 주의력 결핍 과잉행동 유아의 치료사례. **놀이치료연구, 10**(2), 37~56.

김영숙 · 최석란(1997). 극놀이에서 교사의 단계별 지지가 유아의 언어적 의사소통에 미치는 효과. **유아학회지**, 18(2), 229~240.

김영심(2002). 초기 가상놀이의 표상적 특성: 가상놀이의 상징화 수준과 마음 이론과의 관계. 동덕여자대학교 대학원 박사학위논문.

김정주 · 박형신(2017). 아버지의 놀이신념이 유아의 놀이몰입, 또래놀이행동에 미치는 영향. **한국보육학회지**, 17(3), 29~48.

김종훈(2021). 보육교사의 놀이성이 교사-영유아 상호작용에 미치는 영향: 교사효능감의 매개효과. **한국산학기술학회논문지**, 22(2), 427~433.

김지은 · 문혁준 · 김경회 · 김현주 · 김혜금 · 김정희 · 신혜원 · 안선희 · 안효진 · 임연진 · 조혜정 · 황옥경(2013). **제3판 보육과정**. 서울: 창지사.

김진영(2002). 유치원 블록놀이에 대한 질적연구. **유아교육연구**, 22(4), 103~132.

김향자(1992). 학급크기와 교사수 변화에 따른 유아와 교사의 행동 연구. 이화여자대학교 대학원 박사학위논문.

김혜경 · 김홍은 · 문혁준 · 박은혜 · 유애열 · 임혜영 · 장영희 · 조혜진(2002). **효과적인 영아 보육을 위한 지침서**. 서울: 다음세대.

남진경 · 김명순(2014). 어린이집 만 4세 유아의 순수 놀이공간 및 놀이성과 놀이행동 간의 관계. **아동학회지**, 35(2), 25~41.

문미숙 · 박종우(2020). 교사의 자아존중감과 놀이교수효능감이 교사-영유아 상호작용에 미치는 영향. **유아교육 · 보육복지연구**, 24(3), 151~182.

박윤자(2005). 어머니 양육행동과 유아의 자기조절력 및 놀이성과의 관계. 아주대학교 교육대학원 석사학위논문.

박찬옥 · 정남미 · 곽현주(2020). **2019 개정 누리과정에 기초한 영유아 놀이지원 놀이지도**. 경기: 양성원.

박찬옥 · 정남미 · 임경애(2004). **유아놀이지도**. 서울: 학문사.

방은영(2016). **영유아 놀이지도**. 경기: 공동체.

배구택(2019). 어머니의 양육행동과 유아의 전자미디어 놀이시간, 외현화 문제행동, 학교 준비도에 관한 구조적 관계분석. 경남대학교 대학원 박사학위논문.

변자영 · 이정욱(2010). 사전설계에 기초한 쌓기 놀이에 대한 탐색적 연구. **유아교육연구**, 30(2),

261~281.

보건복지부(2020). 제4차 어린이집 표준보육과정 해설서.

보건복지부(2021). 2021 보육사업안내.

서울시여성가족재단(2018). 보육전문성 · 인권감수성 II (심화과정).

송승민 · 박인영 · 김미옥 · 이순희(2020). **개정누리과정에 기초한 유아중심, 경험중심 놀이지도**. 경기: 공동체.

신유림 · 김선영 · 김숙이 · 나종혜 · 문혁준 · 박진옥 · 서소정 · 신혜영 · 신혜원 · 유경애 · 이미란 · 조혜정(2007). **놀이지도**. 서울: 창지사.

신지연 · 신혜원 · 서원경 · 박원순(2018). **영유아교수학습방법**. 경기: 파워북

신지연 · 최석란(2005). 2세 영아의 어머니와 보육교사에 대한 복합 애착과 사회 정서적 행동. **아동학회지, 26**(1), 137~154.

안경숙 · 김소향(2012). 사전설계, 사진, 포트폴리오를 활용한 블록구성놀이에 대한 교육적 의미 탐색: '집 만들기'를 중심으로. **유아교육연구, 31**(1), 83~106.

엄정애(1992). 놀이감의 실물성이 유아의 사물에 대한 가작화에 미치는 영향. 이화여자대학교 대학원 석사학위논문.

엄정애(2009). **영유아 놀이와 교육**. 경기: 교문사.

연세대학교어린이생활지도연구원(1995). **연세 개방주의 유아교육과정**. 서울: 창지사.

유애열(1994). 유아의 상상놀이와 교사 개입에 관한 관찰연구. 연세대학교 대학원 박사학위논문.

유인순(2005). 유아의 기질과 어머니의 놀이신념에 따른 유아의 놀이성. 충북대학교 교육대학원 석사학위논문.

유효순 · 김희태(2016). **놀이지도**. 서울: 한국방송통신대학교 출판문화원.

이경순(2007). 쌓기놀이에 대한 여아들의 인식과 여아들의 선호도 증가를 위한 교사의 전략. **아동학회지, 28**(1), 95~113.

이귀옥(2021). 유아부터 초등학교 저학년 아동까지의 미디어 사용 시간 변화와 성차에 대한 종단 연구. **아동과 권리, 25**(3), 379~399.

이상복 · 김진경(1998). 물놀이 프로그램에 대한 자폐성 아동의 사회성 향상. **정서 · 행동장애연**

구, 14(2), 119~138.

이선경 · 김효원(2016). 교실환경, 교사-유아 상호작용, 유아의 인지능력과 또래 상호작용 간의 구조적 관계 분석. **학습자중심교과교육연구**, 16(10), 925~945.

이숙재(2011). **영유아 놀이 활동**. 서울: 창지사.

이숙재(2019). **영유아 놀이 이론과 실제**. 서울: 창지사.

이숙재 · 이방실(2002). 유아경제교육을 위한 극놀이 활용방안 연구: 유아의 경제개념 및 소비자 행동에 기초하여. 한국어린이육영회 2002년도 연구논문 보고서.

이영 · 이미란 · 홍희영 · 한성희 · 민성혜 · 박신진 · 유영미 · 신혜원 · 민현숙 · 정지나 · 문영경(2015). **영아발달**. 서울: 학지사.

이윤선 · 신윤승 · 이세원(2012). 블록구성을 위한 환경구성. 연세대학교 연구훈련센터 교사교육 워크 자료집: 교사가 꼭 알아야 할 영유아의 창의적 블록놀이.

이은경(2002). 교사가 지각한 유아의 기질과 놀이성에 관한 연구, 동덕여자대학교 교육대학원 석사학위논문.

이재진 · 최나야(2013). 유치원 교사의 정서지능과 교사: 유아상호작용 간의 관계에서 놀이교수효능감과 교직전문성 인식의 순차적 매개효과. **한국보육지원학회지**, 12(3), 137~157.

이지연(2004). 교사가 지각한 유아의 기질에 따른 실외놀이의 형태: 만4세 유아를 대상으로. 성신여자대학교 교육대학원 석사학위논문.

이지인(2020). 어머니 양육참여와 아버지 놀이참여가 자녀 미디어중독에 미치는 영향. **학습자중심교과교육연구**, 20(19), 1431~1453.

이현지 · 정혜욱(2016). 부모의 놀이신념, 놀이참여, 유아의 행복감 간의 관계. **육아지원연구**, 11(4), 77~95.

전우용(2017). 활동이론에 따른 만5세 유아들의 수 · 조작 활동에 관한 사례연구. 이화여자대학교 대학원 박사학위논문.

정진 · 성원경(2004). **유아놀이와 게임**. 서울: 학지사.

조은진(2000). 유아들의 가상놀이 증진을 위한 놀잇감 사용: 놀잇감의 구조성을 중심으로. **아동학회지**, 21(4), 197~210.

조해연 · 이기숙(2014). 어린이집 2세 학급의 물리적 환경, 보육과정, 교사 상호작용의 질이 영아의 놀이행동에 미치는 영향. **교육과학연구**, 45(3), 115~136.

조혜경(2003). 영아의 상징놀이 발달에 관한 구성요소별 분석연구. 덕성여자대학교 대학원 박사학위논문.

지성애(2013). 놀이감의 구조성이 유아의 창의성, 사회적행동, 언어능력, 조망수용능력에 미는 효과 비교. **유아교육학논집**, 17(6), 5~30.

최기영(2000). 유치원 판게임 활동에 나타난 아동의 참여 특성. **유아교육연구**, 20(2), 5~26.

최미숙(2018). 유아 또래놀이의 발달 경향 및 인지 능력과 정서지능과의 관계분석. **열린부모 교육연구**, 10(1), 183~200.

최석란 · 이슬기 · 김현미 · 박지원 · 정은주(2020). **개정 누리과정에 기초한 놀이지도**. 경기: 공동체.

최윤지 · 이윤경(2011). 영유아의 상징놀이 발달과 초기 표현 어휘 발달과의 관계. **언어청각 장애연구**, 16(3), 248~260.

하정희 · 성은영 · 이혜경(2005). 역할놀이의 연령별 특성 탐색. **영유아교육연구**, 8, 219~240.

한은지 · 박영아(2016). 유아의 또래놀이 활동, 친사회적 거짓말 이해, 또래 인기도간의 관계. **미래유아교육학회지**, 23(4), 55~71.

허진경(2001). 사회극놀이 수준이 다른 유아간 상호작용이 표상능력과 협상능력에 미치는 영향. 이화여자대학교 대학원 석사학위논문.

홍정선 · 최인숙 · 안연경(2008). '장난감 없는 교실'에 나타난 유아의 놀이 경험. **열린유아교육연구**, 13(5), 429~457.

황윤세(2010). 유아의 영재성과 상호작용적 또래놀이와의 관계. **변형유아교육연구**, 4(1), 133~145.

Berk, L. E. (2013). *Child Dcvelopment* (9th ed.). Boston, MA: Pearson.

Berlyne, D. (1960). *Conflict, Arousal and Curiosity*. New York: McGraw-Hill.

Burris, K. G., & Harrison. J. B. (2004). Obesity and children. Wheaton, MD: Association for Childhood International.

Connolly, J., & Doyle, A. (1984). Relations of social fantasy play to social competence in preschoolers. *Developmental Psychology, 20*, 797~806.

Cugmas, Z. (2011). Relation between children's attachment to kindergarten teachers, personality characteristics and play activities. *Early Child Development and Care,*

181(9), 1271~1289.

Decker, C. A., & Decker, J. R. (1976). *The Young Child and the Educative Process*. New York: Holt, Rinehart & Winston.

DeVries, R. (1998). Game with rules. In D. P. Fromberg & D. Bergen(Eds.), *Play from Birth to Twelve and Beyond: Context, perspectives, and meanings*(pp. 409~415). NY: Garland Publishing.

Ellis, M. (1973). *Why People Play*. Englewood Cliffs, NJ: Prentice–Hall.

Fein, G. (1981). Pretend play: An integrative review. *Child Development, 52*, 1085~1118.

Frost, J, L. (1992). *Play and playscapes*. Albany, NY: Delmar Publishers Inc.

Frost, J, L. (1999). The changing face of play. *Play, Policy, and Practice Connections, 4*, 6~7, 11(Newsletter of the play, policy, and practice caucus of the National Association for the Education of Young Children).

Frost, J. L. (2005). How playground regulations and standards are messing up children's play. *Today's Playground. 5*(7), 14~19.

Frost, J, L., & Kissinger, J. B. (1976). The young child and the educative process. New York: Holt, Rinehart & Wunston.

Frost, J, L., & Klein, B., L. (1979). *Children's play and playgrounds*. Boston: Allyn & Bacon.

Frost, J, L., Wortham, S. C., & Refel, S. (2005). *Play and child development*. Merrill Prentice Hall, NJ: Upper Saddle River.

Garvey, C. (1993). *Play*, Cambridge. MA: Harvard University Press.

Glifford, R. (1997). Environmental psychology: Principles and practice(2nd ed). Boston: Allyn and Bacon.

Gungu, A. (1993). Development of inter subjectivity in the dynamic play of preschoolers. *Early Childhood Research Quarterly, 8*, 99~106.

Guerney, L. F. (1984). Play therapy in counseling settings. In T. D. Yawkey and A. D. Pellegrini (Eds.), *Child's play: Developmental and applied*(pp. 291~321). Hillsdale, NJ: Lawrence Erlbaum.

Hill, P. M., & McGune–Nicolich, L. (1981). Pretend play and patterns of cognition in downsyndrome children. *Child Development, 52*, 611~617.

Hoorn, J. V., Nourot, P. M., Scales, B., & Award, K. R. (2007). Play at the enter of the curriculum. Upper Saddle River, New Jersey: Pearson Prentice Hall.

Hughes, F. P. (2010). **놀이와 아동발달**. 유미숙 · 박영애 · 유가효 · 방은령 · 장현숙 · 천혜숙 역. 서울: 시그마프레스.

Hughes, F. P. & Hutt, C. (1979). Heart–rate correlates of childhood activities: Play exploration, problem solving and day dreaming. *Biological Psychology, 8*, 253~263.

Huizinga, J. (1981). **호모 루덴스: 놀이와 문화에 관한 한 연구**. 김윤수 역. 원저 발간 1955년. 서울: 도서출판 까치.

Isenberg, J., & Jalongo, M. (2001). *Creative Expression and Play in Early Children* (3rd ed.). Upper Saddle River, NJ: Merrill.

Johnson, J. E., Christie, J. F., Yawkey, T. D. (2006). **놀이, 발달, 유아교육**. 이진희 · 손원경 · 안효진 · 유연옥 공역. 원저 발간 2005년. 서울: 아카데미프레스.

Johnson, J. E., Christie, J. F., Yawkey, T. D. (2005). **놀이와 유아교육**. 신은수 · 김은정 · 안부금 · 유영의 공역. 원저 발간 1999년. 서울: 학지사.

Johnson, J. E., (1983). Context effects on preschool children's symbolic behavior. *Journal of Genetic Psychology, 143*, 259~268.

Johnson, J. E.,Christie, J. F., Wardle. (2005). *Play and Early Childhood Development*. New York: Longman.

Johnson, J. E., Christie, J. F., Yawkey T. D. (1999). *Play and early childhood development* (2nd ed.). New York: Addison Wesley Longman, Inc.

Jones, E., & Reynolds, G. (1992). *The Plays the Thing: Teacher's Roles in Child ren's Play*. New York: Teachers College Press.

Kamii, C., & DeVries, R. (1980). *Group games in early education: Implications of Pia get's theory*. Washington, DC: NAEYC.

Kinsman, C. A., & Berk, L. E. (1979). Joining the block and housekeep–ing areas: Changes in play and social behavior. *Young Children, 35*, 66~75.

Kostelnik, M. J., Stein, L. C., & Whiren, A. P., & Soderman, A. K. (1997). *Guiding Children's*

Social Development (3rd ed.). New York: Delmar Publisher Inc.

Krasner, L. & Pepler, D. (1980). The study of children's play. In K. Rubin(Ed.), *Children's play*. San Francisco: Jossey–Bass.

Lewis, M. (1972). Sex differences in play behavior of the very young. *Journal of Health, Physical Education, Recreation, 43*, 38~39.

Lindeman, K. W., & Anderson, E. M. (2015). Using Blocks to Develop 21st Century Skills. *Young Children, 70*(1), 36~43.

Maia, E. B. S., Riberio, C. A.,Boraba,D., & Regina, I. H. (2011). Understanding nurse's awareness as to the use of therapeutic play in childcare. *Rev Esc Enfermagem USP, 45*(4), 839~846.

Millar, R. H. (1977). *The psychology of play*. New York: Penguin Books.

Moore, R. C., Goltsman, S. M., & Iacofano, D. S. (Eds.)(1992). *Play for all guide lines: Planning, design and management of outdoor play settings for all children*. Berkeley, CA: MIG Communications.

Neuman, S. B., & Roskos, K. (1993). Access to print for children of poverty: Diffe rential effects of adult mediation and literacy–enriched plsy setting on environ mental and functional print tasks. *American Educational Research Journal, 30*, 95~122.

O'Conner, K. J., & Ammen, S. (2009). **놀이치료 치료계획 및 중재**. 송영혜 · 김은경 · 김귀남 역. 원저 발간 1997년. 서울: 시그마프레스.

Pellegrini, A. D. (1987). Rough–and–tumble play, development and educational significance. *Educational Psychology, 22*(1), 23~43.

Pellegrini, A. & Boyd, B. (1993). The role of play in early childhood development and education: Issues in definition and function. *Handbook of research on the education of young children*. New York: Macmillan Publishing Company.

Power, T. G. (2000). *Play and exploration in children and animals*. Mahwah, NJ: Erlbaum.

Piaget, J. (1962). *Play, Dreams and Imitation in Childhood*. New York: Norton.

Rubin, K., Fein, G., & Vandenberg, B. (1983). Play. In P. H. Mussen & E. M. Hetherington(eds.), *Carmichael's manual of child Psychology in childhood*. New

York: Wiley.

Roskos, K., & Neuman, S. B. (1993). Descriptive observation of adults' facilitation of literacy in play. *Early Childhood Research Quarterly, 8*, 77~97.

Samuelsson, I. P., & Johansson, E. (2006). Play and learning–inseparable dimensions in preschool practice. *Early Child Development and Care, 176*(1), 47~65.

Saracho, O. N. (2003). Matching teachers' and students' cognitive styles. *Early Child Development and Care, 179*(2–3), 161~173.

Sawyer, R. K. (1997). Pretend play as improvisation: Conversation in the preschool classroom. Mahwah, NJ: Lawrence Erlbaum Associates, Publishers.

Scales, B., & Cook–Gumperz, J. (1993). Gender in narrative and play. In S. Reifel(Ed.), *Advances in early education and day care: Vol 5*(pp. 167~195). Greenwich, CT: JAI.

Schoggen, P., & Schoggen, M. (1985). Play, exploration, and density. In J. F. Wohlwill and W. van Vliet (Eds.), Habitats for children: The impact of density. Hillsdale, NJ: Lawrence Erlbaum and Associates, 77~96.

Singer, D., Golinkoff, R. M., & Hirsh–Pasek, K. (2006). Play=learning: How play motivates children's cognitive and social–emotional growth. New York: Oxford University press.

Slade, A. (1999). Attachment theory and research: Implications for the theory and practice of individual psychotherapy with adults. In J. Cassidy & P. R. Shaver (Eds.), Handbook of attachment: Theory, research, and clinical applications(pp. 575~594). New York, NY, US: Guilford Press.

Sluss, D. J. (2005). *Supporting play: Birth through age eight*. New York: Thomson Delmar Learning.

Sluss, D. J., & Stremmel, A. (2004). A socio–cultural investigation of effects of peer interaction on play. *Journal of Research in Childhood Education, 18*(4), 293~304.

Smith, P. K., & Connolly, K. J. (1980). *The ecology of preschool behaviour*. Cambridge: Cambridge, England: Cambridge University Press. Some of "kind of play".

Tannock, M. (2011). Observing young children's rough–and–tumble play. *Australasian*

Journal of Early Childhood, 36(2), 13~20.

Thomas, A., & Chess, S. (1977). *Temperament and development*. New York: Bruner/Mazel.

Trawick–Smith, J. W. (1998). Interactions in the Classroom: Facilitating play in the early years. Upper Saddle River, NJ: Prentice–Hall. **놀이지도: 아이들을 사로잡는 상호작용**. 송혜린 · 신혜영 · 신혜원 공역(2007). 경기: 다음세대.

Udwin, O. (1983). Imaginative play training as an intervention method with institutionalised preschool children. *The British Journal of Educational Psychology, 53*, 32~39.

Van Hoorn, J., Nourot, P., Scales, B. & Alward, K. (2003). *Play at the center of the curriculum*. Upper Saddle River, NJ: Merrill Prentice Hall.

Wellhousen, K., & Kieff, J. (2001). *A constructivist approach to block play in early childhood*. Albany, NY: Delmar.

Wing, L. A. (1995). Play is not the work of the child: Young children's perceptions of work and play. *Early Childhood Research Quarterly, 10*, 223~247.

Wohlwill, J. F. (1984). Relationships between exploration and play. In T. D. Yawkey & A.D. Pellegrini(Eds.), *Children's play: Developmental and applied*. Hillsdale, NJ: Erlbaum.

Wolf, D. & Grollman, S. H. (1982). Ways of Playing: Individual Differences in Imaginative Style. Pepler, D. J., Rubin, K. H. (Eds.), *The Play of Children: Current Theory and Research*. 46~63.

찾아보기

저자 소개

신윤승

연세대학교 아동 · 가족학과(박사)
연세대학교 어린이생활지도연구원 교사
연세대학교 유진어린이집 원장
2019 개정 누리과정 집필진
제4차 표준보육과정 집필진
현재 서경대학교 아동학과 교수

신혜원

연세대학교 아동 · 가족학과(박사)
선릉삼성어린이집 교사 및 원장
3~5세 연령별 누리과정 집필진
제3차 표준보육과정 집필진
현재 서경대학교 아동학과 교수

놀이지도

2022년 2월 25일 초판 발행
2025년 3월 5일 2쇄 발행

지은이 | 신윤승 신혜원
발행인 | 유제구
발행처 | 파워북
주 소 | 경기도 고양시 일산동구 호수로 358-25
동문타워2차 529호
전 화 | (02) 730-1412
F A X | (031) 908-1410
등 록 | 1997. 1. 31 제 2014-000067호

정가 22,000원
ISBN 978-89-8160-469-1 (93370)

잘못된 책은 바꿔드립니다.